ÉCRITURE INSPIRÉE

MICHAEL SANDLER

ÉCRITURE INSPIRÉE

Pratiques essentielles de communication multidimensionnelle

Traduit de l'anglais (É.U.) par Marie-José Thériault

ARIANE
ÉDITIONS

Éloges de Écriture inspirée

«Nous prenons facilement de simples décisions qui ne portent guère à conséquence si nous nous trompons. Pizza ou pâtes? Mais dans les grands choix, l'enjeu est important. Jim ou Jeff? La Californie ou le Costa Rica? Des actions ou des obligations? Ne serait-ce pas merveilleux de pouvoir consulter une source de sagesse infinie quand nous devons faire des choix qui pourraient changer notre vie? Voilà précisément ce que nous montre Michael Sandler dans *Écriture inspirée*. Il nous apprend à laisser de côté notre esprit inquiet, logique et limité, et à nous connecter à une source de sagesse profondément enfouie sous la pensée consciente. La science démontre que l'information est au cœur même de notre univers. Le processus d'écriture inspirée de Michael nous met en contact avec cette prodigieuse source de connaissance. Pour transformer les schémas persistants qui nous freinent, nous devons surmonter nos habitudes conscientes et limitantes. La pratique de l'écriture inspirée nous apprend comment puiser à même la sagesse du cosmos et le potentiel infini qu'elle renferme.»

DAWSON CHURCH
Auteur primé du livre
Le Cerveau du bien-être – Profitez des neurosciences et de la méditation pour plus de calme, d'efficacité et de compassion

«On constate, à la lecture de *Écriture inspirée*, que Michael Sandler est l'un des représentants les plus dynamiques, les plus pragmatiques et les plus emblématiques de la spiritualité pratique. Michael explique comment il a pu se sortir du gouffre grâce à l'écriture inspirée, et comment celle-ci peut vous apporter des solutions clés. Ce livre est le guide pratique de vos ressources intérieures.»

MITCH HOROWITZ
Auteur de *The Miracle Club*

«*Écriture inspirée* est une pratique spirituelle décisive pour le renforcement de la connexion personnelle au Divin. Par son énergie contagieuse, affectueuse et enthousiaste, Michael Sandler vous accordera à cette expérience transformatrice et vous aidera à capter des messages très importants. Ce livre est un guide indispensable.»

KYLE GRAY
Auteur de *Prières aux anges* et *Élevez votre vibration*

«Michael Sandler fait appel à une pratique très ancienne et aux techniques les plus récentes d'accès à l'esprit profond pour vous aider à vous brancher sur la source d'énergie qui vous guidera dans la manifestation de votre vie rêvée. Si vous aspirez à une existence pleine d'ardeur et d'émerveillement, ce livre est pour vous.»

JOE VITALE
Auteur de *Zéro limite*

«Michael Sandler est un formateur perspicace et généreux. De nombreux lecteurs trouveront dans ce livre un outil indispensable pour accéder à la sagesse du moi supérieur.»

PAUL SELIG
Auteur de *Alchemy, A Channeled Text*

«L'ouvrage de Michael Sandler, *Écriture inspirée*, est l'un des plus importants outils de notre coffre de survie. Ce livre fabuleux nous aide à demeurer investis, centrés et en phase avec l'Univers.

La seule façon d'aller de l'avant dans la vie consiste à écouter son intuition et ses guides spirituels.

Grâce à l'humour, à la compassion, à l'amour et aux dons de conteur qui le caractérisent, et en fusionnant un processus simple à la magie de l'Univers, Michael explique comment l'écriture inspirée peut être pour vous un important portail en ce moment.»

SANDRA INGERMAN
Auteure primée de 12 livres, notamment
Sur les traces du shaman et Le Livre des cérémonies chamaniques

«Je ne puis qu'entériner les bienfaits qu'apporte *Écriture inspirée*. Je fais cela depuis des décennies : tenue de journaux, écriture de poèmes et de livres, et bien plus encore. Lire Michael vous aidera à connaître votre moi profond et à guérir.»

BERNIE SIEGEL, M.D.
Auteur de *Jamais de fins, que des commencements*,
et avec son petit-fils Charlie Siegel, *When You Realize How Perfect Everything Is*

«Le dernier livre de Michael Sandler est pour tous un cadeau précieux et profondément apaisant. Pour la plupart d'entre nous, ces moments de calme et d'écriture sont synonymes de paix intérieure et de renouveau spirituel. Mais c'est seulement maintenant que l'inimitable Michael a transformé cette expérience pérenne en une véritable pratique spirituelle dans laquelle il nous invite à engager les énergies créatrices édifiantes qui surgissent des tréfonds de l'être. Tout écrivain devrait se procurer sur-le-champ un exemplaire de ce livre. Tu as fait un travail formidable, Michael. On t'applaudit. C'est le meilleur livre de l'année ! »

STEPHEN G. POST
Fondateur et directeur, Institute for Research on Unlimited Love,
auteur de *Why Good Things Happen to Good People*

« Le livre de Michael Sandler sur l'écriture inspirée transformera votre vie de fond en comble, et pour le mieux !

Dans un style accessible et direct, pimenté de l'humour espiègle et pourtant terre à terre qui le caractérise, Michael présente les différentes étapes de l'écriture inspirée d'une façon qui rend celle-ci facile à comprendre et encore plus facile à mettre en pratique.

Il explique comment accéder à la sagesse intérieure présente en chacun de nous si nous savons où la trouver et comment nous adresser à elle. Comme Michael le fait remarquer, nul besoin d'être dévot, d'avoir une vie spirituelle ou même de croire en une quelconque puissance supérieure – il suffit de suivre ses indications pour se mettre en phase avec une sagesse infinie qui nous guidera jusqu'au bout de la route.

Nul besoin, non plus, de savoir méditer. De prendre la pose du lotus. De manger du chou kale ou de psalmodier des mantras. Il suffit d'adopter la méthode de Michael pour communiquer avec une source de sagesse et d'amour qui sait ce qui est bon pour nous.

Ce livre a été une révélation pour moi. Il changera ma vie. J'ai maintenant en main une technique toute simple et élégante pour communiquer avec mon guide supérieur. Ouahou ! »

BILL BENNETT
Auteur et directeur de *PGS et Facing Fear*

« Un gros bravo à Michael Sandler, qui a su dépouiller l'écriture inspirée de ses abracadabras ! Il aborde le processus longtemps enrobé de mystère qui nous fait entrer en contact avec une sagesse supérieure, le simplifie et le rend accessible à tous. Comme tout ce que fait Michael, ce livre merveilleusement utile est à la fois amusant et empreint de spiritualité. Mettez en pratique les connaissances acquises ici ; elles pourraient changer votre vie. »

SUZANNE GIESEMANN
Auteure de *Messages of Hope et The Daily Way Messages*

«Michael Sandler explique, dans *Écriture inspirée*, une méthode avérée pour éclairer le parcours le plus sacré de notre vie, celui qui conduit à l'amour de soi et à la conscience de sa valeur personnelle. Ce livre est pour chacun une boussole inestimable que vous consulterez encore et encore.»

NANCY LEVIN
Auteure du livre à succès *Setting Boundaries Will Set You Free*

«*Écriture inspirée* dont parle Michael Sandler vous ramène à la perfection de l'instant présent, vous rend le pouvoir du vrai moi et vous permet de venir à bout du cerveau égoïque, pensant et anxieux. Elle vous presse d'entendre votre esprit intérieur et de vous réapproprier votre puissance pour pouvoir être, ressentir, penser et agir au quotidien. Grâce au livre de Michael, vous plongerez sans tarder dans l'expérience de l'écriture inspirée, vous communiquerez avec votre esprit et vous découvrirez à nouveau votre pouvoir véritable.»

ANNE BÉRUBÉ, PH. D.
Auteure de *Sois, ressens, pense, agis*

«Communiquer avec l'Univers par l'écriture inspirée embellira votre vie et celle de toutes les personnes de votre entourage.

Tirez parti du savoir-faire de Michael en matière de réception des messages de l'Univers et de la méthode conviviale qu'il vous transmet, et vous communiquerez avec l'au-delà en un temps record.»

JULIE RYAN
Télépathe médicale, médium et voyante

«Quand on veut en savoir davantage sur quelque chose, on se tourne vers un maître. Michel Sandler est de ceux-là. Non seulement est-il l'un des formateurs et des maîtres à penser que je préfère, mais la formidable méthode qu'il présente et décortique ici transformera l'usage que vous faites de votre cerveau. Si vous souhaitez changer votre façon de penser et de communiquer, si vous voulez bénéficier de la sagesse inexploitée et de l'accompagnement spirituel qui attendent de se manifester par votre entremise, ce livre est sans doute celui que vous cherchiez.»

MICHAEL LENNOX
Psychologue et astrologue

«*Écriture inspirée*, l'ouvrage fascinant et éclairant de Michael Sandler, invite le lecteur à plonger tête baissée dans la découverte de l'oracle qui vit en chacun de nous, cette connaissance profonde, ce guide intérieur qui se manifestent quand nous nous engageons dans la spiritualité et la quête personnelle.

Michael Sandler puise la sagesse de ce livre à divers courants psychologiques, philosophiques et spirituels pour les fondre en un seul système de son invention. Ses méthodes simples et pratiques donnent lieu à une connaissance et une guérison profondes. »

JONATHAN HAMMOND
Auteur de *The Shaman's Mind – Huna Wisdom to Change Your Life*

« Si vous voulez avoir la meilleure vie possible, une vie hors des sentiers battus qui surpasse vos plus grandes aspirations, plongez dans la lecture de *Écriture inspirée*. La méthode fascinante de Michael Sandler vous aidera à vous détacher du peloton, à trouver ce qui fait votre grandeur et à découvrir une nouvelle, une meilleure façon de vivre. Si vous désirez une vie fabuleuse et pleine de merveilles, immergez-vous dans *Écriture inspirée* avec Michael. »

BRANT PINVIDIC
Auteur de *The 3-Minute Rule*, directeur général de INvelop Entertainment

« Vous possédez une sagesse intérieure qui veut désespérément être entendue ! L'ouvrage génial de Michael vous procure les moyens nécessaires pour y arriver. J'aime le titre, j'aime le livre et j'aime les réponses inspirées qu'il partage avec chacun de nous. Intégrez la sagesse d'une aptitude qu'il vous apprendra à maîtriser sans effort, et mettez-la en pratique. Je conseille cette lecture à tous ceux qui souhaitent entendre leur voix intérieure. »

MARK VICTOR HANSEN
Coauteur de la série *Bouillon de poulet pour l'âme* et champion des livres à succès non romanesques avec plus de 500 000 000 d'exemplaires vendus

« Les lecteurs me demandent toujours : "Ce panneau publicitaire sur la I-70, est-ce que c'était un signe ? Ou cette vieille chanson de mon enfance entendue à la radio ?" Ils espèrent comme moi que l'Univers adoptera, pour leur parler, le langage des néons. Quand on pratique l'écriture inspirée enseignée dans ce livre, la guidance devient personnelle, elle est conçue sur mesure et digne de foi. Merci, Michael, pour ce moyen de communication bienveillant et facile à utiliser qui éclipse les médias sociaux, Google et, surtout, nos peurs et nos pensées conditionnées et handicapantes. »

PAM GROUT
Auteure de 20 ouvrages figurant en première place sur la liste du *New York Times*, dont *E²*, *Remerciez et devenez riche*, *Art and Soul Reloaded* et *The Course in Miracles Experiment*

« Michael Sandler est un bon ami. L'Univers nous a mis en contact. Il comprend l'Univers. Il sait ce dont vous avez besoin dans votre trousse de développement personnel pour manifester vos rêves. Votre trousse doit être réduite à l'essentiel : Un stylo. Du papier. Des rêves. Rien d'autre. Ce livre vous apprend comment réussir à manifester vos désirs et à communiquer avec les anges sous votre autorité. Je suis la preuve vivante que cela fonctionne. Cette matière est résolument salvatrice. *Écriture inspirée* a consolidé ma confiance dans la loi d'attraction, les anges, le soi supérieur et les lois universelles. Prêtez attention à Michael, il sait de quoi il parle. Étudiez son livre. Mettez-le en pratique. Récoltez votre grandeur ! »

MICHAEL SAMUELS
Auteur du livre à succès *Just Ask the Universe*

Édition originale : *AWE – The Automatic Writing Experience*.

Publié en 2021 par Gildan Media LLC/G&D Media, www.GandDmedia.com

C.P. 183, Saint-Sauveur, Qc, Canada J0R 1R0
Téléphone : 514 276-2949
Courrier électronique : info@editions-ariane.com
Site Internet : www.editions-ariane.com

Avertissement : Le contenu de ce livre est offert à titre purement informatif et n'a pas pour but de diagnostiquer, traiter, soigner ou prévenir quelque affection ou quelque maladie que ce soit. Il ne doit pas se substituer à une consultation auprès de professionnels de la santé et de la santé mentale. Veuillez consulter votre médecin ou spécialiste des soins de santé en ce qui a trait aux suggestions et aux recommandations formulées dans ces pages.

Traduction : Marie José Thériault
Révision : Monique Riendeau
Mise en page : Carl Lemyre
Illustration de la couverture : Carl Lemyre

Première impression : juillet 2022
ISBN : 978-2-89626-612-8

Dépôt légal :
Bibliothèque nationale du Québec, 2022
Bibliothèque nationale du Canada, 2022
Bibliothèque nationale de Paris, 2022

Gouvernement du Québec – Programme de crédit d'impôt
Pour l'édition de livres – Gestion SODEC

Nous reconnaissons l'appui [financier] du gouvernement du Canada. | Canada

Membre de l'ANEL

Imprimé au Canada

Table des matières

Un message spécial d'Ervin Laszlo

Michael a compris quelque chose – quelque chose d'entièrement vrai et d'absolument fondamental. Nous pouvons entrer en contact avec le monde et communiquer avec lui. Autrement dit, nous pouvons nous brancher – ou nous rebrancher – sur ce que j'appelle « la Source ». Nous le savons. Tous les gens sérieux et intuitifs le savent. Mais un outil important manquait à notre trousse : l'écriture inspirée.

Je me pose maintenant cette question : est-ce que j'ai vécu l'écriture inspirée ? Est-ce que je l'ai pratiquée ? Cela me paraît improbable à première vue. Moi seul, personne d'autre et rien d'autre n'a écrit ce que j'ai écrit. Mais quand j'y repense, je n'en suis plus si sûr. Je ne suis pas sûr d'avoir écrit SEUL ce que j'ai écrit. Permettez que je relate mon expérience.

Je n'ai rien écrit à la main depuis au moins trente ans – c'est trop long… Puisque j'étais pianiste de concert autrefois, mes doigts sont agiles et très rapides sur le clavier. Je tape aussi vite que je pense, ou presque. L'ordinateur sauvegarde tout pour moi. J'écris d'abord comme ça vient, puis je lis, relis, révise et rerévise jusqu'à ce que je sois satisfait. Mais ce qui me vient spontanément, je ne l'ai pas préparé. Bien sûr, je connais le sujet que je traite et son contexte, et je lui accorde toute mon attention. Mais ensuite, je lâche prise et j'écris. Cela répond à un besoin physique. Si je n'ai pas immédiatement accès à un clavier, j'en ai presque la nausée – cela m'obsède, je ne peux presque rien faire d'autre, la détente et le sommeil sont hors de question. Quand je m'assois enfin pour écrire, les phrases prennent forme toutes seules, je n'ai qu'à les transcrire. Est-ce de l'écriture intuitive ? De la canalisation ? Une forme d'inspiration ? Est-ce que je communique avec une intelligence surhumaine ou à tout le moins avec une intelligence non humaine ?

Cette expérience suscite en moi un profond respect et un grand émerveillement. Je ne suis pas seul quand j'écris. J'ai de l'aide. J'écris en quelque sorte sous la dictée, cependant ce n'est en aucun cas une dictée aléatoire. Elle est très centrée sur le sujet que je suis en train de traiter. Mais elle est fluide. Il lui arrive toutefois de tomber en panne. Elle s'arrête de temps à autre, mais c'est la nature de la panne qui surprend. Un courriel ne se rend pas à son destinataire, des paragraphes que j'ai écrits disparaissent d'un fichier, parfois je ne parviens pas à localiser un fichier entier. J'ignore où il a abouti. Mais je devine la raison de sa disparition. Quand je réfléchis à ce que j'ai écrit – ou tenté d'écrire –, je me rends compte que je n'ai pas bien cerné mon sujet. J'ai fait fausse route en introduisant une hypothèse erronée ou en formulant maladroitement une idée. Avec le recul, je suis reconnaissant de cette disparition !

Puis il y a les occasions positives, celles où je me relis et constate que ce que j'ai écrit s'accorde à l'évidence – les expériences d'autres personnes, une théorie ou une affirmation scientifique. J'en suis émerveillé et fou de joie.

C'est si bon de savoir que je ne suis pas à la merci de mes seuls moyens quand j'expose une idée ou une théorie, que « quelque chose » – ou quelqu'un ? – m'accompagne dans mon travail, me surveille et m'empêche de commettre au moins les pires des bourdes.

Merci, cher Michael, de m'avoir poussé à réfléchir à cette expérience. Je ne l'avais jamais notée par écrit, bien que j'en parle souvent à ma femme, c'est-à-dire chaque fois que cela m'émerveille, me déroute ou me réjouit. Je peux maintenant recevoir d'autres échos de toi et de tes lecteurs, de ces personnes qui partagent un vif intérêt que j'espère impartial dans le phénomène de l'écriture inspirée, et qui elles-mêmes ressentent l'émerveillement qu'elle leur inspire.

ERVIN LASZLO, deux fois en nomination pour le prix Nobel de la paix,
récipiendaire du prix international de la Fondation GOI Peace,
du *International Mandir of Peace Prize* (prix international du Mandir de la paix),
du *Conacreis Holistic Culture Prize* (prix Conacreis de la culture holistique)
et du *Polyhistor Prize of the Environmental Protection*
(prix Polyhistor de la protection de l'environnement)

Avant-propos

Bonjour, heureux lecteurs ! Voulez-vous jouir d'une plus grande paix d'esprit ? Lisez ce livre et mettez-le en pratique !

J'ai connu Michael en janvier 2020 quand il m'a invité à parler de mon livre dans le cadre de son balado, *Inspire Nation*. Même virtuellement, Michael dégageait des vibrations positives, et pour qu'une force intérieure circule de son cerveau au mien et m'apaise je n'avais qu'à observer et prêter attention à son langage corporel. Son balado s'est aussitôt hissé en tête de mes événements à ne pas manquer.

Les vibrations que Michael et Jessica dégagent dans *Écriture inspirée* ressemblent à celles qu'ils projettent dans leur balado. Le lecteur, vous, en l'occurrence, ressentira une communication cérébrale avec ces deux auteurs de confiance quand, en entendant les paroles qui sortiront de leur tête et de leur cœur, vous vous direz : « Voilà exactement ce dont j'ai besoin. Voilà précisément ce que je veux ressentir. »

L'écriture inspirée présentée ici a sa place dans la trousse d'outils de tous les lecteurs désireux de prendre en charge leur santé mentale. J'ai été littéralement émerveillé à la lecture de certains passages qui m'ont fait m'écrier : « C'est plein de bon sens ! »

Quand vous faites de l'écriture inspirée, vous entrez dans votre cerveau. Vous constatez avec émerveillement que le contact du stylo avec le papier détend mieux l'esprit que le fait de taper sur un clavier.

Quand on est d'humeur à écrire, le cerveau apprécie plus particulièrement la poésie. Un jour que j'écrivais sur la plage, le poème ci-dessous s'est tout naturellement imposé à moi :

La beauté de la terre
La douceur du sable
La sérénité de la mer
Dieu m'a donné cela

Je me souviens de ce que me disait ma mère, ma conseillère spirituelle préférée, quand le désœuvrement me rendait insupportable : « Va jouer dehors ! » C'est aussi ce que me fait dire l'écriture inspirée : « Va écrire dehors. »

L'écriture inspirée ou intuitive incite aussi à un contact plus profond avec vos êtres chers puisqu'elle vous aide à formuler vos ressentis. Un jour, alors que j'étais en train d'écrire, Martha a fait naître un autre poème en passant près de moi :

Je crois que je ne verrai jamais
Une femme plus belle que tu l'es pour moi

J'ai particulièrement retenu de ce livre que l'écriture inspirée est l'antidote de la pensée négative spontanée. La pensée négative spontanée encombre l'esprit de tant de gens dans notre monde de fausses nouvelles et de facteurs de crainte. Les outils nécessaires à notre santé mentale n'ont jamais été aussi indispensables que maintenant, et c'est la raison pour laquelle ce livre arrive à point nommé.

L'évocation que fait Michael de son TDAH m'a rappelé le jour où Martha et moi avions été invités à l'émission *Good Morning America* pour parler de notre ouvrage sur le TDA. Joan Lunden avait demandé à Martha : « Où avez-vous trouvé la matière de votre livre ? » et Martha avait répondu, du tac au tac : « C'est la biographie de mon mari ! » À la lecture du témoignage de Michael, vous verrez que le TDA constitue une *différence*, non pas un *trouble*. Les réseaux neuronaux de certains cerveaux parmi les plus créatifs et les plus hypersensibles sont différents. Nous n'essayons pas de « changer » ces cerveaux uniques. Nous les « dirigeons » vers la voie que Dieu a ouverte à leur intention. L'écriture inspirée vous garde sur le chemin très personnel de votre paix intérieure.

Dans ma pratique médicale quotidienne, je conseille tant à de jeunes esprits qu'à des esprits plus âgés de « trouver la voie de leur bonheur et de se doter des outils nécessaires pour y rester ».

Bien entendu, puisque l'esprit de chacun est unique, tous les instruments décrits ici pour assurer une bonne santé mentale ne conviendront pas forcément au cheminement spirituel de tous. Mais prenez ceux qui s'accordent à votre parcours spirituel, sans vous faire de souci ou porter de jugements.

Lecteurs, la section sur la méditation et la gratitude vous remplira d'étonnement. La vie a beau être pourrie – c'est particulièrement le cas en cette période difficile –, nous avons tous quelques raisons d'être reconnaissants. Je commence presque chaque jour par ce que j'appelle ma « méditation en mouvement », c'est-à-dire que je bouge (marche ou nage) au rythme d'un mantra. Par exemple :

Merci mon Dieu pour ma vie (80 ans).
Merci mon Dieu pour ma femme (54 ans).
Merci mon Dieu pour ma santé (survivant d'un cancer).
Merci mon Dieu pour ma richesse (huit enfants).
Merci mon Dieu pour mon diplôme de médecine.
Faites-en ma mission.

L'écriture inspirée m'émerveille. Merci, Michael Sandler, pour votre sincérité et pour avoir donné à ceux qui vous lisent et vous suivent les moyens d'avoir une vie plus saine et plus heureuse.

William Sears, M.D.
coauteur de *The Healthy Brain Book: An All Age Guide to a Calmer, Happier, Sharper You*

Introduction

Avant de pratiquer l'écriture inspirée, j'étais perdu, déboussolé, littéralement en proie à la douleur, en plus d'être financièrement et émotionnellement ruiné. Heureusement, je me suis tourné vers cette forme d'écriture intuitive, j'ai su que je lancerais un balado (*Inspire Nation*) et que je m'entretiendrais avec de grands spécialistes du monde entier.

Ma femme Jessica et moi vivons notre vie rêvée avec les animaux que nous avons rescapés, dont un coq – oui, un coq. Et notre balado, qui compte des millions de visionnements et d'écoutes, est une des émissions de développement personnel les plus populaires au monde.

Tout provient de l'écriture inspirée. Toute cette bonté, toute cette magie, tous ces miracles. Il peut en être de même pour vous.

Le livre que vous tenez entre vos mains ou qui apparaît virtuellement sur l'écran devant vos yeux est un vrai miracle. C'est une méthode que tous peuvent adopter pour puiser à même leur sagesse intérieure ou le Divin.

Vous êtes désorienté ? L'écriture inspirée peut vous venir en aide. Votre santé est défaillante ? L'écriture inspirée peut vous venir en aide. La pandémie, l'agitation civile ou le tout dernier cauchemar vous font perdre la tête ? L'écriture inspirée peut vous venir en aide là aussi. Et si vous avez de la difficulté à manifester ou à vous remettre sur pied, ou si vous voulez hausser votre patrimoine et vos finances à un niveau supérieur, l'écriture inspirée est ce qu'il vous faut. Parce qu'en fait de manifestation, l'écriture inspirée est une fusée spatiale.

Si chaque jour est un combat, si vous êtes au bout du rouleau, inquiet, anxieux, déprimé ou pis, non seulement l'écriture inspirée vous apportera-t-elle un apaisement, mais elle favorisera votre guérison mentale, elle transformera les énergies qui tourbillonnent en vous et autour de vous, elle reprogrammera votre subconscient et vous aidera à transformer vos blessures en une énergie positive et puissante, et à susciter ainsi en vous des changements encore plus positifs que vous ne les aviez imaginés.

En psychologie, Jung, Freud et d'autres ont tiré parti de l'écriture inspirée pour reprogrammmer le subconscient depuis plus de cent cinquante ans. Un peu oubliée par les psychologues modernes, cette technique est en train de renaître – nous y reviendrons dans la partie historique.

En décembre 2019, j'ai interviewé Michael Lennox, un brillant astrologue. Ensemble – et bien avant la COVID-19 –, nous avons baptisé 2020 l'Année de la prise en compte. Car nous devrions faire face à tout ce qui avait été escamoté, tout ce que nous refusions de prendre en main. C'était absolument vrai !

Aujourd'hui, j'appelle la période que nous sommes sur le point de vivre l'ère de la réinvention. C'est une époque d'infinies possibilités. Oui, une énergie folle tourbillonne autour de nous. Oui, on dirait l'Armaguédon ou pis encore. Mais tout cela est très loin de la vérité.

Quand vous saurez être en phase avec l'Univers, votre sagesse ou vos guides, vous découvrirez l'importance de la période actuelle, pourquoi votre âme a choisi de s'incarner maintenant, à quel point vous êtes quelqu'un de spécial, et tout ce dont vous êtes capable – et quel doit être aujourd'hui votre parcours.

Cette période suscite des occasions positives et musclées, tout le contraire de la morosité et du défaitisme. C'est une ère de réinvention totale où presque tous les rêves sont réalisables.

L'esprit est un créateur. C'est le principe fondamental du mouvement Nouvelle Pensée. Or, ainsi que l'ont dit des personnalités telles que Bob Proctor et Rhonda Byrne, respectivement collaborateur au film et auteure du livre *Le Secret*, nous attirons ce à quoi nous pensons – c'est ce qu'ils appellent la loi d'attraction.

Tout ce à quoi vous pensez, ce sur quoi vous focalisez votre attention, ce dont vous parlez et ce que vous écrivez, vous pouvez littéralement le manifester dans la réalité. Bien évidemment, cela signifie qu'il faut prendre garde à ses désirs. Mais cela veut aussi dire que vous êtes le plus incroyable créateur qui soit au monde. Il faut seulement apprendre à maîtriser cette énergie ; vous avez en main le moyen d'y parvenir. Ce livre sur l'expérience de l'écriture inspirée peut vous apprendre à transformer votre vie, à tout hisser sur un plan supérieur, à surmonter vos blessures et vos blocages émotionnels, à vous orienter vers l'avenir le plus incroyable, le plus extravagant, le plus exubérant qui soit, au-delà de vos rêves les plus fous, un avenir qui vous attend déjà.

Ce livre – un authentique mode d'emploi pour vous connecter au Divin et à sa guidance, pour manifester, guérir et, surtout, recâbler le subconscient, ou si vous êtes athée, pour prendre contact avec votre sagesse intérieure – vous apprendra pas à pas à découvrir, exploiter et recevoir des orientations de ce monde magique déjà présent ici et maintenant.

Je suis un alchimiste et je crois aux anges, mais aucune croyance n'est nécessaire pour tirer parti de la magie de cet ouvrage. Il suffit de suivre les directives qui y sont formulées pour en être époustouflé.

Car peu importe que vous l'associiez à des anges, à des guides, à des travailleurs de lumière ou simplement à votre sagesse intérieure, ou même au champ quantique d'une énergie intelligente, une sagesse intense et profonde attend de vous servir de guide, pour peu que vous le lui demandiez.

En ces temps où les énergies nous entraînent dans leur tourbillon et que la COVID-19 laisse des traces, j'ai une seule question à vous poser : sinon maintenant, quand ? Si vous n'acceptez pas déjà une grande transformation, si vous n'acceptez pas de plonger au tréfonds de votre âme, si vous n'acceptez pas cet acte de foi qui vous fera chercher une voie nouvelle, si vous ne faites rien maintenant, quand le ferez-vous ?

L'écriture inspirée est un instrument de magie pure qui vous fera communiquer avec l'au-delà. Elle vous aidera à trouver votre raison de vivre, votre chemin, l'orientation qui vous est propre, et elle répondra à vos questionnements les plus profonds, entre autres : pourquoi me suis-je incarné à l'époque où nous vivons ? Pourquoi ai-je choisi cette vie ? Pourquoi ai-je choisi ces luttes ? Et comment diable puis-je renverser la situation et faire en sorte que tout soit absolument positif ? Comment puis-je transformer ma vie de façon à la vivre à fond, centré sur mon objectif, sur les rails, en faisant exactement ce que je suis censé faire ?

Et comment puis-je me sentir heureux, surtout maintenant ? Voyons voir.

1 | *Bienvenue dans la merveilleuse expérience de l'écriture inspirée*

Je me réveille doucement à 4 h 30. Tout est silencieux, même les colibris sont encore couchés. Je repasse mentalement quelques-uns des objets de ma gratitude tandis que Jessica dort tranquillement à mes côtés. Ensuite, je descends l'escalier en catimini pour aller à la salle de bains, je me verse une tasse d'eau chaude avec des minéraux, je prends mes vitamines et je file à mon studio.

Dans le sanctuaire de mon studio, j'entre dans le silence, je médite, puis je mets un casque pour écouter une musique de programmation des ondes thêta. Des oiseaux sur la plage pépient entre mes deux oreilles.

J'ouvre un nouveau document d'écriture inspirée dans Google Drive (j'utilisais naguère un stylo et du papier, mais les mots viennent trop vite pour que je puisse les suivre) et je m'adosse contre ma chaise. Il fait encore presque nuit noire, seul un mince filet violet se profile sur la ligne d'horizon.

Mes yeux se ferment et j'écris ma première prière, puis une autre, j'accueille le soutien, mes anges et mes guides, en particulier mes êtres chers passés de l'autre côté.

Quand j'en ai terminé avec mes prières, les mots se mettent à débouler. Mes doigts s'animent d'une vie propre tandis que des mots d'une très grande sagesse défilent à l'écran. Je sais qu'ils ne viennent pas de moi, puisque je ne suis pas tout à fait réveillé. Mais les paragraphes se suivent toujours plus vite. De temps à autre, j'interviens et je pose une question, mais la plupart du temps je ne suis que le témoin de la guidance qui m'arrive de l'au-delà.

Salut, chers rayons de lumière étincelants ! Cette description reflète la beauté toute simple de mon rituel d'écriture inspirée. Je vais vous montrer comment puiser à même votre sagesse intérieure et y découvrir une guidance exceptionnelle grâce à cet art très ancien.

Dites-vous que vous êtes capable de vous adresser à une puissance supérieure – quel que soit le nom que vous donnez à cette force ou à cette croyance – et de lui communiquer vos moindres désirs, vos moindres pensées, vos moindres questionnements, puis d'en recevoir une réponse claire comme de l'eau de roche.

En quoi cela changerait-il votre vie ?

Quand vous vous assoyez pour amorcer le rituel de l'écriture inspirée en prenant la plume, c'est précisément ce qui se produit. Que vous croyiez en Dieu, en la Source, en l'Univers ou seulement en la sagesse intérieure qui vous sert de guide, vous méditez un peu, vous priez, et votre stylo se met à écrire, presque à votre insu.

C'est trop beau pour être vrai ?

Mary H., une des clientes que j'encadre, m'a dit : « L'écriture inspirée a transformé ma vie et fait partie la plupart du temps de mes activités quotidiennes. Ce processus m'a libérée de mon incapacité inconsciente à pardonner à ma mère décédée et à me pardonner à moi-même. Cette pratique de l'écriture intuitive et la formation que je reçois ont apporté de l'équilibre à mon cœur et ont ouvert ses vannes. Et elles m'ont montré quels aspects de ma vie devaient être alignés sur l'héritage que je veux laisser ici sur Terre, un héritage d'amour. »

David, à son tour : « L'écriture inspirée m'aide à apprécier mon parcours et ajoute à mes matins un je-ne-sais-quoi qui les pimente. Elle a réveillé mon cœur. Je pense que chacun de nous a une personne de sa connaissance qu'il ne tient pas forcément en très haute estime. L'écriture inspirée nous apporte la paix et une consolation quand nous écrivons littéralement à ceux qui sont décédés et que nous entrons en contact avec leur essence, leur âme, ou alors avec cette sagesse en nous qui peut s'exprimer en leur nom. »

Dans un contexte plus pragmatique et quotidien, Nicole, une banquière, a dit : « J'avais un différend avec mon employeur – on me poignardait beaucoup dans le dos au bureau. Je me suis demandé quoi faire pour remédier à cette situation. L'écriture inspirée m'a apporté une aide phénoménale. »

Grâce à l'écriture inspirée, Nicole a porté sur la situation le regard de quelqu'un d'autre. Ses supérieurs ont ensuite corroboré son interprétation des événements. L'écriture inspirée lui a fourni une feuille de route qui lui disait comment guérir cette relation ou profiter de ce processus pour devenir une superfemme et tirer de cette expérience et de ces trahisons les moteurs qui feraient d'elle une meilleure personne.

De façon générale, l'écriture inspirée est un processus connu des auteurs et des sages depuis des milliers d'années. Avez-vous déjà entendu quelqu'un dire : « Le livre s'est écrit tout seul » ? Ses doigts volaient pendant qu'il écrivait ou tapait sur un clavier, comme si l'Univers lui envoyait un message et faisait de lui l'instrument de sa transmission.

L'Univers répondra si vous l'interrogez.

Il y a plusieurs années, Jessica et moi étions au bord de la faillite. En même temps, je me rétablissais d'un accident quasi fatal et elle luttait contre une intoxication aux moisissures. Notre vie se décomposait en morceaux en dépit du fait que nous vivions à Maui, un endroit de rêve. Mais nous étions écrasés par de trop nombreux défis.

Tout s'est cependant mis à changer dès que j'ai pratiqué l'écriture inspirée. Il a suffi d'une question toute simple, « Que dois-je faire aujourd'hui ? », pour que les pièces du puzzle se mettent à tomber en place et que notre vie enclenche une transformation radicale.

Nous avons su que nous devions lancer un balado – *Inspire Nation*, pour être précis – qui est devenu un des balados de développement personnel et de spiritualité les plus écoutés à l'échelle planétaire et sur une chaîne YouTube follement populaire. Nous avons su qu'il me fallait reprendre les activités de coach de vie que j'exerçais depuis près de vingt ans. Maintenant, je procure un encadrement et des formations individuelles à des milliers de personnes chaque semaine, ou à des groupes, par Zoom.

Nous avons appris ce qu'il fallait faire, étape par étape, pour favoriser la guérison de Jessica, assainir notre situation financière, nous remettre sur les rails et avoir une vie miraculeuse, où que nous soyons

– dans une maison de rêve en surplomb d'une ville des montagnes Rocheuses ou nichée dans leurs contreforts, entourée de sentiers pédestres et d'animaux, ou encore à bord d'un immense VR sur les routes des États-Unis et dans la magie et la majesté de nos parcs nationaux.

Comme cela a été le cas pour Mary, David et Nicole, et pour tant d'autres personnes dont la vie a été touchée et transformée par l'écriture inspirée (des expériences d'autres praticiens de cette écriture intuitive seront évoquées dans les prochains chapitres), une grande part de notre réussite lui est due.

Faire taire le singe de l'esprit

Le cerveau roule à toute vitesse, il nous commande de virer à droite, à gauche, d'aller ici mais pas là, et même de nous figer sur place. Le cerveau l'emporte toujours, car ses voix peuvent être écrasantes, fondées sur la peur et, dans le meilleur des cas, contradictoires.

Qui plus est, ces voix dans notre tête ne sont même pas les nôtres. Ce sont celles de la collectivité, de la tribu, de nos parents, des actualités, de nos ego ou de quelque chose d'autre. Ce ne sont pas les voix de la sagesse et certainement pas les voix du cœur.

Mais quand on pratique l'écriture inspirée, on fait taire le bavardage incessant du singe de l'esprit en même temps qu'on augmente le volume de l'intuition. On parvient à se rebrancher sur un savoir toujours présent, sur une voix aimante, bienveillante et douce, capable de nous faire voir notre existence dans son ensemble, de nous dire où aller et où ne pas aller, et de nous montrer le chemin le plus sûr et le plus simple pour parvenir à destination.

L'écriture inspirée estompe la confusion. On est plus serein, plus aligné et plus accordé au monde qui nous entoure. En gros, on trouve son rythme.

Ce que vous apporte la merveilleuse expérience de l'écriture inspirée est de la magie pure. Au moyen de cette technique d'écriture intuitive autrefois accessible aux seuls prophètes et aux seuls sages, vous pouvez entendre la voix de votre dieu, celle de vos anges ou de vos guides supérieurs, et bénéficier de leur guidance dans tous les domaines de l'existence.

Vous voulez connaître votre chemin de vie ? L'écriture inspirée vous donnera la réponse.

Vous voulez savoir pourquoi vous luttez ? L'écriture inspirée sait aussi cela.

Vous voulez apprendre à manifester, à attirer l'abondance et la vie dont vous rêvez ? La réponse est dans l'écriture inspirée.

Grâce à l'écriture inspirée, vous avez un accès direct à une intelligence supérieure, à une voix intérieure ou extérieure qui ne ment jamais, qui ne vous induira jamais en erreur, qui vous aidera à vivre la vie la plus magnifique, la plus authentique, la plus joyeuse qui soit, dans la pleine conscience de soi, avec un minimum de luttes et de conflits – à la condition de l'écouter.

Cette voix, la petite voix sereine qui ne vous trompera jamais, a toujours été présente en vous. Écoutez-la.

Ce pouvoir existe en chacun de nous. Quand vous entendez « Ne t'aventure pas dans cette ruelle obscure », c'est l'écriture inspirée qui vous parle. Quand vous faites une embardée et que vous écartez un danger avant même de savoir consciemment ce qui se passe, c'est aussi l'écriture intuitive qui crie : « Agis ! » pour que vous évitiez le camion qui fonce droit sur vous.

C'est en quelque sorte votre GPS intérieur, l'aptitude à vous mettre à l'écoute et à obtenir des instructions sur-le-champ.

Le fonctionnement de l'écriture inspirée

J'aime les anges. Pour moi, cette intuition représente nos anges gardiens au travail. Mais que vous l'appeliez vos anges, vos guides, votre moi supérieur, Dieu ou simplement votre sagesse intérieure, cette voix est toujours présente, toujours affectueuse et toujours prête à vous tendre la main. Il vous suffit de la saisir.

Comment fonctionne l'expérience de l'écriture inspirée ?

Pour simplifier, disons que dès le départ vous apprendrez des techniques de méditation puissantes et pourtant incroyablement faciles même pour les plus farouches non-méditants (il n'est pas nécessaire de devenir moine ou de vous retirer dans une grotte), des méditations qui feront taire l'esprit et l'incessant bavardage du mental. Quand une bonne douzaine de chaînes concurrentes diffusent en même temps leur contenu dans notre tête, on n'entend plus rien, encore moins la voix de la sagesse. Ce processus vous aidera à baisser le volume de ces différentes voix et à augmenter celui de votre plus grande voix intérieure.

Quand vous connaîtrez les méditations de base présentées dans ce livre, vous apprendrez quelques prières clés qui vous amèneront à un état plus profond et proche de la transe. D'un point de vue neuroscientifique, votre cerveau entrera dans la zone des ondes thêta, là où le cerveau pensant se tait et le cerveau spirituel s'ouvre et prend de l'expansion.

À ce moment, vous apprendrez un rituel fondamental qui vous fera descendre encore plus profondément dans la sagesse et dans les paroles qui vous y attendent depuis toujours. Bien entendu, vous développerez aussi des techniques plus avancées de guidance, de manifestation, et même de communication avec vos êtres chers décédés et avec Mère Nature.

L'écriture inspirée ne vous impose pas de limites : vous pouvez aller partout.

Pourquoi l'écriture inspirée est-elle prodigieuse ? Parce que le sentiment de tourner en rond, d'être seul, désorienté et d'aller à la dérive comme du bois flottant au milieu de l'océan n'a rien de merveilleux. Mais quand on entend la voix des anges ou la voix de Dieu, on reste bouche bée, le cœur se dilate et on sait une bonne fois pour toutes qu'on n'est pas seul, qu'on ne l'a jamais été et qu'on ne le sera jamais. L'ébahissement et l'émerveillement qui gonflent le cœur rehaussent notre courage, notre force et notre inspiration à vivre à nouveau pleinement, sur un plan totalement différent.

En gros, l'émerveillement est l'état dans lequel vous met l'écriture inspirée quand le stylo court sur le papier et que les mots déferlent. Ces mots ne viennent pas de vous. On vous donne des instructions, des informations claires, à vrai dire les résultats de l'autopsie de tout ce qui a « mal tourné », mais on vous donne surtout le recul nécessaire pour observer votre vie, et un instrument grâce auquel vous posez au Divin ou à votre sagesse intérieure toutes les questions qui vous préoccupent. On vous assure alors que vous n'êtes pas seul, que vous viendrez à bout de tout, que tout est bien, que tout est divinement parfait, et que tout pourrait même aller encore mieux.

Contrairement à la prière, l'écriture inspirée répond à vos questions. Tournez la page et vous saurez comment accéder à cette sagesse intérieure en quelques jours ou en quelques semaines. Ce n'est ni de la magie ni un processus réservé aux seuls initiés. Il n'est pas nécessaire pour pratiquer l'écriture inspirée de posséder un don particulier ou une intuition hautement développée, ou d'avoir perfectionné ses aptitudes en se retirant plusieurs années dans une grotte. Il suffit de vouloir se mettre en phase avec le Divin et de l'entendre, puis d'un peu de pratique pour faire venir les mots. Se mettre en phase avec le Divin et en recevoir des instructions est à la portée de tous.

Pourquoi ? Parce que nous avons tous entendu cette voix, ressenti des convictions profondes ou des intuitions subites. Nous avons tous fait une embardée pour prévenir un accident *in extremis* ou su qui nous appelait avant même de répondre au téléphone.

C'est à cette sagesse intérieure que nous nous branchons, celle qui est là depuis toujours et attend que nous fassions appel à elle.

Ce que l'écriture inspirée n'est pas

Si, en pratiquant l'écriture inspirée, vous dites : « J'ai besoin de cinq idées qui me feront vendre des millions de livres l'année prochaine », une telle attente, du moins au début, sera un échec. Quoi ? L'écriture inspirée n'est-elle pas censée m'aider en tout ? Absolument.

Mais quand vous dites « J'ai besoin de ceci ou cela », vous êtes dans votre tête, dans votre ego, et vous exigez du conducteur du bus qu'il dicte au cartographe le chemin à tracer. Cela ne fonctionne pas ainsi. Vous devez plutôt enclencher le processus de la façon suivante :

« Voilà, j'aimerais que mes livres aient beaucoup de succès l'année prochaine. Que pouvez-vous me dire ? Que me conseillez-vous ? Est-ce réaliste ? Que dois-je faire pour y parvenir ? »

Un peu comme si vous plaquiez le canon d'un revolver contre la tempe de l'écriture inspirée, si vous exigez d'elle : « Donne-moi mes livres à succès ou un million de dollars tout de suite », elle vous répondra : « Bof. » Imaginez un peu ce que ce serait si vous lanciez à un nouveau contact sur un site de rencontre en ligne : « Tu coucheras avec moi à notre premier rendez-vous. » Cette personne pensera : « Mais je ne sais même pas comment tu t'appelles. » Certes, l'écriture inspirée vous connaît mieux que vous ne vous connaissez vous-même, mais ce processus a pour but de vous amener à développer une relation avec elle. Tant que votre relation sera embryonnaire, la sagesse profonde restera hors de portée. Vous aurez alors l'impression de nager dans l'expérience de l'écriture inspirée, mais vous serez toujours dans votre tête (nous reparlerons de l'ego dans un chapitre subséquent).

Il faut laisser les choses avancer à leur rythme. Si vous faites de cette écriture guidée une pratique quotidienne, vous trouverez votre sagesse profonde avec une rapidité qui vous émerveillera.

L'écriture inspirée n'est pas la tenue d'un journal

La tenue d'un journal se fait à la première personne. Elle concerne le *Je*, *me*, *moi*. L'écriture inspirée se fait par personne interposée. Elle vous concerne. Vous êtes aimé. Vous êtes bon. Vous devenez plus patient. Et vous êtes bien.

C'est le cerveau pensant et égoïque qui tient un journal. Nous formulons par écrit ce qui s'est passé, ce qui nous inquiète, et des réponses analytiques à nos ennuis. Comme le disait Einstein : « Un problème créé ne peut être résolu en réfléchissant de la même manière qu'il a été créé. » C'est là le propre de la tenue d'un journal. Elle est le fait du cerveau pensant.

L'écriture inspirée, au contraire, provient d'une sagesse supérieure, que vous la situiez à l'intérieur, à l'extérieur, au-dessus ou au-dessous de vous. Mais puisqu'elle ne naît pas de vos pensées quotidiennes, ses réponses seront supérieures à celles-ci et infiniment plus appropriées.

Rassurez-vous, la tenue d'un journal est quand même très utile. Elle vous permet de coucher sur papier des idées qui ne vous seraient pas venues autrement. Elle vous aide aussi à examiner votre vie avec du recul et à vous demander : « Qu'est-ce qui se passe ? » Ce peut être une activité très cathartique.

Mais la tenue d'un journal ne vous permet pas d'entrer suffisamment en vous-même pour dissocier cette percée de votre expérience concrète. Quand vous plongez dans l'écriture inspirée, vous vous détachez de vous-même – sur le plan spirituel, vous êtes alors un observateur infini, celui qui vous encourage à persévérer dans la vie, non pas celui qui participe à cette vie. Quand vous prenez du recul et que vous adoptez le point de vue de l'observateur infini, tout change, en particulier la guidance que vous recevez. Vous n'êtes plus au cœur de l'action, vous l'examinez de beaucoup plus haut. C'est un processus radicalement différent de la tenue d'un journal.

L'écriture inspirée naît de cette sagesse intérieure, des anges, des guides, de l'Univers, de la Source ou, comme j'aime à le dire en plaisantant, de ce cheeseburger géant dans le ciel, autrement dit d'une entité ou d'une chose quelle qu'elle soit, et quel que soit le nom que vous lui donnez. Elle est la voix intérieure qui vous dit : « C'est bon, Michael. Tu as le droit de regarder ton univers dans sa totalité. Laisse-moi te montrer des détails que tu n'as peut-être pas remarqués à force d'être prisonnier de ton moi. »

L'écriture inspirée n'est pas une boule de cristal

J'ai beau pratiquer l'écriture inspirée chaque jour, quand ce n'est pas plusieurs fois par jour, et bien que j'entende cette voix clairement tout au long de la journée, surtout quand je fais du coaching, je ne lui demande pas de me prédire l'avenir.

Premièrement, elle me l'annonce rarement, parce que l'avenir n'a encore été écrit par personne. Oui, il existe un nombre infini de multivers et ils ont lieu en même temps, mais ce thème va au-delà du propos de ce livre. Pour ce qui nous concerne ici, nous habitons un monde où s'exerce le libre arbitre. Par conséquent, qui peut savoir ce qui adviendra ?

Voilà pourquoi je dis, quand je coache ou j'enseigne : « J'ai cassé ma boule de cristal. » Trop de choses se passent en même temps pour qu'on puisse savoir ce qui s'en vient, et quand. L'écriture inspirée dirait évidemment que connaître l'avenir nous priverait de ses éléments de surprise et que cela ne serait pas très amusant.

Le plus important est que, quand on essaie de prédire l'avenir, on s'éloigne de cet espace merveilleux centré sur le cœur pour remonter dans notre tête. On se met à réfléchir, on se perd en conjectures et en prédictions de ce que sera l'avenir. Cela n'a rien à voir avec l'écriture inspirée.

Chaque fois que je demande ce qui s'en vient à l'écriture inspirée, elle me répond systématiquement : « Tu n'as pas à connaître la réponse en ce moment. » En gros, ces temps d'extrême incertitude ont lieu pour nous aider à grandir, à entrer dans notre nature spirituelle, à nous détacher de ce qui arrivera et à guérir nos blessures les plus profondes, celles qui se manifestent maintenant plus que jamais. Si nous connaissions déjà les réponses, nous ne pourrions pas nous développer, grandir ou guérir. Autrement dit, quand on nous mâche tout le travail, que nous reste-t-il à apprendre ?

Au début, l'écriture inspirée n'est guère utile aux grandes décisions transformatrices. Avec le temps, vous pourrez faire appel à elle pour à peu près tout, mais au commencement, le cerveau égoïque risque d'intervenir dans les décisions importantes, difficiles et angoissantes. Par exemple, si vous vous faites du souci au sujet de vos finances ou d'un déplacement important, ou si vous hésitez à mettre fin à votre mariage – ce sont de formidables questions à poser à l'écriture inspirée, mais prenez les réponses avec un grain de sel au début. Aux réponses spécifiques, préférez au fil du temps les thèmes ou les schémas récurrents.

L'écriture inspirée n'est pas un Ouija

Certaines personnes optent pour se servir du Ouija comme d'un instrument d'écriture inspirée, mais ce n'est pas la méthode que je préconise dans ces pages. Soyez tranquille, ce n'est pas ici que vous apprendrez à faire un voyage astral ou qu'un esprit s'emparera de la main qui tient le stylo. Vous aurez toujours le contrôle de vos doigts et de votre corps. Aucune entité ne prendra possession de vous de quelque manière que ce soit. C'est *vous* qui écrirez physiquement, rien ni personne d'autre.

Les messages entrent d'abord dans votre esprit. Quand celui-ci les a enregistrés, il signale à la main de les écrire. Si vous étiez médium de naissance ou de formation, écrire ne vous serait d'aucune utilité. Mais pour la plupart d'entre nous qui n'avons pas reçu ce don de canalisation à la naissance ou qui n'y avons pas été longuement entraînés, le geste d'écrire aide le cerveau à capter les messages.

L'écriture inspirée n'est pas une dictée

Là encore, certaines personnes croient que l'écriture inspirée est en quelque sorte une dictée, mais ce n'est pas ce que j'enseigne. Je ne vous apprends pas à canaliser une voix qui résonne dans votre tête. La seule voix que vous entendrez mentalement sera la vôtre. C'est votre voix intérieure qui vous transmet les messages reçus.

Nous venons de voir dans la section précédente ce que l'écriture inspirée n'est pas. Voici venu le moment idéal de vous dire ce qu'elle est, mais dans les mots d'un de mes étudiants, car je ne saurais mieux l'expliquer que Miguel :

> Un crayon, un élastique, la chaise que vous occupez sont une profonde métaphore de la vie, de la conscience, de l'immensité de ce tout. L'émerveillement que vous ressentez est viscé-

ral quand la grâce, la beauté et la magnitude de notre Univers en interconnexion vous enchantent. Vous éprouvez un sentiment de plénitude, de complétude, de fusion à tout ce qui est. Il n'y a rien dont vous puissiez avoir besoin, que vous puissiez désirer, vouloir ou faire, sinon écrire un autre mot vertigineux. Au-delà de la simple cognition, au-delà de la matière. Le mot entre en éruption en vous, tel un volcan de l'invisible. Vous êtes envoûté par l'émotion.

Par la vie même…
Par l'infini…
Par l'Univers…

Et les mots coulent à flots de votre être sans qu'aucun ne demande à être gommé. Aucune volonté, aucun regret, aucune correction. Pareille vie n'est-elle pas en résonance avec un maître spirituel ? La vie existe sûrement pour ces moments. Ces moments d'émerveillement.

Trois questions hypothétiques au sujet de l'écriture inspirée

1. | Et si je ne suis pas écrivain et je ne sais pas écrire ?

J'aime quand les gens me disent qu'ils ne savent pas écrire ou qu'ils détestent ça. Pourquoi ? Parce que ceux-là s'immergent souvent d'emblée dans l'écriture inspirée et formulent les plus profondes perles de sagesse, lesquelles, à l'évidence, ne viennent pas d'eux.

Si vous pensez que vous ne savez pas écrire, c'est parfait. Cela signifie que votre cerveau pensant n'interviendra pas puisque ce ne sera pas vous qui écrirez.

J'ai discuté de cette question avec Andrew Newberg. Ce neuroscientifique a constaté chez les praticiens de l'écriture inspirée que la zone du cerveau normalement associée à l'acte d'écrire, c'est-à-dire le lobe frontal, responsable des fonctions exécutives dont l'écriture, devient alors inactive ou que l'irrigation sanguine y est ralentie.

Pourquoi est-ce important? Parce que si vous avez exercé pendant des années votre aptitude à l'écriture, vous avez renforcé ce lobe frontal, qui doit maintenant être mis hors tension. Or, il est plus facile de désactiver le lobe frontal si vous ne l'avez jamais entraîné à l'écriture.

Cela fait, vous vous ouvrez à un tout autre univers. À ce moment, la conscience, votre sagesse intérieure ou vos anges entrent dans la danse. Quand vous vous détachez de votre cerveau d'écriture, vous entrez plus rapidement dans l'expérience de l'écriture inspirée.

N'allez pas croire que vous écrirez interminablement, que cela vous épuisera et vous donnera des crampes, que vous serez prisonnier de votre stylo pendant des heures ou que de mauvais souvenirs de mémoires, de dissertations, d'examens remonteront à la surface (cela vous rappelle quelque chose?). Assis confortablement, vous laisserez courir votre stylo, et quand ce sera fini, ce sera fini. Vous pourriez aussi régler une minuterie pour dix ou vingt minutes. Il ne s'agit pas de se donner du mal mais bien, au pire, de lâcher prise, ou au mieux, de s'amuser. Il n'y a aucune obligation à écrire quoi que ce soit, aucun nombre de mots prescrit ni aucun nombre de pages, rien. De fait, si vous écrivez du charabia pendant dix minutes, c'est tout aussi bien.

À vrai dire, votre aversion pour l'écriture et la peur d'écrire rendront votre écriture inspirée plus efficace. Étant donné qu'écrire ne vous vient pas naturellement – comme le disait Austin Powers : «C'est pas mon truc, bébé» –, vous écrirez encore mieux qu'une personne qui s'ingénie à trouver le mot juste, car le cerveau de cette dernière peut plus facilement l'entraver.

Si vraiment écrire n'est pas votre truc (plus précisément, si une affection telle que l'arthrite sévère vous empêche de tenir un stylo ou de taper sur un clavier), sachez que j'ai vu des gens dicter d'incroyables flots de paroles – appelons cela une «parole inspirée». Cependant, à moins que ce soit votre cas, je renoncerais à cette solution au début sans d'abord m'y être entraîné avec beaucoup d'assiduité. Pourquoi? Parce qu'il est encore plus facile, dans la parole inspirée, de s'empêtrer dans les propos réfléchis du cerveau. Par conséquent, si vous voulez pratiquer ce type de parole, enregistrezvous avec votre ordinateur, votre téléphone portable ou même un lecteur MP3. Mieux encore, servez-vous d'un logiciel de synthèse de la parole au texte pour convertir vos mots.

2. | *Et si je crains de laisser des esprits malins entrer en moi ?*

C'est ce que j'appelle la question du Ouija. Dans ce jeu, il semble impossible de prévoir quel esprit se manifestera. Mais dans l'écriture inspirée, la prière d'intention répond à un but précis.

En gros, la prière d'intention – à laquelle je reviendrai plus loin – vous enveloppe dans une bulle protectrice d'amour et de lumière, si bien que vous appelez uniquement l'énergie la plus élevée et les esprits supérieurs. À en juger par mon expérience, il en est ainsi presque tout le temps.

Mise en garde :# Je ne crains pas que vous canalisiez des esprits malveillants (si vous suivez les directives élaborées dans les prochains chapitres, autrement dit, si vous faites vos prières). Il n'en demeure pas moins que, dans certaines situations, le processus d'écriture inspirée peut ne pas convenir à certaines personnes.

Les tendances bipolaires d'un de mes amis intimes ont précipité ce dernier dans un épisode maniaque alors qu'il pratiquait le pranayama (respiration alternée). Je n'ai rien vu de tel se produire avec l'écriture inspirée, mais je fais ici une mise en garde. Si vous avez des tendances maniacodépressives, une bipolarité importante, si vous souffrez de schizophrénie ou d'un trouble dissociatif de l'identité, je vous déconseille la pratique de l'écriture inspirée. Il serait trop difficile de déterminer qui dit quoi. Si vos ennuis de santé mentale sont maîtrisés et que votre psychiatre vous donne le feu vert, c'est une autre histoire. Sinon, je m'abstiendrais.

3. | *Et si je manque de temps ?*

C'est une de mes questions favorites, car j'aime l'inverser. Un koan zen dit : si vous n'avez pas le temps de méditer, méditez deux fois plus. Je m'approprie ce paradoxe pour dire que si vous n'avez pas le temps de faire de l'écriture inspirée, faites-en deux fois plus. Pourquoi ? Parce qu'elle vous aidera à trouver plus de temps dans la journée, à identifier vos points aveugles, à accroître votre efficacité et à vous octroyer littéralement plus de temps. C'est la raison pour laquelle, même quand je suis archi-occupé ou que mes clients le sont aussi, je leur fais faire de l'écriture inspirée, car celle-ci les met ce jour-là sur la piste de la réussite et leur redonne du temps.

Bien sûr, s'il faut vous occuper des enfants ou des animaux de la ferme ou que vous vous levez trop tard, vous devrez réorganiser votre emploi du temps en y incluant impérativement l'écriture inspirée. Quel que soit le défi que cela puisse représenter au début, vous ne le regretterez pas.

Le processus

Ce livre préconise une approche progressive comme celle que j'emploie dans mes formations en ligne et mes stages intensifs. Il renferme absolument tout ce que vous devez savoir sur l'expérience de l'écriture inspirée. J'espère répondre à vos questions au sujet de cette pratique à mesure que nous irons de l'avant. Je vous demande seulement de respecter le plus possible la méthode décrite AVANT de lui apporter des changements.

L'écriture inspirée va au-delà de la simple formulation d'idées. C'est une expérience dynamique, éprouvée et systématique qui permet d'accéder au soi supérieur. Quand on dispose d'une méthode par laquelle accéder quotidiennement à son soi supérieur, on devient ce que j'appelle un rayon de lumière étincelante. On peut alors se servir de cette écriture inspirée pour puiser à même son intuition et en recevoir dès aujourd'hui la sagesse et la guidance.

Les pages à venir vous indiqueront les endroits qui prédisposent à cette pratique, quoi dire avant de commencer à écrire, comment commencer à écrire, et les questions les plus appropriées qu'il convient de poser pour recevoir des orientations et des conseils. Vous résoudrez vos problèmes quotidiens et recevrez des réponses en accord avec vos besoins particuliers. Vous chasserez la négativité et entreprendrez la guérison de vos blessures intérieures. Vous commencerez à découvrir qui vous êtes vraiment, pourquoi vous êtes ici et quelle est votre mission.

On y va ?

2 | *Créez l'environnement qui se prêtera le mieux à votre expérience de l'écriture inspirée*

La mise en place de votre expérience d'écriture inspirée fait partie du processus au même titre que l'écriture elle-même.

Je forme chaque année des milliers de personnes à cette écriture intuitive, et elles veulent savoir quel est le meilleur moment pour solliciter des réponses de l'Univers. Le matin de bonne heure ? En fin de soirée ? Elles me demandent où pratiquer l'écriture inspirée. Dehors ? Au lit ? Confortablement installées dans un fauteuil ? Par terre, en posture de yoga ?

Elles veulent aussi savoir ce qu'il faut faire pour entrer dans l'état proche de la transe caractéristique de l'expérience de l'écriture inspirée.

Chacun en vient à développer sa propre méthode, mais dans le présent chapitre je vous donne les bases du processus : où et quand pratiquer cette écriture guidée, et quelques étapes initiales qui vous aideront à en faire votre propre expérience.

L'écriture inspirée naît d'un rituel

J'aime à dire que tout, dans la vie, est un rituel ou peut le devenir. Qu'est-ce que cela signifie ? Que nous pouvons vivre en plein état de conscience, comme si tout était sacré et tout était une cérémonie.

Non seulement cela enrichit la vie, mais cela nous procure encore plus d'occasions de communiquer avec le Divin, les esprits ou notre sagesse intérieure quand nous sommes au volant, au bureau, au gym, en prière, ou plus particulièrement dans l'expérience de l'écriture inspirée. Car tout est sacré et peut le devenir.

Quelle différence y a-t-il entre un rituel et une cérémonie ? La cérémonie est l'activité elle-même, le rituel est le chemin qui y conduit. Votre mariage est une cérémonie, mais son rituel est sa forme extérieure, l'entrée de la mariée, les vœux échangés, l'anneau glissé au doigt, le baiser.

Quand j'occupais un espace dans un centre de méditation, ma pratique était très ritualisée : allumer les bougies et l'encens, et même sonner la cloche. Le rituel a ceci d'important qu'il prépare au changement des ondes cérébrales.

Le rituel est une méthode très avantageuse pour déclencher des ondes cérébrales spécifiques ou atteindre l'état de *flow*. Lors de mon entretien avec le neuroscientifique Andrew Newberg, nous avons appelé cela la mise en condition du cerveau.

Les joueurs de baseball le font en balançant la batte, parfois même en récitant une prière avant de se présenter au marbre. Les joueurs de tennis font rebondir la balle plusieurs fois avant de la lancer dans les airs et de faire un service gagnant. Les golfeurs pratiquent leur élan. Les guitaristes accordent leur instrument. Nous recourons tous à des rituels pour déplacer notre attention, la faire changer de cap et la focaliser étroitement sur ce qui s'en vient.

Plus nous ritualisons l'expérience de l'écriture inspirée, plus la communication en est facilitée. Vous commencez à entrer dans l'écriture inspirée dès le réveil. Cela peut sembler ridicule, mais vider votre vessie, boire quelque chose, méditer, écouter de la musique et réciter les prières que je présenterai dans le prochain chapitre, chacun de ces gestes vous enfonce de plus en plus dans un autre univers jusqu'à ce que vous atteigniez l'état de transe propre à l'écriture inspirée.

C'est là une des raisons principales qui font que je ne saute aucune des étapes préparatoires à l'écriture inspirée, même après toutes ces années. Car les résultats sont beaucoup plus probants quand je respecte toutes les étapes sans en sauter une seule.

Cela dit, le moment est venu de plonger dans l'expérience de l'écriture inspirée – que nous pouvons maintenant qualifier de rituel – en commençant par le commencement.

L'importance du point du jour

J'entends grogner les lève-tard. Si vous ne brillez pas comme un rayon de soleil dès le point du jour, ce n'est pas grave. Mais si vous voulez accroître vos chances de succès et puiser à même vos guidances les plus profondes, il est fortement conseillé de pratiquer l'écriture inspirée au point du jour (sauf si un autre moment de la journée s'avère plus efficace pour vous).

Il n'y a pas de règle, mais la voix de l'écriture intuitive se fera entendre plus distinctement quand tout dormira autour de vous. Quand vous aurez établi ce premier contact, faites-en l'essai à d'autres moments de la journée.

Permettez que j'explique le rituel de l'écriture inspirée en fonction du moment où je le pratique, qui est aussi le moment préféré de la plupart des gens : le point du jour. Quand vous comprendrez pourquoi je suggère ce rituel matinal et que vous aurez fait de votre mieux pour y adhérer, vous pourrez décider de ce qui vous convient.

Idéalement, vous vous levez avant tout le monde. Mais au début, pourquoi ne pas vous lever seulement quinze minutes plus tôt que d'habitude ? Vous allez aux toilettes et vous buvez un verre d'eau. Je déconseille fortement les boissons caféinées, du moins avant la pratique de l'écriture inspirée. Une tisane vous réchauffera par les matins frisquets d'hiver. Ce qu'il faut, c'est être dans un demi-sommeil – à moitié éveillé.

Les lieux les plus désignés pour écrire

Trouvez votre espace sacré. Quel sera votre endroit préféré ? Ce peut être le fauteuil au chevet de votre lit ou encore une pièce particulière de la maison ou de l'appartement. Peut-être même une pièce de l'étage où vous serez seul.

Certains de mes clients ont choisi de faire de la salle de bains leur espace sacré, car ils n'y sont pas dérangés par le reste de la famille, y compris les enfants, les chats et les chiens. J'ai même parlé à des gens qui se réfugient dans un placard, sous l'escalier ou dans un coin. Vous pouvez vous adosser à vos oreillers dans votre lit ou vous asseoir sur un coussin par terre, dans votre chambre.

Quoi qu'il en soit, choisissez un endroit sombre où vous pourrez tirer les rideaux pour ne pas laisser entrer la lumière du soleil levant et celle des lampadaires, des maisons voisines et des phares de voitures, et évitez toute forme de stimulation cérébrale. Fermez les rideaux, baissez les stores, tamisez la lumière.

Ritualisez l'écriture inspirée en allumant des bougies ou en faisant brûler de l'encens. Ou encore, diffusez des huiles essentielles telles que l'oliban ou la lavande, car ces huiles sont réputées pour calmer l'esprit et favoriser un état méditatif.

La lumière est un stimulant. Le bruit ambiant est un stimulant. Plusieurs parfums sont des stimulants. Tout ce que captent vos cinq ou six sens peut être un stimulant. Plus vous saurez chasser ces stimulants de votre environnement, plus vous serez en phase avec votre monde intérieur. Quel est donc votre cocon ? Un endroit agréable, sombre, chaud et confortable.

La méditation en dix temps qui fait taire l'esprit

On commence par une courte méditation. Pour éviter de vous rendormir, restez assis. (Ce n'est pas une catastrophe si on s'endort en méditant, mais il est préférable de ne pas céder au sommeil juste avant d'entrer dans l'écriture inspirée.)

Il n'est pas nécessaire d'être un grand méditant pour pratiquer cette forme d'écriture guidée. Il n'est pas nécessaire d'être une yogini. Il n'est pas nécessaire de se réfugier en Himalaya ou dans une grotte, ni de savoir faire taire considérablement son esprit. Il faut seulement ralentir le rythme. Juste. Un. Petit. Peu.

Voici une méditation très simple en dix temps. C'est sans doute la moins compliquée, la plus facile que vous ferez jamais. Elle saura parfaitement vous faire atteindre l'état de *flow*, c'est-à-dire l'expérience optimale de l'écriture inspirée et son émerveillement.

Méditation simple en dix temps

Voici ce qu'il faut faire. Inspirez lentement et profondément par le nez jusqu'à ce que votre abdomen se remplisse d'air. Posez une main sur le ventre pour le sentir se dilater. Puis, expirez par le nez. Inspirez encore, expirez. Ce n'est pas pour rien qu'on parle ici d'un compte de dix. Il y a une vidéo là-dessus à www.AutomaticWriting.com/bonuses.

Inspirez, expirez et comptez un. Inspirez, expirez et comptez deux.

Vous inspirez, vous expirez, et vous vous dites : « Zut, j'ai oublié ce que je devais faire aujourd'hui » ; inspirez, expirez et revenez mentalement à un. Si vous inspirez, expirez, puis que vous vous demandez si vous avez répondu au courriel de tel ou tel client, revenez à un.

En gros, chaque fois que vous vous laissez distraire, vous respirez en revenant à un. En principe, vous voulez faire taire votre esprit sur un compte de dix, mais presque personne n'y parvient. C'est plutôt un pas en avant, puis deux, et cha-cha-cha. Vous n'avez ni raison ni tort. Il n'y a pas de mauvaise méditation.

Il n'y a rien de mal à ce que le résultat soit un, deux, un, un, un, un, un. Car, chaque fois qu'une pensée vous distrait et que vous la recentrez sur votre respiration, vous aidez votre esprit à se détacher de ses pensées. Vous l'entraînez aussi à plus de légèreté, plus de calme, et à se libérer de l'agitation du singe.

Fondamentalement, quand vous vous concentrez sur la respiration, chacune compte pour un temps. Personne ici n'atteint un compte de dix à moins d'être le Bouddha lui-même. Certains ne se rendent pas à deux pendant des semaines entières. Ce n'est pas grave. Si c'est votre cas, vous faites les choses correctement. Vous renforcez la pleine conscience de votre esprit, son centre de méditation. Peu importe que vous passiez de un à trois, à cinq ou à dix. Ce que vous faites est parfait.

Cinq à dix minutes de cet exercice suffisent pour vous préparer à plonger dans l'expérience de l'écriture inspirée. Dix minutes, c'est l'idéal, mais faites ce que vous pouvez.

Nota bene : Méditer de cinq à dix minutes est souvent ardu pour les débutants. Le temps s'étire à n'en plus finir et ils se retiennent difficilement de regarder l'heure sur leur montre. La solution la plus simple consiste à régler une minuterie ou une alerte discrète qui vous dira que c'est terminé, puis de ne plus y penser. Oubliez le temps qui passe et concentrez-vous sur le compte de dix.

Claudio, mon ancien maître de méditation à Maui qui vit maintenant à Cozumel, au Mexique, m'a appris une autre forme de méditation. Il méditait, allongé sur une chaise longue Tommy Bahama en se laissant complètement porter par tout ce qui advenait. En d'autres termes, on médite sans rien faire, en étant simplement en contact avec la chaise longue et en contact avec soi, sans effort, sans rien rechercher. Et comme j'aime à le dire en plaisantant, le petit filet de bave au coin de la bouche est facultatif. Il suffit d'être.

Des pensées surviennent. « Oh. » Une autre pensée surgit. « Oh. » Aucune pensée ne vient. « Oh. » Pas de jugements. Vous êtes un témoin passif.

Vous restez assis sans penser, sans vous inquiéter, sans rien faire. C'est la meilleure méditation possible pour vous préparer à l'écriture inspirée, mais elle n'est pas simple. L'esprit veut courir dans tous les sens, et si vous ne vous êtes pas donné la permission d'être, sans plus, il pourrait s'agir du défi le plus difficile à relever qui soit.

Mon conseil : faites dix minutes de méditation en dix temps. Ensuite, si vous avez envie de poursuivre l'exercice, entrez dans le silence. C'est ma méthode préférée et celle que je recommande à mes clients. Vous bénéficiez alors du meilleur des deux mondes. Premièrement, vous entraînez l'esprit à observer ses pensées avec détachement. Deuxièmement, vous savourez le silence si précieux. À mes yeux, c'est à ce moment que la magie opère.

La méditation en dix temps vous aide à ne pas sauter dans le train de vos pensées chaque fois qu'il entre en gare. C'est le but de l'opération ici, car on ne veut pas stimuler le cerveau. Cette courte méditation est un exercice de pleine conscience qui vous suivra toute la journée, car vous vous entraînez, en collaboration avec votre esprit, à ne pas monter dans ce fameux train.

Je demande à mes clients d'imaginer une gare très achalandée de leur choix, ou alors Penn Station, à New York. Pendant que vous méditez en dix temps, vous montez dans un train sans le vouloir – celui du «problème au boulot», du «problème à la maison» ou des «prochaines vacances». Ce peut être n'importe quel train. Mais quand vous y montez par inadvertance, descendez-en, sautez sur le quai et reprenez votre méditation. Cela peut non seulement favoriser l'écriture inspirée, mais aussi améliorer votre concentration et réduire votre anxiété tout au long de la journée, car vous avez alors une meilleure maîtrise de votre esprit, de vos soucis et de vos inquiétudes au lieu d'être l'esclave de vos pensées.

Installez-vous confortablement pour méditer. Je vous conseille la position assise, le dos bien droit, mais en détente. Vous pouvez vous asseoir sur une chaise ou en tailleur sur un coussin; ces deux moyens sont bons. Beaucoup de gens aiment s'asseoir sur une chaise, les pieds à plat sur le sol.

Il n'y a pas de règle. Le plus important, c'est de pouvoir rester dans la même position pendant toute la durée de la méditation sans ressentir de fatigue ou sans constamment éprouver le besoin de changer de posture. Cela étant, toute méditation est parfaite.

Pour ce qui est de la méthode utilisée, toutes sont bonnes, du moment que vous évitez la méditation guidée. À bien des égards, la méditation guidée stimule l'esprit, tandis que vous voulez rester dans le silence. Bref, dès l'instant où vous vous assoyez sur un coussin, c'est parfait. Je le répète : il n'y a pas de règle. Faites ce qui vous convient.

Pratiquez la respiration par le nez

Voici pourquoi nous inspirons et expirons par le nez : parce que cette façon de respirer ne déclenche pas de réaction de lutte ou de fuite dans le système nerveux.

Voyez-vous, quand nous étions bébés, nous respirions par le nez en tétant le sein de notre mère ou un biberon. Il fallait absolument respirer par le nez. Et c'était l'extase. Mais dès la première infection des voies respiratoires supérieures, nous avons eu le nez enchifrené, nous avons manqué d'air et nous avons dû respirer par la bouche.

Être obligé de respirer par la bouche par pur désespoir déclenche encore aujourd'hui une réaction de lutte ou de fuite, ou une réaction du système nerveux sympathique. Nous respirons par la bouche quand nous voulons échapper à un tigre. Nous avons le même regard désespéré qu'ont d'autres animaux quand ils respirent par la bouche.

Respirer par le nez déclenche au contraire une réaction du système nerveux parasympathique qui induit au repos et à la détente, et facilite la digestion. C'est cet état que l'on veut atteindre par la méditation.

Résistez à l'envie d'allumer votre cellulaire

C'est si tentant d'utiliser une application du téléphone intelligent pour méditer. Résistez à cette envie, s'il vous plaît. D'abord, la méditation guidée stimule l'esprit. Ensuite, si votre téléphone est allumé, vous vous direz : « Bon. Je vais voir si j'ai des courriels. » Pourquoi ? Par pur réflexe. Quelle sorte de réflexe ? Le même qui vous a fait manger la moitié d'un sac de croustilles sans vous en rendre compte.

Ne perdez pas votre temps et votre énergie à utiliser votre portable pour ouvrir vos courriels ou une application de méditation. Le courrier électronique est à mes yeux un embêtement à la puissance dix. Qu'est-ce que cela signifie ? Qu'il véhicule les priorités et les demandes que d'autres personnes s'efforcent de vous imposer ou de vous soutirer.

Plus vous éviterez cette perte d'énergie avant d'écrire, mieux ce sera. Laissez votre téléphone portable dans une autre pièce si vous n'en avez pas besoin pour la musique binaurale (explication à venir). Si vous devez le garder près de vous, mettez-le en mode avion et éteignez tous ces ding !, ces sifflets, ces bips et autres alertes qui provoquent une poussée de dopamine au moment même où vous cherchez à entrer dans le silence.

Résistez de toutes vos forces à l'envie de vérifier vos courriels. Car lorsque vous faites une méditation en dix temps ou toute autre forme de méditation après avoir lu vos courriels, je vous assure que vous penserez à ces derniers, à la façon d'y répondre et à tout ce que vous devez faire.

Il n'y a pas si longtemps, une guêpe est entrée dans mon studio et s'est heurtée de manière répétée au plafond en essayant de sortir. Elle était inquiète, anxieuse, et je ressentais son énergie – une énergie de panique. Je voulais venir en aide à cette pauvre créature, la transporter dehors et lui donner une seconde chance. Mais parce qu'elle n'arrêtait pas de se démener et de se heurter au plafond, je ne pouvais pas l'enfermer dans un gobelet pour l'emporter à l'extérieur. Il m'a fallu attendre qu'elle se calme, qu'elle ralentisse et qu'elle lâche prise.

Souvent, notre cerveau n'est qu'un tourbillon d'idées, d'inquiétudes et d'anxiété. Qu'en est-il de ceci ? songeons-nous. Et qu'en est-il de cela ? Les réponses sont toujours en nous. Mais si nous persistons à heurter le plafond avec notre tête comme la guêpe de tout à l'heure, nous ne pouvons pas ralentir et entendre les messages de l'Univers.

Si cette guêpe s'était dit : «Je vais compter jusqu'à dix. Je vais m'asseoir sur le rebord de la fenêtre et rester tranquille un moment», elle aurait attiré autre chose. Dans son cas, le gobelet avec couvercle qui l'aurait transportée dehors : la légendaire main de Dieu.

Il en va de même pour nous le matin, quand nous nous préparons à une séance d'écriture inspirée. Il ne faut pas imiter la guêpe, car lorsque le cerveau court en tous sens, rien ne peut nous rattraper pour nous aider à nous dégager de nos conditions de vie présentes.

Qui fait partie de votre milieu de vie ?

Quand vous en aurez terminé avec votre méditation, munissez-vous de votre journal préféré et d'un stylo et asseyez-vous confortablement. Devant un petit bureau. Ou à la table de la cuisine. Ou restez où vous êtes et poursuivez l'expérience de l'écriture inspirée dans votre cocon. À ce point, vous devriez être parfaitement détendu.

Si vous vous installez à une table de travail, vous pourriez capter l'énergie laborieuse qui en imprègne la surface ou être tenté de consulter vos courriels. L'écriture inspirée n'est pas un travail et ne doit pas être perçue ainsi. Si possible, pratiquez-la ailleurs qu'à l'endroit où vous travaillez.

Assurez-vous de voir le stylo et un peu de ce que vous écrivez en dépit de la lumière tamisée, pour ne pas écrire à côté du papier. Si votre écriture est très brouillonne au naturel et qu'elle l'est dix fois plus pendant l'écriture inspirée, vous procédez correctement. Si vous n'arrivez plus à vous lire ensuite, cela montre que vous étiez dans un entre-deux, une espèce de demi-sommeil. C'est ce que nous recherchons, et ce que la pénombre de votre environnement semblable à un cocon encourage et cultive.

Si des distractions surgissent, voyez-y aussitôt. Si le chien doit sortir, faites-le sortir. Si les chats miaulent de faim, donnez-leur à manger. Si les enfants font du bruit ou que le volume de la télé est trop élevé, veillez à vous coucher et vous lever encore plus tôt pour méditer et pratiquer l'écriture inspirée avant que les enfants ne soient debout. Voulez-vous vraiment être un champion de l'écriture inspirée ? Levez-vous avant même que ne se réveillent vos petits chéris à quatre pattes et à fourrure.

Bref, si votre milieu de vie ne se prête pas le moins du monde à votre rituel, sortez de la maison le plus tôt que vous pouvez, réfugiez-vous dans la voiture à l'arrêt, mettez vos écouteurs et méditez. Efforcez-vous ensuite de plonger dans l'écriture inspirée là où vous êtes. Toute agitation rend cette pratique très difficile ; c'est pourquoi vous devez rechercher un endroit où vous serez seul. Certains de mes clients se sont enfermés dans un placard, leur tête frôlant les vêtements qui flottaient au-dessus d'eux.

Où que vous alliez, assurez-vous de pouvoir écrire avec un minimum de mouvement autour de vous. Si les matins ne vous offrent ni calme ni tranquillité, vous pourriez pratiquer l'écriture inspirée le soir, quand toute la maisonnée dort. Ce n'est pas l'idéal (j'explique pourquoi plus loin), mais l'écriture inspirée le soir réussit à beaucoup de gens.

Votre arme secrète : la musique binaurale de programmation des ondes thêta

C'est votre arme secrète, car pour toute personne ayant éprouvé de la difficulté à pratiquer l'écriture inspirée, la musique binaurale de programmation des ondes thêta semble avoir été une panacée.

Quand vous passerez de la méditation à l'écriture, vous écouterez une musique binaurale de programmation des ondes thêta. Le rituel préparatoire avait pour but de calmer l'esprit, de vous amener là où vous êtes et de vous faire descendre plus profondément dans l'onde cérébrale thêta – celle de l'éveil spirituel ou, du moins, d'une certaine sagesse.

Je ne suis pas un neuroscientifique dans la vie ou à la télévision, si bien que mon explication de la science qui sous-tend la musique binaurale de programmation des ondes cérébrales sera celle d'un profane. Portez attention, car ce qui suit pourrait un jour faire partie des questions du jeu télévisé *Jeopardy!*

Un son est *binaural* quand chaque oreille entend un son différent. Le terme *aural* concerne une oreille, et *binaural*, les deux oreilles. Que se passe-t-il quand un son entre dans une oreille et un autre son dans l'autre ? Tiens donc ! Le cerveau les synchronise. Autrement dit, il relie son hémisphère gauche à son hémisphère droit.

Quand elles sont synchronisées de la sorte, les ondes des deux hémisphères induisent des états de conscience supérieurs. Plus précisément, nous quittons le cerveau linéaire gauche pour entrer dans le cerveau droit, plus créatif ou spirituel. Cette synchronisation peut également accroître l'attention, la concentration et la créativité. La perception simultanée de deux sons différents peut avoir des effets spectaculaires. Voilà donc en quoi consiste un son binaural.

L'autre volet de ce petit cours scientifique est la fréquence, c'est-à-dire la soupe dans laquelle nous nageons – le milieu silencieux et sombre propice à l'écriture inspirée.

Si vous vivez en plein cœur de la ville de New York, vous nagez dans une soupe de klaxons, d'alarmes de voitures, de bruits de rue et de sirènes. Vous vibrez par conséquent à la fréquence des klaxons et des sirènes. Si vous habitez un chalet en montagne dans la solitude et les chants d'oiseaux, ou un appartement au bord de la mer où vous entendez le friselis des vagues, votre cerveau vibre à ces fréquences-là.

Pour pratiquer l'écriture inspirée, il faut vibrer à une fréquence dans laquelle le cerveau n'est ni très concentré ni axé sur les idées, mais plongé dans une grande créativité et une grande réceptivité qui lui viennent de plus loin que la rationalité.

Plus précisément, il faut que le cerveau entre dans un état thêta. C'est alors que nous mettons en veilleuse les fonctions exécutives ou les activités de la zone centrée sur le travail, autrement dit le cortex préfrontal, celui de la conscience de soi, du je, me, moi. Nous mettons aussi hors tension le lobe pariétal qui gère la proprioception, c'est-à-dire la perception que nous avons de notre corps dans l'espace. Quand ces fonctions s'arrêtent, nous perdons notre identité au profit d'un sentiment de participation au tout, ou du moins à quelque chose de plus grand que nous. Ces zones cérébrales font partie de ce que Dawson Church appelle le circuit de l'éveil.

Nous sommes alors profondément heureux et en contact avec quelque chose qui nous dépasse. En d'autres termes, nous avons laissé derrière le cerveau pensant égoïque pour entrer dans ce que Dawson Church appelle « le cerveau du bien-être ».

De nombreuses personnes, moi inclus, croient et soutiennent que la science confirmera ce que nous pensons : cet état de bien-être du cerveau stimule la glande pinéale – aussi appelée le troisième œil –, qui nous aide à atteindre les états supérieurs ou les plus profonds de conscience.

Notre balado (www.InspireNationShow.com) présente des entretiens avec Dawson Church, auteur du livre *Le Cerveau du bien-être : profitez des neurosciences et de la méditation pour plus de calme, d'efficacité et de compassion*, et avec Andrew Newberg, auteur de *How Enlightenment Changes your Brain* (en collaboration avec Mark Robert Waldman).

Pour atteindre le paradis, il faut ouvrir la glande pinéale et mettre le lobe pariétal hors tension. C'est là que ça se passe. J'expliquerai la science qui sous-tend ce phénomène dans un chapitre subséquent. Ou plutôt, je laisse à des experts le soin de l'expliquer.

Dans l'état thêta, nous mettons donc hors tension le lobe frontal, soit la zone rationnelle du cerveau, pour accéder à d'autres régions cérébrales plus étroitement liées à la Source, à la conscience, ou à la sagesse intérieure – et au subconscient.

De nombreux neuroscientifiques soutiennent qu'il faut activer la glande pinéale pour vivre les expériences spirituelles ou d'éveil associées aux ondes thêta. Dans la pratique de l'écriture inspirée, nous n'entrons pas dans l'état delta, car c'est celui du sommeil. Nous nous arrêtons juste avant, dans l'état thêta, là où l'esprit n'essaie pas d'écrire des lettres. Il n'essaie pas d'écrire des courriels, mais il est réceptif et ouvert à la créativité qui vient vers lui.

Les ondes bêta sont, en général, celles du quotidien stressant, anxiogène et hyperactif. Mais avant l'âge de sept ans, les enfants évoluent normalement dans l'état hautement créatif et intuitif des ondes thêta. Comme je me plais à le dire, ils sont des deux côtés du voile, dans le cerveau pensant et dans leur cœur. Ils évoluent à la fois dans le monde physique et dans le monde spirituel. Ils ont accès à leur sagesse intérieure et à leur subconscient. C'est la raison pour laquelle même une toute petite tape sur la main d'un gamin de deux ans peut le traumatiser jusqu'à la fin de ses jours, car cette expérience s'imprime aussitôt dans son subconscient.

Les nouvelles connaissances scientifiques montrent que la musique binaurale peut faciliter l'accès aux ondes cérébrales thêta. Cherchez de la musique binaurale de programmation des ondes thêta dans YouTube ou téléchargez-en gratuitement de notre site Internet afin de déterminer quels sons sont les plus efficaces pour vous – cris de goélands, ruissellement de la pluie ou autre chose (www.AutomaticWriting.com/Bonuses).

Si vous habitez en pleine cacophonie urbaine, vous vous créerez un cocon à l'aide d'un casque antibruit qui vous épargnera le chaos ambiant. Vous en trouverez à prix raisonnable sur eBay ou dans Amazon, mais encouragez autant que possible un commerce local. Si votre milieu de vie est raisonnablement calme, des écouteurs-boutons plus discrets ou des AirPod suffiront.

Le port du casque ou des écouteurs-boutons est préférable aux haut-parleurs ou aux iPad ou iPod. Souvenez-vous de ce dont il a été question au sujet des sons binauraux, différents pour chaque oreille.

Le casque ou les écouteurs transportent le son directement au cerveau. Non seulement cela vous protège des bruits ambiants, mais cela facilite la programmation du cerveau à ces sons, sa synchronisation à la fréquence de la musique.

Cette musique est-elle indispensable ? Non. Il ne faut pas croire que vous en avez besoin, que c'est une béquille dont vous ne pourrez plus vous passer pour faire de l'écriture inspirée. Mais la musique binaurale de programmation des ondes thêta m'a fait vivre des expériences profondes et en a fait vivre plus spécialement aux personnes que j'encadre. Cette musique les propulse sur-le-champ d'une rampe d'accès à la voie rapide.

En outre, la musique binaurale de programmation des ondes thêta a souvent résolu les blocages de ceux qui échouaient à la pratique de l'écriture inspirée, sans changer quoi que ce soit d'autre.

Jusqu'à présent :

vous avez accompli le minimum vital de votre routine matinale,

vous avez médité dans le calme de votre cocon pendant au moins dix minutes en utilisant la méditation en dix temps ou toute autre méditation,

vous avez choisi un endroit calme pour écrire,

vous avez choisi une musique binaurale de programmation des ondes thêta pour apaiser encore plus votre esprit et mettre le cerveau pensant hors tension,

vous avez mis un casque ou des écouteurs-boutons antibruit, et maintenant,

vous voici prêt à communiquer avec l'Univers pour vivre l'expérience merveilleuse de l'écriture inspirée.

3 | *Pour commencer – les prières et les mots déclencheurs*

J'ai mis au point divers mécanismes qui aideront votre cerveau (et votre stylo) à s'engager dans cette activité au moment d'écrire. Cela commence par une prière d'intention, suivie d'une prière d'invocation puis de questions qui inviteront les guides à intervenir.

La prière d'intention

La prière d'intention est la première étape (écrite) de l'écriture inspirée et de l'ouverture à la sagesse intérieure. J'aime à penser que cette prière est la bulle d'amour et de lumière où vous écrivez, le vaisseau sacré qui vous accueille et vous permet d'invoquer les mots. Sous l'angle purement fonctionnel, il s'agit du premier pas vers un autre univers et l'inconnu. Si on comparait l'expérience de l'écriture inspirée à un parcours chamanique, cette étape équivaudrait aux tambours qui accompagnent le chaman quand il descend dans le monde souterrain où l'attendent la magie et les guides.

Dans mes interventions, je demande toujours (par pur respect) à mes clients s'ils s'adressent à Dieu, à une divinité, à la Source, à l'Univers, à un soi supérieur, à une sagesse intérieure, à Jésus, Bouddha ou Allah, ou à qui que ce soit d'autre. Vous pouvez destiner votre prière d'intention à n'importe quelle entité, mais veillez à ce que ce soit la plus haute instance possible. Vous serez hissé jusqu'au plan supérieur de votre foi religieuse et c'est là que vous demanderez à recevoir l'information souhaitée.

Je vous dirai ce qui fonctionne pour moi, pour plusieurs des clients que j'encadre et pour ceux qui ont suivi mes cours d'écriture inspirée en ligne. Vous êtes cependant libre d'adopter la méthode de votre choix. Si vous êtes profane ou athée, sentez-vous libre d'interpeller votre sagesse intérieure. L'écriture inspirée sera efficace en toute circonstance. Et, oui, vous intégrerez vos croyances spirituelles et religieuses à cette pratique. Voilà donc ce qui compte : faites ce qui fonctionne pour vous et ce qui vous convient le plus.

Puisque l'écriture inspirée est totalement inclusive, elle s'accommode de tout, mais je vous conseille d'y mettre toutes vos croyances. N'en laissez aucune au vestiaire. Elles proviennent du cœur, et c'est du cœur que vous viendront aussi les réponses à vos questions.

Personnellement, c'est à Dieu que je m'adresse dans mes prières, sans pour autant croire qu'un vieux bonhomme à barbe blanche règne dans les cieux. Dieu est pour moi l'amour d'où nous venons et l'amour que nous sommes, ou celui qu'Ervin Laszlo, deux fois en nomination pour le prix Nobel de la paix et invité fréquent de notre balado, associe au champ akashique, ce champ d'amour et de connaissance qui informe et affirme tout. L'énergie qui nous entoure, qui nous habite et dont est littéralement faite notre existence même, voilà ce que Dieu est pour moi.

Si vous préférez ne pas voir dans cette invocation une prière ou un appel à Dieu ou à une divinité, remplacez par un autre le mot *Dieu* que j'emploie ici. Faites part de votre intention à qui vous voulez, même au grand cheeseburger dans le ciel que j'évoquais précédemment.

En gros, à cette étape du processus, vous préparez le terrain en exprimant votre intention pour que l'écriture inspirée coule de source. Sentez-vous libre de lui apporter les changements que vous souhaitez.

Que vous l'ayez fait cent fois ou mille fois, rédigez votre prière d'intention. J'utilise le sigle GEPC comme moyen mnémotechnique pour me souvenir de la séquence. Voici ce que j'écris :

Merci, mon Dieu, de me **guider** avec amour et lumière.
Merci, mon Dieu, de m'**entourer** d'amour et de lumière.
Merci, mon Dieu, de me **protéger** avec amour et lumière.
Merci, mon Dieu, de me **combler** d'amour et de lumière.
Merci, mon Dieu. Merci, mon Dieu. Merci, mon Dieu.

Voici une version profane possible :

Merci à ma sagesse intérieure de me **guider** avec amour et lumière.
Merci à ma sagesse intérieure de m'**entourer** d'amour et de lumière.
Merci à ma sagesse intérieure de me **protéger** avec amour et lumière.
Merci à ma sagesse intérieure de me **combler** d'amour et de lumière.
Merci à ma sagesse intérieure. Merci à ma sagesse intérieure. Merci à ma sagesse intérieure.

Je compare l'expérience de l'écriture inspirée aux fréquentations amoureuses. Cela commence par une poignée de main avec la sagesse intérieure. Puis on fait connaissance avec elle. Ensuite, la relation se développe. On apprend à se connaître. On cultive le lien. On a semé des graines que l'on regarde éclore.

Ce processus demande du temps et un réel engagement. Je vous enjoins de lui consacrer trente jours de pratique quotidienne assidue. Trente jours. Pendant ce temps, vous apprendrez à vous connaître par le truchement de l'écriture inspirée, de la même façon que vous découvrez vos nouveaux amis en allant boire un café avec eux ou en allant faire une promenade ensemble.

Si vous vous engagez à vous fréquenter en quelque sorte pendant trente jours, tout se transforme. Est-ce que cela changera votre vie ? À bien des égards, oui, car si, jusque-là, vous ne pouviez puiser à même votre sagesse intérieure et que maintenant vous le faites trente jours de suite, vous vous sentirez mieux, plus léger, soutenu, davantage sur la bonne piste. Bien sûr, vous n'aurez sans doute pas les réponses à tous les mystères de la vie... du moins, pas encore.

Mais vous pourrez vous dire : « J'ai un GPS. Je sais comment me rendre à destination ou, plus sûrement, je sais quelle est ma destination. » Cela viendra d'une pratique répétitive.

Le plus important est que, comme dans les rencontres amoureuses, vous n'allez pas tout de go d'un coucou en ligne à une nuit d'amour. Oui, bon... le monde a changé, mais il est ici question de fréquentations, pas d'une aventure d'un soir. En matière d'écriture inspirée, si vous sautez les étapes, vous coupez la communication. Essayez plutôt de cultiver la relation et d'en apprivoiser les bases avant de passer aux choses sérieuses.

On commence doucement, par trois questions fondamentales auxquelles je reviendrai dans un instant. Ensuite, on les développe. Et encore un peu plus. Puis on ajoute quelques techniques de manifestation, de visualisation et de rêve, et même une approche financière. Au bout de trente jours, vous pourrez vous dire : « J'ai de vrais outils à ma disposition. »

La prière d'intention sert donc à vous doter d'un véhicule d'amour et de lumière et à entrer en contact avec votre sagesse intérieure. Vous créez ainsi un espace intérieur sacré où vous pourrez écrire, de la même façon que vous avez mis en place un espace extérieur sacré.

La prière d'invocation

Maintenant que vous avez rédigé votre prière d'intention et préparé le terrain, le moment est venu d'invoquer ou d'inviter votre sagesse intérieure et sa guidance pour que les mots puissent couler de votre stylo. C'est ce que nous appelons la prière d'invocation ou la prière de bienvenue.

Je vous transmets ici les mots dont je me sers. Mon approche est un peu spiritualiste, mais vous pouvez inviter qui vous voulez ou ce que vous voulez, voire seulement votre sagesse intérieure.

C'est un peu comme si vous convoquiez votre équipe ou votre conseil d'administration, ainsi que le décrivait Napoleon Hill dans son livre *Réfléchissez et devenez riche*. Il invitait de nombreux personnages historiques à ses expériences d'écriture inspirée et même quelques personnalités toujours vivantes à son époque, tel Thomas Edison. Apparemment, ces personnages avaient même des opinions divergentes. Un jour, Napoleon aborda Thomas Edison et l'interrogea sur certains commentaires qu'il avait reçus de lui pendant une séance d'écriture inspirée, et Edison ne se dédit pas.

J'aime à inviter une équipe nombreuse, pas toujours la même. J'appelle parfois mon équipe au complet, parfois seulement une personne en particulier. Par exemple, pour la protection de notre maison et de notre terrain, j'invite notre Terre nourricière, ou Mère Nature, le génie des lieux, les aînés, et un cougar que j'ai réellement aperçu sur la propriété, à qui j'ai écrit dans une expérience d'écriture inspirée et dont l'esprit s'appelle Maximilian.

J'aime aussi inviter trois aînés qui sont passés de l'autre côté (nous y reviendrons). Jack avait quatre-vingt-neuf ans quand il a été mon témoin à mon mariage et quatre-vingt-douze ans quand il a démissionné de son dernier boulot – trimballer les «jeunes» de soixante-dix et quatre-vingts ans au volant du bus de sa maison de retraite. Ensuite, notre *kupuna* spirituelle de Maui, tatie Pua, qui nous a inculqué l'esprit aloha. Enfin, notre très chère amie Carla, décédée il y a deux ans à peine. Je les appelle assez régulièrement.

Enfin, j'invite notre animal de compagnie, Nacho Molé, notre bébé campagnol, nourri au biberon dès l'âge de quatre jours – c'est surtout Jessica qui s'en est occupée – et mort beaucoup trop jeune. Je l'invite régulièrement à venir de l'au-delà. Si Jack me pousse du coude ou me donne un coup de pied au derrière quand il pense que je m'égare, Molé ne cesse de me motiver par ses formidables mots d'encouragement.

Songez à vos proches, à une personne chère décédée, ou même à un esprit ou un personnage qui vous a rendu visite en rêve. Si curieux que cela semble, j'écris parfois à Harry S. Truman après qu'il m'eut visité en rêve. Il ne m'a encore rien appris de particulièrement remarquable, mais qui sait ? Puis, il y a ma grand-mère maternelle. Elle vient souvent parce qu'elle a envie de me parler.

Comme je l'ai dit précédemment, j'ai un faible pour les anges, alors j'invite toujours les anges et les archanges. De fait, quand j'enseigne la prière d'intention aux clients que j'encadre, je leur demande toujours s'ils aiment les archanges. Car les anges me semblent constituer le point de départ le plus important, outre notre Terre nourricière et Mère Nature.

Donc, si vous aimez les archanges, invitez-les. Dans le cas contraire, ne vous faites pas de souci. Mais s'ils vous passionnent, sachez que, selon moi, ils nous accompagnent toujours, ils sont toujours prêts à nous rendre service, mais n'interviennent pas sans qu'on le leur demande, sauf dans des circonstances de vie ou de mort.

La prière d'invocation de base est ci-dessous ; sentez-vous libre de la modifier à votre guise. J'en reproduis ici la version abrégée. Vous pouvez inviter votre équipe au complet.

Voici ma prière d'invocation :

Bonjour à notre Terre nourricière, à Mère Nature.

Bonjour à l'archange Michel, à l'archange Raphaël, à l'archange Gabriel.

Bonjour à mon moi supérieur, à mon équipe de là-haut, à tous les anges, les guides, les travailleurs de lumière qui sont ici pour mon plus grand bien et le plus grand bien de tous.

C'est tout. En ce qui concerne mon équipe personnelle, j'ajoute :

Bonjour, Jack. Bonjour, Carla. Bonjour, tatie Pua. Bonjour, Molé. Bonjour, Maximilian. Merci de protéger notre maison et nos terres. Bonjour, génies de la terre, esprits de nos aînés, mes ancêtres, et tous les anges, les guides et les travailleurs de lumière qui sont ici pour mon plus grand bien et le plus grand bien de tous.

J'appelle aussi mon microbiome, comme me l'a appris un de mes clients des Pays-Bas. Le corps compte peut-être des trillions de micro-organismes. Pourquoi ne pas les inclure, puisqu'ils font partie de nous ?

N'oubliez pas que vous pouvez également convoquer des êtres vivants. Autrement dit, si vous souhaitez communiquer avec l'esprit d'un dirigeant, d'un artiste, ou de qui que ce soit d'autre, vous n'avez qu'à l'inviter. Répondra-t-il ? Cela dépend de lui.

Voici à quoi pourrait ressembler une version profane de la prière d'invocation :

> Bonjour à l'énergie. Bonjour à l'amour. Bonjour à ma sagesse intérieure. Bonjour à mon moi supérieur [c'est votre esprit, tout simplement]. Bonjour à la Terre. Bonjour au ciel. Bonjour à cette journée. Bonjour à la lumière du soleil.

Je reproduis ci-après une page du journal d'une praticienne de l'écriture inspirée qui a généreusement partagé avec nous sa prière d'invocation :

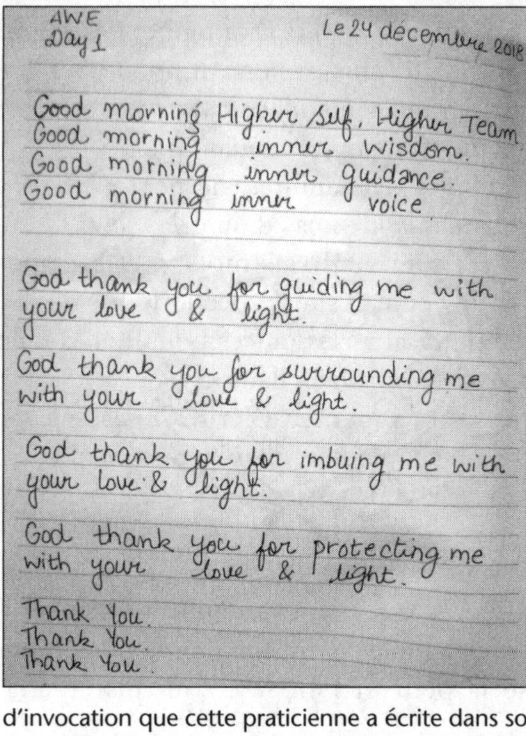
AWE
Day 1
Le 24 décembre 2018

Good morning Higher Self, Higher Team.
Good morning inner wisdom.
Good morning inner guidance.
Good morning inner voice.

God thank you for guiding me with your love & light.

God thank you for surrounding me with your love & light.

God thank you for imbuing me with your love & light.

God thank you for protecting me with your love & light.

Thank You.
Thank You.
Thank You.

La Prière d'invocation que cette praticienne a écrite dans son journal.

Quand vous en aurez terminé avec la prière d'invocation, vous serez prêt pour la première question.

La première question : Que faut-il que je sache aujourd'hui ?

Posez la première question dès la prière d'invocation conclue. Ne vous arrêtez pas, allez-y sans détour. Écrivez sur-le-champ « Que faut-il que je sache aujourd'hui ? » et continuez d'écrire sans arrêt pendant cinq à dix minutes.

Le secret, c'est d'écrire sans réfléchir, quitte à ce que ce soit du charabia. Ces derniers temps, je dis en plaisantant aux gens d'écrire stupidement. En d'autres termes, de laisser filer le stylo sur la feuille sans demander au cerveau de leur dire quoi écrire.

Avez-vous entendu parler d'écriture libre ? Cette étape de l'écriture inspirée est similaire : vous écrivez tout ce qui vous vient à l'esprit sans vous préoccuper de l'orthographe, de la grammaire, de la logique et, ce qui est le plus important, sans vous arrêter. Vous ne faites aucune correction, vous n'analysez pas votre propos, vous ne portez aucun jugement sur le contenu.

Pendant ces cinq à dix minutes, ne pensez pas à ce qui sort de votre tête, ne vous demandez pas d'où cela vient. Contentez-vous de laisser courir le stylo et venir les mots. Cette étape du processus relâche l'emprise du cerveau sur l'aspect critique de l'écriture et vous permet de passer outre aux résistances potentielles telles que la peur, l'anxiété, le besoin de contrôle et l'autocritique.

Vous pourriez vous contenter d'écrire *Je ne sais pas quoi écrire, je ne sais pas quoi écrire*, ou simplement de répéter vos prières – *bonjour, bonjour, bonjour*. Quoi que vous fassiez, laissez aller votre stylo sans réfléchir.

L'anxiété du rendement est le lot de nombreux nouveaux venus à l'écriture inspirée : ils craignent de faillir à la tâche. Cette peur est parfois si grande qu'elle les empêche même de commencer. L'ironie du sort est que la peur et l'anxiété sont justement responsables d'une écriture qui coince. Ne vous souciez pas trop du résultat et attendez-vous à ce qu'il y ait beaucoup de matière inutile, bonne à jeter, puisqu'il doit en être ainsi. Plus tard, quelques perles de sagesse surgiront. Plus vous consacrerez de temps à cette pratique, moins il y aura de matière inutile et plus augmentera celle qui vous tient à cœur.

Habituellement, cependant, un autre courant de conscience s'insinuera dans votre écriture : je ne sais pas quoi écrire. Je ne sais pas quoi écrire. *C'est ridicule. Pourquoi est-ce que je fais ça ? Tout va bien aller, Michael. Je ne sais pas quoi écrire. Je ne sais pas quoi écrire. Tu es aimé. Je ne sais pas quoi écrire. Je ne sais pas quoi écrire. Détends-toi. Tout est parfait. Je ne sais pas quoi écrire, je ne sais pas quoi écrire. Les mots vont venir. Ne te fais pas de souci. Cette journée sera merveilleuse. Je ne sais pas quoi écrire.*

Au début, les mots arrivent par bribes sans que leur sens ait d'importance ; ils signifient seulement que vous serrez une main cosmique, que vous entrez en contact avec votre sagesse intérieure.

Mise en garde importante : Dans le passé, je disais à mes clients de ne pas soulever le stylo du papier pendant cinq à dix minutes, quoi qu'il arrive. Ils interprétaient littéralement cette demande. Une clarification s'impose : vous pouvez barrer les *t* et mettre les points sur les *i* pour que votre écriture soit lisible. Vous pouvez lever le stylo entre les mots. Ce qu'il ne faut pas, c'est arrêter d'écrire.

Cela étant dit, si par la suite votre écriture est pratiquement illisible, c'est bon signe. Cela prouve que vous écrivez sans réfléchir. C'est parfait. Continuez comme ça. Un beau jour, une tierce sagesse se manifestera. Vous saurez alors que vous vivez une expérience d'écriture guidée. Les mots ne respecteront pas votre style habituel. Ne vous arrêtez pas. Ne vous demandez pas d'où ils viennent ou si vous faites les choses correctement ou non.

Laissez courir votre stylo : *Je ne sais pas quoi écrire. Je ne sais pas quoi écrire. Je n'ai pas la moindre idée de ce qui me pousse à faire ça. Mon mental est complètement vide.* Si votre mental est vraiment complètement vide, félicitations. Vous avez atteint l'éveil. Vous êtes le Bouddha. Continuez d'écrire tout ce qui vous passe par la tête. Ne vous faites pas de souci si les mots surgissent ou si rien ne vient.

J'aime comparer ce processus à un avion qui décolle. C'est du reste le thème général de ce programme. Au début, vous essayez de récolter quelques mots. L'avion prend de la vitesse sur la piste. Puis vous vous élevez un petit peu. Ensuite, vous vous mettez à analyser ce que vous écrivez, et l'avion se repose au sol. Quelques autres mots vous viennent. Vous entrez un peu plus dans l'expérience de l'écriture inspirée et l'avion reprend de l'altitude. Vous jugez ce que vous avez écrit, vous le critiquez, vous corrigez les fautes de grammaire et d'orthographe, et l'avion se repose sur la piste.

Ce n'est pas grave. Vous apprenez à prendre votre envol. C'est un long processus. Vous y mettrez sans doute plusieurs jours, voire quelques semaines. Mais il faut rarement plus d'un mois pour y arriver. Un ou deux de mes clients ont persévéré malgré leur découragement, et je suis heureux qu'ils l'aient fait, puisque leur pratique n'a démarré qu'au bout de trois mois. Le plus important, c'est qu'ils se sont sentis de mieux en mieux à force de persister, car c'est une expérience qui relève autant de l'énergie que du verbal. Cela signifie que vous serrez vigoureusement la main énergétique de l'Univers ou de votre sagesse intérieure bien avant que les mots n'arrivent.

L'expérience de l'écriture inspirée est accessible à tous. Si vous avez déjà fait une embardée pour éviter un accident ou qu'au moment d'appeler quelqu'un cette personne était déjà à l'autre bout du fil, vous avez puisé à même cette expérience. Elle est toujours là pour vous, elle vous attend. Quoi qu'il arrive, vous en retirerez quelque chose de profond.

Chaque fois que vous essayez de décoller et de rester dans les airs, vous entraînez vos muscles mentaux. Vous apprenez à mieux entendre – intérieurement. Or, si vous ne recevez pas d'emblée des perles de sagesse profonde, vous retirez tout de même quelque chose de cet exercice. Dans un chapitre subséquent, je vous dirai plus en détail comment on se syntonise à une fréquence supérieure par l'écriture inspirée.

Une des questions les plus importantes, peut-être même la plus grande question concernant l'écriture inspirée est : d'où vient-elle ? Si la voix qui vous parle est bienveillante, douce, patiente et affectueuse, c'est la voix de l'écriture inspirée.

Mais si vous recevez des admonestations ou si vous avez l'impression que les messages reçus de l'écriture inspirée vous abreuvent de reproches, cela ne vient pas de votre moi supérieur. Cela ne vient pas de votre sagesse intérieure. C'est l'ego qui vous parle. Mais ce n'est pas grave. Vous pouvez tirer parti de cette voix et elle peut même vous venir en aide.

Quand vous n'arrêtez pas de vous dire : «Oh, mon Dieu! j'ai tel problème au travail, tel ennui d'argent, tel conflit avec ma femme ou avec mon enfant», ces soucis prennent toute la place. Pendant ce temps, votre sagesse intérieure cherche à attirer votre attention sur quelque chose de plus urgent, et vous devez lui donner la priorité.

Ainsi, quand l'ego se manifeste, essayez de visualiser un grand Thunderbird décapotable, comme celui qu'on voit dans le film *Thelma et Louise*, avec des banquettes en cuir blanc. Demandez alors à l'ego de s'asseoir sur la banquette arrière, le plus loin possible de vous.

Dites-lui que vous lui reviendrez plus tard, que c'est l'affaire de quelques minutes. Il vous laissera écouter votre sagesse intérieure avant de vous intéresser de nouveau à lui. Mais veillez à revenir à votre ego. Vous devez tenir parole.

Si l'ego vous bombarde de réprimandes telles que *J'aurais dû faire ceci* ou *J'aurais pu faire cela*, demandez-lui de les remettre à plus tard, quand vous pourrez y voir. (Dans un chapitre où il est question de techniques d'écriture inspirée, j'explique comment tirer parti de ces admonestations de l'ego pour guérir les blessures émotionnelles et les blocages.)

Donc, quand l'ego se manifeste, arrêtez-vous. Faites une pause. Reconnaissez qu'il s'agit de l'ego. Dites-lui que vous vous occuperez de lui plus tard, et recommencez à écrire *Je ne sais pas quoi écrire* ou *Je n'ai aucune idée de ce que j'écris* jusqu'à ce que quelque chose vous vienne.

Janet, qui se forme avec moi à l'écriture inspirée, est psychothérapeute. Quand elle demande : «Que faut-il que je sache aujourd'hui?», elle a l'impression de bénéficier chaque jour d'une séance de psychothérapie gratuite. «C'est agréable, dit-elle, de méditer et de faire de l'écriture inspirée pour pouvoir entendre ma voix intérieure et mes émotions chaque matin en commençant la journée. »

La deuxième question : Qui suis-je ?

Au bout de cinq ou dix minutes, il est temps de passer à la deuxième question, sans doute la plus sérieuse que vous vous poserez jamais. Elle vous aidera à vous connaître jusqu'au tréfonds de l'âme. La question la plus importante que vous puissiez formuler est celle-ci : « Qui suis-je ? » Trois mots tout simples.

Laissez encore une fois courir votre stylo sur le papier pendant cinq à dix minutes. Ne vous faites pas de souci, ne réfléchissez pas, n'essayez pas de répondre à la question. Encore une fois, il s'agit de demander qui vous êtes dans une perspective globale, non pas qui vous êtes comme parent, ou dans votre travail, ou selon l'image triviale et terre à terre que vous avez de vous-même. Car cela ne vient pas de vous.

Voyez ce qui arrive. Au début, vous écrirez souvent ceci : *Je ne sais pas trop quoi écrire. Qu'est-ce que je suis censé écrire ici ? Je ne sais pas quoi écrire. Qui suis-je ? Qui suis-je ? Qui suis-je ?* Ici encore, au début nous désirons un simple aperçu, juste quelques mots. Mais souvent, parce que cette question est très profonde, nous en recevons très vite beaucoup plus. C'est une question qui change la donne, qui fait basculer la vie, parce que sa réponse, celle qui nous donne un aperçu de qui l'on est réellement et des raisons de notre présence ici sur Terre, rend possible une transformation de fond en comble.

Il est conseillé de formuler cette question à chacune de vos séances d'écriture inspirée au cours des premières semaines. Un beau jour, vous recevrez un aspect d'une réponse, et un autre jour, une autre de ses facettes. En s'agglutinant, ces diverses interprétations formeront ce joyau que vous êtes, si riche et tridimensionnel. Profitez-en.

La troisième question : Quel est mon SUO (Seul et unique objectif) ?

Vous avez formulé votre première question : « Que faut-il que je sache aujourd'hui ? » Vous avez réussi à rédiger la deuxième question : « Qui suis-je ? » C'est le moment de poser la troisième question pour que la journée à venir en soit une de réussite.

Pourquoi une troisième question ? Même si, on l'espère, vous puisez déjà un peu dans votre sagesse intérieure et vous commencez à développer une relation avec votre moi supérieur, vous vous demandez sans doute comment cela s'inscrit dans les minutes et les heures de la journée qui s'annonce. Voilà ce qu'éclaire la troisième question, que je rapproche du « coupe du bois, transporte de l'eau » de la citation : « Avant l'illumination, coupe du bois, transporte de l'eau. Après l'illumination, coupe du bois, transporte de l'eau. »

Pour savoir de quelle façon vous couperez du bois et transporterez de l'eau aujourd'hui (quelles seront vos tâches), écrivez ceci : *Quel est mon SUO ? Ou encore, Quelle sera ma tâche, mon activité la plus importante de ce jour ?*

Cette question vous aide à savoir ce que vous devez faire de plus important aujourd'hui, et précise que, si vous faites cela et rien d'autre, tout sera parfait. La réponse ne sort pas de votre tête, elle ne constitue pas une liste de responsabilités à assumer. Ce pourrait être deux ou trois tâches au lieu d'un SUO, mais s'il y en a davantage, c'est manifestement une liste de tâches qui vient du cerveau pensant.

Le plus curieux, c'est que les réponses sont rarement celles que vous attendiez. Vous pourriez devoir répondre à un courriel ou régler une facture oubliée (c'est chouette quand l'Univers nous rappelle à l'ordre), mais il pourrait aussi s'agir de tout à fait autre chose.

En ce qui me concerne, pendant très longtemps, soit jusqu'à 2020 ou presque, j'ai reçu chaque jour le même SUO : « Prends mieux soin de Pookie » (le surnom que je donne à Jessica). Apparemment, les guides me connaissent sur le bout des doigts. Si je prends très bien soin d'elle, c'est une belle journée, quoi qu'il arrive.

Au début de 2020, l'exhortation à ralentir et à me détendre davantage est devenue mon SUO, et celui-ci s'est radicalement transformé avec l'émergence de la COVID-19. Il s'agit maintenant de recharger mes piles, de remplir mes réservoirs d'énergie et d'en conserver en prévision de ce qui s'en vient.

Donc, après vos deux premières questions, c'est au tour de la troisième : « Quel est mon SUO ? » Prenez votre stylo et écrivez sans réfléchir. Je ne saurais assez insister là-dessus, car c'est très facile de répondre à cette question en rédigeant une liste de tâches.

Comme je le disais précédemment, s'il est possible que l'écriture inspirée vous donne deux ou trois choses à faire en guise de seul et unique objectif, il se peut aussi qu'elle vous en donne davantage. Dans ce cas, sachez que cette liste de tâches ne provient pas de l'écriture inspirée mais de votre cerveau égoïque. Écrivez la réponse telle qu'elle vous est donnée et donnez suite à cette recommandation plus tard dans la journée.

La section suivante vous indique comment revoir le résultat de votre écriture inspirée quelques heures plus tard. Votre réponse à cette question vous rappelle que vous n'avez qu'un seul et unique objectif.

Un truc : quand vous en avez terminé avec votre pratique d'écriture inspirée du matin, notez votre SUO sur un papillon adhésif ou une fiche, ou bien prenez une photo de la page correspondante de votre journal avec votre téléphone et réglez une alerte pour vous rappeler de la relire plus tard dans la journée.

L'expérience de l'écriture inspirée n'a rien de compliqué ; comme dans les fréquentations amoureuses, il s'agit de développer une relation avec ce que vous appelez votre sagesse intérieure, votre moi supérieur ou quoi que ce soit d'autre de la façon la plus bienveillante et la plus douce qui soit. En ce qui me concerne, cela veut dire jouer, m'amuser de tout et constater le résultat.

Évidemment, le moment viendra où il faudra se lever de sa chaise, étirer ses jambes, bouger, prendre le petit déjeuner (ou, pour ceux qui écrivent le soir, aller se coucher).

Comment amorcer un dialogue avec mes guides ?

Pour clarifier : quand je parle des guides, ce peut être la sagesse intérieure, le moi supérieur, les guides spirituels, les anges ou toute intelligence supérieure avec laquelle vous souhaitez communiquer.

Je vous conseille fortement à cette étape-ci de consulter le Défi-30 jours du chapitre 14. Cela étant dit, maintenant que vous pratiquez l'écriture inspirée depuis quelques semaines et que vous avez formulé la première question (Que faut-il que je sache aujourd'hui ?), la deuxième question (Qui suis-je ?) et la troisième question (Quel est mon SUO – Seul et unique objectif ?), le moment est venu d'entamer un dialogue avec votre moi profond.

Idéalement, pendant les premières semaines, vous vous limitez aux trois questions telles qu'elles sont formulées. Mais quand leurs réponses couleront de source, il serait redondant de vous demander jour après jour qui vous êtes. Par conséquent, au bout de quelques semaines passées à vous décrire, posez-vous des questions plus profondes sur vous, sur la vie, sur tout ce que vous souhaitez.

Ces questions sont l'occasion de mieux vous connaître et de mieux connaître la vie, d'avoir en somme une conversation avec Dieu. Elles permettent de converser avec sa sagesse intérieure, avec l'Univers, ou avec un ange ou un guide en particulier, et de leur demander tout et n'importe quoi. Notamment, pourquoi cette pandémie de COVID-19 a-t-elle lieu ? Devons-nous voyager ? Pourquoi avons-nous eu trois fausses couches, et quelles leçons pouvons-nous en tirer ? Aucun sujet n'est tabou.

Voici quelques-unes des questions que vous pourriez formuler. Je vous conseille aussi d'y déroger. N'ayez pas peur de poser les questions qui vous tiennent le plus à cœur :

- Quelle est ma raison de vivre ?
- Suis-je sur la bonne piste ?
- Devrais-je rester ou devrais-je partir ?

- Que faire pour me débarrasser de mes peurs et de mes inquiétudes d'aujourd'hui ?
- Que se passe-t-il (dans telle ou telle situation) ?
- Pourquoi ce schéma est-il récurrent ?

Posez toutes les questions qui vous viennent à l'esprit. En voici quelques autres :

- Que faire pour décrocher un meilleur emploi ? Devrais-je rester où je suis ?
- Que faire pour améliorer ma relation ?
- Comment pourrais-je mieux communiquer avec ma fille, mon fils, mes parents ?
- Comment puis-je résoudre le conflit qui m'oppose à mes collègues ou à mon patron ?
- Quelle est la réponse à la décision importante que je dois prendre ?
- Comment puis-je augmenter mes revenus ou développer mon entreprise ?
- Où dois-je me relocaliser dans le monde ?
- Que dois-je savoir au sujet de la pandémie ou de cette crise nationale ?

Comme je l'ai dit précédemment, si les réponses qui arrivent ne sont ni belles, ni profondes, ni sages, et sont plutôt des réprimandes et des reproches, ce n'est pas l'écriture inspirée qui vous parle. C'est votre ego. Si tel est le cas, sachez que dans la prochaine section où il sera question de l'ego, il vous sera conseillé d'écrire le message que vous recevez, puis de le déchiqueter avant de vous replonger dans l'écriture inspirée.

Ne placez pas la barre trop haut durant les premières semaines. Vous tendez à peine la main, vous établissez un premier contact avec votre moi supérieur, votre sagesse intérieure ou le Divin. Même si les choses progressent lentement, vous êtes sur la bonne voie pour qu'advienne cette communication. Vous créez littéralement de nouveaux circuits neuronaux et spirituels. De fait, avec le temps votre voix intérieure acquiert tant de volume que vous pouvez l'entendre à tout moment sans même prendre la plume, ou accueillir ses perles de sagesse – *sans même être en train d'écrire.*

La purge de l'ego

Voici un exercice très efficace pour que l'ego contribue à votre guérison et pour faciliter l'intégration des éléments qui s'insinuent dans votre expérience d'écriture inspirée. Dites-vous que tout ce qui surgit vous rend service. Vous ne faites pas fausse route, vous ne vous écartez pas du chemin, vous êtes, comme il se doit, sur la bonne voie.

Si vous avez pratiqué la loi d'attraction, la Nouvelle Pensée, quelque autre méthode similaire ou ce que préconise Rhonda Byrne dans *Le Secret*, ce que je vais dire vous semblera parfaitement sacrilège.

Vous vous dites sans doute : «J'attire ce à quoi je pense», et si j'écris ce qui cloche, c'est exactement ce que je manifesterai. C'est tout le contraire. Si cela ne remonte pas à la surface pour que vous puissiez l'évacuer, vous exploserez ou vous vous rendrez très malade. Il faut donc que ce qui vous tourmente émerge pour que vous vous en débarrassiez.

Écrivez chacun des propos négatifs que votre ego peut vous adresser ou vous dire. Régurgitez-les tous. J'appelle cet exercice «la purge de l'ego», ou encore «Ça va mieux si je me défoule», car tout ce que vous gardez enfoui vous gruge jusqu'à l'os mentalement, spirituellement ou psychologiquement, ou se transforme en maladie ou en blessure. Je parle d'expérience, surtout en ce qui a trait à mes douleurs lombaires.

N'ayez pas honte. N'ayez pas peur. Ne vous censurez pas. Si vous vous détestez, si vous êtes en colère, si vous avez envie de vous donner des coups de poing dans le ventre – croyez-moi, j'en sais quelque chose – crachez le morceau. Si vous vous jugez négativement, videz votre sac. Si vous vous sentez détraqué, épanchez-vous. Si vous avez l'impression d'être un moins que rien, dites-le, dites tout, peu importe ce que c'est. Laissez l'ego s'exprimer à fond.

Dans ce cas-ci, vous n'attirez pas ce à quoi vous pensez. C'est plutôt ce que vous gardez enfoui en vous qui revient vous hanter ou risque d'exploser comme un volcan.

L'étape qui suit la purge de l'ego est indispensable, et c'est pourquoi je ne vous conseille pas de vous défouler en tapant sur un clavier. Prenez ensuite la feuille de papier et déchirez-la en morceaux. Brûlez-la. Finissez-en.

Pourquoi ? Parce que le subconscient ne fait pas la différence entre le mot écrit et le fait réel ou l'émotion. Vous contribuez à évacuer la négativité de votre système quand vous la couchez sur le papier et que vous détruisez ensuite ce papier.

Vous pourriez devoir renouveler souvent cet exercice, mais vous vous sentirez chaque fois plus léger. Bien sûr, il n'est nécessaire que si la négativité ou le cerveau égoïque se manifestent pendant l'expérience de l'écriture inspirée ; dans l'affirmative, faites cet exercice chaque jour. Mais dans le cas contraire, laissez-le de côté. L'écriture inspirée vous avertira quand le moment sera venu de mettre la déchiqueteuse en marche.

Transformez ces purges de l'ego en rituel. Par exemple, vous pourriez écrire : *Archange Michel, archange Raphaël, archange Gabriel, mon moi supérieur, mon équipe supérieure, tous mes anges, mes guides et travailleurs de lumière qui êtes ici pour mon plus grand bien ou le plus grand bien de tous* (ou encore, *Chère sagesse intérieure*), *aidez-moi à guérir ces blessures une bonne fois pour toutes.* Ensuite, déchiquetez, déchiquetez encore et encore.

Vous aurez beau demander à ces tourments de disparaître à tout jamais, il se pourrait qu'ils reviennent un autre jour, plus en profondeur. Mais chaque purge vous allègera et vous rapprochera de la guérison. Laisser l'ego s'exprimer contribue à l'intégration de l'ego. Ne repoussez jamais cette occasion.

Ne dites jamais : « Non, il est ici question d'écriture inspirée. Je n'irai pas dans la négativité, car on attire ce à quoi l'on pense. » Au contraire, allez-y. Sachez que vous êtes aimé et soutenu, que tout ce qui vous vient de l'écriture inspirée est là pour vous protéger et que vous accomplissez ce formidable travail de guérison dans un espace sacré. Un message évangélique dit : demandez et vous recevrez. En cas de besoin, demandez aux anges, à vos guides, ou simplement à votre sagesse intérieure de vous venir en aide, de vous orienter, de vous guérir et même de vous réconforter tout au long de ce processus.

Pour finir, la gratitude

On me demande souvent si je mets un terme à l'écriture inspirée quand je m'arrête d'écrire pour entamer ma journée. C'est tout le contraire. Je veux que le portail de l'écriture inspirée reste ouvert toute la journée pour que j'entende clairement ce qu'elle a à me dire au moment où j'en ai le plus besoin, c'est-à-dire quand je suis au cœur de l'action.

Mais même si je ne mets pas un terme à l'écriture inspirée à la fin de chaque séance, j'y exprime ma reconnaissance. Il me semble que plus j'éprouve de gratitude pendant l'écriture inspirée, plus ce qu'elle m'apporte est bon. Aussi, quand j'en ai terminé avec ma séance, si courte ou si longue a-t-elle été, je remercie les anges, ma sagesse intérieure, mes guides, la Source, l'Univers, toute personne, entité ou chose à laquelle je pense m'être adressé.

Guide de démarrage rapide et aide-mémoire

1 **Méditez** de cinq à dix minutes (méditation en dix temps ou en silence). Allez là où vous écrirez ou restez où vous êtes et écoutez de la musique binaurale de programmation des ondes thêta.

2 **La prière d'intention** (n'oubliez pas le sigle GEPC). Prenez votre stylo et écrivez dans votre journal :

Merci, mon Dieu (ou toute-puissance supérieure de votre choix), de me **guider** avec amour et lumière.
Merci, mon Dieu, de m'**entourer** d'amour et de lumière.

Merci, mon Dieu, de me **protéger** avec amour et lumière.
Merci, mon Dieu, de me **combler** d'amour et de lumière.
Merci, mon Dieu. Merci, mon Dieu. Merci, mon Dieu.

Voici une version profane possible :

Merci à ma sagesse intérieure de me **guider** avec amour et lumière.
Merci à ma sagesse intérieure de m'**entourer** d'amour et de lumière.
Merci à ma sagesse intérieure de me **protéger** avec amour et lumière.
Merci à ma sagesse intérieure de me **combler** d'amour et de lumière.
Merci à ma sagesse intérieure. Merci à ma sagesse intérieure. Merci à ma sagesse intérieure.

3 La prière d'invocation

Bonjour à notre Terre nourricière, à Mère Nature.
Bonjour à l'archange Michel, à l'archange Raphaël, à l'archange Gabriel.
Bonjour à mon moi supérieur, à mon équipe de là-haut, à tous les anges, les guides, les travailleurs de lumière qui sont ici pour mon plus grand bien et le plus grand bien de tous.

En ce qui concerne mon équipe personnelle, j'ajoute :

Bonjour, Jack. Bonjour, Carla. Bonjour, tatie Pua. Bonjour, Molé. Bonjour, Maximilian. Merci de protéger notre maison et nos terres. Bonjour, génies de la terre, esprits de nos aînés, mes ancêtres, et tous les anges, les guides et les travailleurs de lumière qui sont ici pour mon plus grand bien et le plus grand bien de tous.

Voici à quoi pourrait ressembler une version profane de cette prière :

Bonjour à l'énergie. Bonjour à l'amour. Bonjour à ma sagesse intérieure. Bonjour à mon moi supérieur [c'est votre esprit, tout simplement]. Bonjour à la Terre. Bonjour au ciel. Bonjour à cette journée. Bonjour à la lumière du soleil.

4 **Les premières questions**. Écrivez la première question, puis la deuxième, puis la troisième (allouez cinq à dix minutes à chacune) :
Que faut-il que je sache aujourd'hui ?
Qui suis-je ?
Quel est mon SUO (Seul et unique objectif) ?

5 **Exprimez votre gratitude**

4 | *Le meilleur moment de la journée pour faire l'expérience de l'écriture inspirée*

Un chapitre entier consacré au meilleur moment de la journée pour faire l'expérience de l'écriture inspirée ? Mais oui ! Je ne vous rendrais pas service si je ne plaidais pas sérieusement en faveur du point du jour comme moment idéal pour la pratique de cette écriture guidée.

J'expliquerai d'abord pourquoi le point du jour vous donne les meilleures chances de réussir. Je vous donnerai ensuite quelques trucs et astuces à mettre en pratique le soir pour être frais et dispos au réveil et impatient d'entamer votre séance d'écriture inspirée.

À la fin du chapitre, je vous aurai peut-être convaincu de vous lever un peu plus tôt ou, tout au moins, de réserver quelques minutes de votre routine matinale existante à l'écriture inspirée.

En ce qui me concerne, parmi les stratégies de développement personnel que j'ai adoptées avant ma découverte de l'écriture inspirée, le lever au point du jour est celle qui a le plus marqué ma vie et celle contre laquelle j'ai le plus pesté. Qu'elle soit venue de Stephen Covey ou d'un des nombreux et extraordinaires auteurs ou gourous de la croissance personnelle, j'ai résisté à cette technique cruciale du lever très matinal. Du moins, jusqu'à ce que je lise *Le Moine qui vendit sa Ferrari, de Robin Sharma*. Pour une raison ou une autre, ce livre m'a accroché, et l'oiseau de nuit que j'étais a voulu tenter l'expérience. Cela a tout changé.

Pourquoi le point du jour est-il le moment idéal pour faire l'expérience de l'écriture inspirée ?

Premièrement, écrire nous prépare de la meilleure façon possible à la journée qui commence. Ensuite, notre aptitude à accéder à la sagesse profonde varie selon l'heure de la journée. D'un certain point de vue, plus le soleil est loin derrière l'horizon (avant son lever), plus les messages de sagesse que vous récolterez seront profonds. Cela semble tenir à deux raisons.

Quand le soleil est derrière l'horizon, et selon la période de l'année, les gens qui vous entourent dorment encore. Et comme le démontre la physique quantique, nous ne faisons qu'un, nous sommes tous des éléments interreliés d'un seul et même immense champ énergétique : le champ quantique, le champ akashique ou simplement l'amour. Mais quand ce champ d'énergie dort, il est plus facile d'accéder à l'expression de la sagesse enfouie. Quand il est éveillé, il est très difficile d'écrire quelque chose de profond.

Si vous avez déjà survolé une grande métropole la nuit, vous avez aperçu tout en bas un immense champ de feux scintillants, un paysage transformé par la lumière. C'est une image facile à associer au champ énergétique dans lequel nous baignons tous. Nous sommes immergés dans la lumière de tous ceux qui nous entourent. Dites-vous cependant que c'est une énergie psychique plutôt que lumineuse, que ce champ est celui des inquiétudes, des peurs et des soucis de chacun de nous.

Au point du jour, la lumière est faible, tout le monde dort et, avec eux, leurs soucis. C'est pourquoi à ce moment, quand le soleil est encore derrière l'horizon, il est incroyablement facile d'accéder à la sagesse. Mais à mesure que le soleil se lève et que les gens se réveillent, leurs inquiétudes se réveillent en même temps qu'eux. Plus ils seront préoccupés, plus vous le serez aussi.

Un exemple : quand Jessica et moi habitions au New Jersey, juste à la sortie de New York, j'étais capable de plonger profondément dans l'écriture inspirée au point du jour, d'entendre parler de la santé de Jessica, de notre futur balado, et même de mon entreprise de coaching de vie. Mais vers les 6 heures, parfois même avant, tout se mettait à changer. J'éprouvais de la difficulté à entrer plus profondément dans l'écriture inspirée, et je me mettais presque à écrire des listes de tâches.

Que se passait-il? Avant 6 heures, tout dormait. Puis, les gens se levaient, sortaient de chez eux et roulaient à toute vitesse dans les rues du quartier pour essayer d'entrer à New York avant l'heure de pointe. Autrement dit, quand leur champ énergétique se réveillait et qu'ils se préparaient à partir, il y avait tant de «bruit» psychique dans l'air qu'il m'était impossible d'entrer plus profondément dans l'écriture inspirée. Je ressentais les peurs et les inquiétudes de tous ces gens, et cela se traduisait par une longue liste de tâches à accomplir.

Il n'y a rien de mal à ce que l'écriture inspirée nous dise quoi faire, mais ce n'est pas son objectif principal. Cependant, quand le soleil se lève, les réponses que nous recevons sont de l'ordre de la coupe du bois et du transport de l'eau. Souvenez-vous de cette citation populaire du bouddhisme zen : «Avant l'illumination, coupe du bois et transporte de l'eau. Après l'illumination, coupe du bois et transporte de l'eau.» En d'autres termes, quand les gens sont prêts à «passer à l'action», c'est aussi le cas de l'écriture inspirée.

Par conséquent, les messages les plus saints, si j'ose dire, arrivent aux heures les plus saintes, soit quand le reste du monde dort encore. J'associe au sens large la période de 4 h à 6 h à l'heure sainte (même si elle s'étend sur deux heures). Il semblerait que c'est durant ce laps de temps que se manifeste la sagesse la plus profonde de l'écriture inspirée.

Si vous travaillez de nuit et que vos cycles de sommeil diffèrent, ce n'est pas grave. Faites de l'écriture inspirée au réveil, quand vous êtes encore ensommeillé, et si possible la nuit, quand tous dorment. Sinon, veillez à vous ménager un cocon de tranquillité.

Mon étudiante Linda évoque ici son expérience :

Pour faire l'expérience de l'écriture inspirée, je m'assois dans la lumière du jour, car j'ai constaté que le meilleur moment pour cette pratique est le matin, vers 6 h 15. J'ai essayé d'écrire plus tôt à différents moments, mais mon corps n'est pas aussi enclin à le faire qu'à l'heure où je me réveille naturellement. Il est encore assez tôt pour que le calme règne et pour que la lumière naturelle soit douce, puisque le soleil ne fait que pointer le bout de son nez après s'être levé.

Ce matin, un prénom m'est venu pendant ma pratique de l'écriture inspirée : Linda Lou. Je me suis arrêtée et je me suis dit : c'est tante Karen, la seule personne qui me donnait ce surnom amusant. Elle adorait le dire et l'accompagnait toujours d'un petit sourire. Elle était toujours enjouée et jeune de cœur ; elle est décédée il y a plus de vingt ans. Je n'avais jamais ressenti sa présence auparavant, mais je pense que, dorénavant, je vais l'inclure dans ma prière et mon invocation.

Quels effets mon rituel du coucher et mon sommeil ont-ils sur l'écriture inspirée ?

Quand je forme mes clients à l'écriture inspirée, je leur demande à quelle heure ils se couchent. Pourquoi ? Parce que le sommeil et le rituel du coucher pourraient être la clé de la réussite de l'écriture inspirée. Penchons-nous sur votre rituel du coucher et voyons comment l'écriture inspirée pourrait améliorer votre sommeil.

On me dit souvent : « Michael, j'aimerais pratiquer l'écriture inspirée, ou j'aimerais écrire dès le point du jour, mais je ne trouve pas le temps de le faire. » Trouver du temps ne signifie pas insérer cette activité dans votre emploi du temps actuel, mais bien de réorganiser celui-ci, modifier vos habitudes et prendre la résolution de *réserver une plage horaire* à l'écriture inspirée. Ce processus commence la veille.

La veille, instaurez une routine qui vous aidera à vous détendre. Par exemple, programmez une alerte qui vous dira que le moment est venu de ralentir vos activités. J'ai pour habitude de dire aux gens de régler cet avertisseur à une heure avant de se mettre au lit pour s'assurer qu'ils décompresseront, puis de fixer une seconde alerte à quinze minutes avant de se mettre au lit pour leur signaler que c'est l'heure de se coucher.

Comment peut-on se détendre ? Par exemple, on tamise la lumière et on éteint les appareils électroniques une heure avant d'aller au lit. On allume des bougies. On fait brûler de l'encens ou on écoute une musique douce. Il s'agit de donner des repères au corps, à l'esprit et à l'âme, de leur dire qu'il est temps de se reposer. De façon générale, cela signifie éviter les actualités et toute autre forme de stimulation, même une lecture passionnante. Par ailleurs, un livre ennuyeux facilitera certainement l'endormissement.

Quoi que vous fassiez, veillez à ce que cette activité soit positive, car tout ce qui nourrit le cerveau avant d'aller dormir nourrira aussi le subconscient pendant le sommeil. Je ne le répéterai jamais assez. Les films de zombies, les mauvaises nouvelles, les dernières révélations sur des politiciens véreux ou le plus récent scandale politique ne vous aideront pas à dormir. Le cerveau est une machine créative, si bien que vous attirez ce sur quoi vous centrez votre attention. Veillez par conséquent à ce que ce soit positif, car c'est sur cela que travaillera votre cerveau pendant les six ou huit prochaines heures.

Je vous conseille de ne pas manger plusieurs heures avant de vous coucher, car la nourriture stimule le système digestif qui, à son tour, stimule le feu intérieur qui vous empêche de dormir. Et il est fortement recommandé d'obéir autant que possible au principe ayurvédique qui fixe le coucher avant 22 heures, et même plus tôt si vous en êtes capable.

Le Dr Kapil Shripad Apshankar, qui étudie l'écriture inspirée, a dit ce qui suit au sujet du sommeil : « Quand je pratique l'écriture inspirée avant de m'endormir, je confie presque toujours au Divin ce qui n'a pas fonctionné pour moi pendant la journée. J'en fais des questions dont j'obtiens habituellement les réponses le lendemain ou au cours des deux ou trois jours qui suivent. »

Couchez-vous à 22 heures

La science médicale sait qu'il est essentiel de se coucher tôt pour jouir d'une bonne nuit de sommeil. La très ancienne et sage médecine ayurvédique le répète depuis plus de 5 000 ans.

Imaginons le corps comme une fournaise qui se réchauffe et se refroidit à différents moments de la journée. Au cours du premier cycle, cette fournaise brûle la nourriture, puis elle se refroidit et se repose. Elle se réchauffe encore une fois pour digérer, puis se refroidit et se repose à nouveau. Après dix heures, elle se réchauffe une dernière fois comme pour un nettoyage de four programmé : l'élimination des toxines et des résidus de l'appareil digestif et de l'esprit. C'est le système de purification intégré du corps.

Cette flamme intérieure se rallume juste après 22 heures. Si nous allons dormir avant, nous sommes en général beaucoup plus reposés, frais et dispos au réveil. Mais si nous continuons de veiller après cette heure, nous devenons beaucoup plus alertes, surexcités et affamés. De fait, après 22 heures, l'action des hormones s'inverse, si bien que celle qui nous ouvre l'appétit, la ghréline, s'active en permanence et celle qui contrôle le sentiment de satiété, la leptine, se met hors tension. Par conséquent, il est presque certain que vous aurez une fringale passé 22 heures et que, peu importe la quantité de restes que vous avalerez devant la porte ouverte du frigo, vous ne serez jamais rassasié.

Curieusement, ce cycle n'affecte pas que la consommation de nourriture après 22 heures. Il touche aussi d'autres formes de stimulation. Par exemple, quelle que soit votre fréquentation d'Internet après 22 heures, elle ne vous suffira pas. Peu importe le nombre d'épisodes de la série *Le Trône de fer* que vous regardiez ou ceux de votre dernière passion sur Netflix, vous resterez toujours sur votre faim. Ce ne serait pas si terrible si nous étions occupés à travailler après 22 heures, mais l'ennui est qu'à cette heure nous sommes presque tous très éparpillés. Même si nous multiplions les activités, nous ne sommes absolument pas productifs.

J'en ai fait l'expérience personnellement. De 20 heures à 22 heures, je mets deux à trois fois plus de temps à accomplir mes tâches qu'à d'autres moments de la journée. Après 22 heures, il m'en coûte cinq à dix fois plus de temps, je peine à travailler et je me laisse distraire encore et encore – vous voyez ce que je veux dire.

Se coucher plus tôt est extrêmement bénéfique pour la santé, le corps, l'esprit et l'âme. Comme tous les animaux, nous sommes censés être en harmonie avec la Terre. Le rythme circadien intégré au corps règle les fonctions de l'organisme sur le cycle du soleil.

L'important est de ne pas effectuer en même temps plusieurs changements radicaux. Je suis du genre « doux, gentil, pas compliqué, un brave type ». J'aime répartir les changements mineurs sur de très longues périodes, plutôt que multiplier les changements majeurs sur une très courte plage de temps. Pourquoi ? Parce que les changements mineurs, pas compliqués et doux, durent longtemps et deviennent des habitudes bien ancrées, tandis que les changements majeurs nous heurtent et nous ramènent à notre point de départ.

Quand il s'agit de changer l'heure du coucher, je vous conseille de la reculer de quinze minutes tous les deux ou trois jours. Vous pouvez faire de même pour l'heure de votre lever.

Comme vous le dira n'importe quel grand méditant, ceux qui méditent tôt le matin n'ont pas besoin d'autant de sommeil. Vous lever plus tôt n'a rien d'inquiétant. Puisque cela apaise et désensibilise le système nerveux, vous ferez moins appel à une énergie frénétique pendant la journée et vous serez plus frais et dispos même en dormant un peu moins longtemps. Autrement dit, même si vous disposez de moins d'heures de sommeil, vous êtes plus reposé parce que vous êtes sorti de l'expérience d'écriture inspirée plus calme et plus détendu.

Je répète les mots clés « changement mineur ». Si vous avez l'habitude de vous lever à 7 ou 8 heures, voire à 10 heures, ne vous levez pas à 5 heures du jour au lendemain. Ce serait un trop grand choc. Bien vite, vous croirez manquer de volonté et vous capitulerez. Mais vous ne manquez pas de volonté. C'est un changement radical dont l'effet est celui du décalage horaire, et voilà que vous devez écrire pardessus le marché. L'expérience est vouée à l'échec. Pour découvrir une meilleure façon de commencer la journée, consultez notre programme à www.MagicalRoutine.com.

Faites-vous aider

Le soutien de la famille est une des clés du succès de l'écriture inspirée. Si vos proches veulent que vous vous couchiez tard, ou s'ils insistent pour se lever en même temps que vous, ce sera difficile. Demandez-leur de vous faciliter les choses en allant se coucher à la même heure que vous ou en vous laissant tamiser la lumière pour créer une ambiance feutrée comme sous la tente, en camping. Qui sait, ils aimeront peut-être la pénombre et la lueur des bougies.

Mettez la famille au courant de votre projet pour qu'elle vous soutienne. Cela pourrait aussi vouloir dire éviter les discussions tendues le soir. Concevez un plan familial pour que tous aillent dormir plus tôt. Tous en bénéficieront, pas seulement vous.

Que faire si votre « dada » est de regarder en fin de soirée des émissions d'énigmes policières ou des films de zombies avec votre tendre moitié ? Eh bien, comme je le disais précédemment, ce n'est pas la meilleure façon de reprogrammer le cerveau. Pourquoi ne pas éteindre les appareils électroniques et vous retrouver au lit pour parler, vous blottir l'un contre l'autre ou échanger des massages ? Ce sera dix fois plus amusant, une très belle expérience fusionnelle, et vous vous coucherez dix fois plus tôt.

Quoi que vous fassiez, éteignez les appareils électroniques, tamisez la lumière, éloignez-vous de Facebook, de votre messagerie et des restes du frigo – rien de cela n'est bon pour vous – et allez vous coucher.

Vous laisserez-vous tenter par un bain au sel d'Epsom ou parfumé à la lavande ? Faites de ces heures du soir un moment aussi sacré et relaxant que possible.

Interrogez l'écriture inspirée

Quand vous êtes aux prises avec un problème, confiez-le à l'écriture inspirée. Si vous avez pu entrer en communication avec votre sagesse supérieure ou avec vos guides, demandez-leur de vous aider. *Comment faire pour me coucher plus tôt? Quelles méthodes devrais-je adopter?* Ou encore : *Pourquoi est-ce que je n'arrive pas à me coucher plus tôt malgré tous mes efforts?*

Demandez de l'aide et voyez ce qu'on vous répondra. Je peux dire pour ma part que mes guides ont contribué au fait que je me couche et me lève plus tôt. Voire, ils me poussent sans cesse à me lever toujours plus de bonne heure parce que, disent-ils, j'ai toujours plus de matière à enseigner.

Le rituel du coucher des moines tibétains

Si vous êtes stressé, dépassé par les événements, si vous avez l'impression de n'avoir rien accompli de la journée et si vous en êtes contrarié, voire complètement épuisé, cette technique pourrait vous être utile.

Certaines personnes adoptent la technique de Benjamin Franklin qui consiste à écrire ou revoir une liste de tâches avant d'aller au lit. DANGER : cet exercice vous aide à planifier la journée du lendemain, mais si votre ego est fragile et n'attend que le moment de vous malmener, comme c'était mon cas, cette technique ne fera que souligner vos inaptitudes ou les motifs de votre échec. Pourquoi? Parce que depuis la nuit des temps, personne n'est jamais venu à bout d'une liste de tâches. Absolument personne, jamais. Pour quelle raison? Parce qu'on peut toujours l'allonger. Ainsi, si vous rédigez une liste et que vous la révisez deux fois, vous vous sentirez inepte et incompétent.

Voilà pourquoi j'enseigne aux gens à revoir la journée qui vient de s'écouler comme le faisaient autrefois les moines tibétains. En gros, vous repassez la journée en sens inverse, en commençant par l'événement le plus récent (par exemple, cet exercice même) pour remonter jusqu'au premier, c'est-à-dire votre réveil et votre lever. Ce faisant, vous créez un espace temporel entre vous et ce qui a eu lieu. Qu'est-ce qu'un espace temporel? C'est le fait de pouvoir gauchir le temps en fonction de notre vision des choses et de «l'espace» que nous mettons entre nous et une activité.

Un parfait exemple de cela est un départ en voyage, ou même un voyage en avion. Vous vous levez très tôt, vous vous rendez à l'aéroport et vous vous envolez pour l'Europe, ou bien vous prenez le vol de New York vers Los Angeles. Même si vous partez et arrivez à destination le même jour, compte tenu de la distance vous aurez l'impression que le voyage s'est étiré pendant des jours ou des semaines. C'est précisément pour cette raison que Jessica et moi nous déplaçons toujours en VR : la distance contribue à créer l'espace parfois si nécessaire aux nouvelles idées, aux nouveaux départs ou à la guérison.

Nous pouvons créer cette « distance », ce recul, en repassant notre journée à l'envers. Comment fait-on ?

Supposons qu'à 22 heures vous alliez vous coucher en ruminant un entretien que vous avez eu avec votre employeur, ou une remarque de votre fille, ou encore les besoins d'un parent âgé. Vous écrivez : « À 21 h, qu'est-ce que je faisais ? Le ménage. À 20 h, je lisais mes courriels et l'un d'eux m'a irrité. À 19 h, je finissais de dîner – oui, je sais, je suis censé manger plus tôt. À 18 h, je préparais le dîner. À 17 h, je rentrais du gym où j'étais allé après le travail », et ainsi de suite, en reculant d'heure en heure.

En remontant ainsi le fil de votre journée, vous avez créé un espace temporel entre vous et vos souvenirs les plus récents. Un jour entier semble vous séparer d'eux. Vous avez effacé l'ardoise. Vous pouvez vous coucher, ces inquiétudes et ces soucis ont l'air si lointains que vous n'y pensez même plus. Cependant, si vous êtes encore soucieux, abandonnez-vous à la prière, lâchez prise ou répétez un mantra.

En phase avec le soleil

Je conseille fortement l'usage d'une lampe pour le Trouble affectif saisonnier (TAS), soit une dépression saisonnière dont les effets peuvent être combattus par des périodes d'exposition à la lumière artificielle du soleil.

Cela dit, quand j'encadre un client aux prises avec un problème d'attention ou un trouble du sommeil, je lui impose un défi, celui que je vous donne ici. Allez faire une promenade au lever ou au coucher du soleil. Cela contribuera à harmoniser votre horloge biologique, celle dont nous avons parlé précédemment, au cycle naturel de la planète.

Si vous ne pouvez pas faire une promenade, essayez de sortir cinq ou dix minutes au lever du soleil. Bon, en principe, selon l'endroit où je me trouve au lever du soleil, des ténias et des écureuils s'approchent et sautent sur mes genoux – mais ça, c'est une autre histoire. L'important, c'est que se mettre ainsi en phase avec le soleil est incroyablement efficace. Je me sens plus détendu toute la journée, j'ai plus d'énergie, et grâce à cette habitude, je dors merveilleusement bien. Cela seul fait une énorme différence.

Je suis ce que j'appelle un contemplatif. Je vais vous en dire un mot. Ce n'est pas un conseil que je vous donne ; je vous dis seulement ce qui fonctionne pour moi.

En montagne, là où je vis, le soleil met quelque temps à se hisser au-dessus des pics, mais chaque jour, sans faillir, je vais surveiller son arrivée. Pendant les trente premières secondes de son lever jusqu'à ce qu'il soit franchement au-dessus des montagnes, je me connecte à lui et cela réinitialise mon nerf optique et ma production de mélatonine. Il me semble que le fait de contempler ainsi le soleil à son lever et à son coucher m'emplit d'une énergie régénératrice. On me dit, et la science le confirme, que les reflets rouges du lever et du coucher du soleil ont des effets phénoménaux sur l'organisme.

À vrai dire, j'ai entrepris ces contemplations la deuxième fois où j'ai frôlé la mort et je les ai qualifiées de « moments vitaminés », puisqu'il me semblait chaque fois absorber une dose importante de vitamines. Si cette question vous intéresse, écoutez mon entretien avec Linda Geddes, auteure du livre *À la poursuite du Soleil*, à www.InspireNation.com.

Les jours d'hiver sans soleil, je fais de même, mais avec une lampe de luminothérapie.

N'étant pas un scientifique, je vais vous expliquer en termes profanes pourquoi cette lampe est efficace. La lampe de luminothérapie projette sur vous une lumière blanche très intense, plein spectre, ce qui veut dire qu'elle se compose de toutes les couleurs de la lumière du soleil.

Ces lampes de table ou sur pied ont une intensité lumineuse de 5 000 lux ou 10 000 lux. Il en existe peut-être de plus brillantes, mais une intensité de 10 000 lux semble la norme. Ma lampe de luminothérapie ressemble à une série d'ampoules DEL. Quand nous vivions sur la côte est des États-Unis, je la braquais chaque matin sur mon visage de dix à vingt minutes en prenant mon petit déjeuner.

Comme le soleil, cette lampe réinitialise le nerf optique et aide l'organisme à fabriquer de la vitamine D, une vitamine essentielle, produite par l'interaction de la lumière du soleil avec la peau (ou que l'on prend en suppléments D3). La lampe de luminothérapie a un effet sur toutes les hormones qui bénéficient en temps normal de l'action du soleil.

Ce qui suit n'est pas une recommandation médicale. Veuillez consulter un professionnel de la santé. Pour améliorer la qualité du sommeil, voici ce que je suggère : une cure de luminothérapie de dix à vingt minutes, deux fois par jour, la première aux alentours du lever du soleil. En plein hiver, surtout si vous vivez à une latitude voisine du pôle Nord ou du pôle Sud, faites une première séance avant le lever du soleil. Pour la seconde séance, allumez la lampe dans l'après-midi, vers 15 ou 16 heures, quand votre énergie faiblit et que vous vous demandez si vous viendrez à bout de cette journée.

La lampe de luminothérapie vous donnera le coup de fouet nécessaire pour aller de l'avant.

Une dernière remarque au sujet de l'écriture inspirée. Il n'y a pas de règles dans la vie. Il n'y a pas de règles non plus concernant l'écriture inspirée, ni de jugements de valeur. Si vous êtes un oiseau de nuit, sachez en profiter. Choisissez autant que possible un moment où toute la maisonnée dort, et privilégiez un endroit calme. C'est quand dormira le reste du monde que vous recevrez les réponses les plus profondes.

J'en suis venu à beaucoup m'intéresser au sommeil en trente ans de coaching. Celui des athlètes, puis celui des étudiants et des adultes atteints d'un déficit d'attention m'ont appris qu'un grand nombre de problèmes et de défis sont dus à une mauvaise qualité du sommeil. Quand mes clients commencent à mieux dormir, leur attention et leur concentration s'améliorent, ils sont moins dépassés par les événements, moins dépressifs et moins anxieux. Tout le monde peut profiter de ces bienfaits.

J'ai conçu un programme destiné à vous aider à mieux dormir. Il s'intitule *Magical Evening Routine*. Vous le trouverez à www.MagicalEveningRoutine.com.

5 | *Comment l'écriture inspirée m'a remis sur les rails*

Jessica et moi avons lancé notre balado *Inspire Nation* dans la foulée de notre expérience d'écriture inspirée. Nous avons envisagé ce concept, sa structure, la reconstruction de notre vie – et de notre santé – après avoir traversé les jours les plus sombres de notre existence, à vrai dire notre nuit noire de l'âme.

Retour en arrière : le lit d'un ruisseau d'eau glacée tout près du lac Tahoe. J'étais à l'article de la mort. L'hélicoptère médical était en route. Quand les ambulanciers paramédicaux sont arrivés, ma tension artérielle était imprenable.

Jessica et moi avions fait par le passé une tournée de promotion de notre livre *Barefoot Running* dans quarante-trois États. En 2011, nous nous étions installés à Maui, nous avions donné des conférences en Asie du Sud-Est et coécrit notre second livre, *Barefoot Walking* – un titre qui évoque pour moi la méditation en mouvement.

Nous faisions une tournée de promotion de ce second livre à bord d'un VR peu fiable. Nous travaillions d'arrache-pied, mais quelque chose clochait. Bien sûr, nous avions des conflits avec notre éditeur et nous ne nous sentions pas appuyés. Ça n'allait pas du tout, si bien que nous avons décidé de rendre à l'agence le VR en mauvais état et de rentrer à Maui.

Je n'étais pas censé me pousser à ce point pendant cette tournée. J'étais épuisé. Découragé. Nous avons dormi une autre nuit au lac Tahoe. Le lendemain matin, alors que nous ramenions le VR à l'agence, à quatre heures de route, nous avons aperçu le point de départ d'un sentier de randonnée, Pyramid Creek Trail, qui aboutit à la chute Horsetail. Nous avons décidé de faire une dernière randonnée dans la sierra pour nous oxygéner l'esprit.

Au bout du sentier, il y avait un point d'eau de montagne, d'un froid extrême, creusé par la fonte des neiges d'une corniche en surplomb. J'adore les bains d'eau glacée et je n'ai pas su résister à celui-là. Après trois plongeons jusqu'à une minigrotte magnifiquement silencieuse située à quelques pieds sous la surface de ce paradis immaculé et glacial, j'ai commencé à bleuir. Il était temps que je me réchauffe et me rhabille, et que je reprenne le volant du VR.

J'ai enfilé des mocassins à semelle de cuir pour le retour. Dans mon enthousiasme, j'ai serré Jessica dans mes bras et lui ai déclaré que j'étais prêt à avoir des enfants avec elle. Cela a été pour nous une immense révélation. Puis nous avons pris le chemin du retour.

Jessica a franchi le ruisseau à son point le plus étroit, je l'ai suivie, et c'est arrivé. Je me suis avancé, j'ai mis le pied sur une pierre glissante et j'ai été projeté dans les airs. En retombant, ma cuisse a heurté une roche pointue en forme de pyramide. C'était comme si un obus d'artillerie avait fracassé mon fémur. J'ai crié : « Oh non ! Pas encore ! »

Pas encore. En 2006, alors que je faisais du patin à roues alignées, j'avais délibérément fait une culbute arrière pour éviter un bébé que son père avait emmené par inadvertance sur une piste cyclable pour lui apprendre à marcher. À cette époque, Rollerblade me commanditait et je m'entraînais pour un tour du pays de 6 400 km en 40 jours au profit des enfants ayant des difficultés d'apprentissage (comme, quelques années auparavant, j'avais effectué une traversée du pays à vélo pour sensibiliser les gens aux personnes souffrant d'un déficit d'attention et d'autres problèmes du même ordre).

Cette fois-là, pour éviter de heurter le bébé, j'ai atterri dans un moment de grâce et de nécessité à côté de la piste (le bébé était sain et sauf), avec des fractures à la hanche, au fémur et au bras. Pensant qu'ils avaient affaire à un fou souffrant d'un traumatisme crânien et qui n'arrêtait pas de dire OUAHOU ! parce qu'il était heureux d'être en vie, les ambulanciers m'avaient posé plusieurs fois la même question : « Avez-vous reçu un coup à la tête ? » Non, je n'avais pas reçu de coup à la tête; mon casque était intact. Les sentiments d'amour, de joie, de bonheur, d'unité et de compréhension du monde qui m'habitaient, je ne les avais jamais connus avant de frôler la mort. J'étais certain que mon chemin et mon parcours seraient radicalement différents. Il m'avait semblé que je venais de gagner à la loterie.

Plus tard, sur mon lit d'hôpital, ayant hérité d'une hanche et d'un fémur flambant neufs en titane, j'avais aussi une jambe d'un pouce plus longue que l'autre. Des années de réhabilitation ont été nécessaires pour que je me remette de cet accident.

Je suis entré dans la voie du guerrier au grand cœur cette première fois où j'ai failli mourir, car j'ai éprouvé à ce moment précis un sentiment de joie, de bonheur, d'amour, de plénitude, de beauté de la vie. C'est là que mes OUAHOU ! ont commencé. Jamais je n'avais ressenti une telle exaltation.

Or, sept ans, un mois et dix-sept jours plus tard, dans le lit d'un ruisseau glacial, des éclats de fémur ont presque transpercé mon épiderme pendant qu'une hémorragie interne me vidait lentement de mon sang.

Je me rendais compte qu'une blessure semblable à la première, mais qui affectait l'autre hanche, m'infligeait la douleur et les spasmes les plus terribles de toute ma vie. En l'espace d'une seconde, j'avais cessé de respirer et je me trouvais devant un choix : lâcher prise, me laisser aller à la béatitude, quitter ce monde, ou lutter, subir la souffrance la plus intense que j'aie jamais connue et affronter encore un an, au moins, d'une pénible réhabilitation physique pour me forcer à revenir.

Je venais de dire à Jessica que je voulais des enfants avec elle; il n'était pas question que je me laisse aller. Une heure durant, j'ai dû mettre toute ma volonté à respirer, jusqu'à ce que les équipes d'urgence arrivent à l'endroit reculé où nous étions et fassent l'impossible pour me stabiliser avant de m'installer dans l'un des deux hélicoptères, qui m'a transporté à l'hôpital Barton Memorial, où un champion de la chirurgie orthopédique voisin du centre de ski avait été appelé pour recoller les morceaux d'Humpty Dumpty.

Le lendemain, le médecin qui avait assisté le chirurgien durant l'intervention est venu me trouver et m'a demandé comment j'avais pu mettre si rapidement les radiographies sur mon site Internet. J'ai répondu que j'ignorais de quoi il parlait.

Il se trouve que les blessures subies lors de mes deux accidents étaient identiques. J'avais maintenant deux fémurs en titane, deux hanches en titane, et les fixations en métal qui maintenaient le tout étaient les mêmes. En outre, mes jambes n'étaient plus de longueurs différentes. J'étais redevenu uniforme.

À Tahoe, le médecin m'a dit : «La probabilité de subir un accident comme celui-là est d'une sur un million. Celle de subir le même accident deux fois ? Une sur un nombre infini.» L'Univers me disait très clairement : «Rien n'arrive pour rien, et je vais t'en donner l'exemple le plus spectaculaire. Tu t'en souviendras à chacun de tes pas, et pour le reste de ta vie. Rien n'arrive pour rien.»

Après une très longue réhabilitation en Californie, j'ai pu revenir à Maui.

C'étaient pourtant des événements que j'aurais dû prévoir.

À deux ans, j'avais déjà eu trois séries de points de suture à la tête. L'enfant que j'étais ne tenait pas en place dans un foyer complètement dingue. À cinq ans, j'ai reçu un diagnostic d'hyperactivité, ce qu'on appelle aujourd'hui le TDAH.

Quand j'ai cessé de prendre du Ritalin, je me suis soigné en faisant encore et encore le tour du pâté de maisons à vélo. Ironie du sort, à dix ans j'ai participé dans la rue à une course de vitesse contre la cousine de ma gardienne sur un petit Huffy 56 Thunder. Nous foncions au coude à coude quand elle a heurté une pierre, puis ma roue avant, et j'ai été projeté dans les airs. Fracture du fémur, de la rotule et du tibia, et plâtre jusqu'à la hanche.

Ce «petit» accident est l'une des plus belles choses qui me soient arrivées. Après six interventions chirurgicales en deux ans et des périodes où je me déplaçais en fauteuil roulant ou à l'aide de béquilles, j'ai appris ce qu'étaient la compassion, la bonté et la compréhension.

J'ai surtout compris que tout ce que l'on nous dit de la réalité et de son contraire est faux, et que nous sommes plus responsables de notre propre corps que nous ne l'avions imaginé.

Après ce calamiteux accident de vélo, le médecin m'a dit : «Tu as de la chance de pouvoir marcher à nouveau, mais à dix-huit ans, tu feras de l'arthrose sévère. Tu ne pourras jamais plus avoir une vie active.»

Je suis devenu cycliste professionnel.

À dix-huit ans, j'ai fréquenté le Colorado College parce que je voulais participer à des courses cyclistes en Europe et m'entraîner dans les montagnes et au vélodrome de Colorado Springs. Je me suis souvent entraîné à l'Olympic Training Center en cyclisme et en patinage de vitesse, ainsi que pour le championnat collégial national de cyclisme.

Je me suis qualifié pour des courses européennes. J'alternais six mois de courses en Europe avec mes études et mon entraînement à Colorado Springs. J'ai même dirigé la Rocky Mountain Collegiate Cycling Conference pendant un an.

Entre-temps, un motocycliste m'a heurté de plein fouet sur une piste cyclable à mon retour d'Europe. Je me souviens encore de ce qu'il a dit quand il a soulevé la moto de 700cc qui m'écrasait : «Je l'ai tué. Je ne peux pas croire que je l'ai tué.» Au contraire[1]. Mais les accidents ont continué.

Je participais à une course avec une équipe française non loin d'Annecy, la luxueuse destination de villégiature alpine, quand on m'a offert de prendre part à une épreuve sur route très spéciale dans les Alpes. Et c'est là, à Hauteville, que l'accident monstre s'est produit.

Je me trouvais, entre deux rangées de spectateurs qui encourageaient l'Américain[2], dans un virage en pente ascendante qui n'offrait aucune visibilité. Le signaleur m'a donné le feu vert par inadvertance et, ce faisant, m'a fait foncer sur une voiture qui venait en sens inverse. Au sortir d'une allée, une dame âgée avait dirigé son énorme Peugeot sur le circuit. J'ai fait une embardée juste avant qu'elle me frappe, puis j'ai été projeté dans les airs et j'ai atterri en me disant : «Je n'ai rien, je n'ai rien.» Mais aussitôt, j'ai vu que ma jambe formait un angle de 90 degrés. On aurait dit une scène tirée du roman

1 En français dans le texte.

2 En français dans le texte.

de Stephen King, *Misery*, quand le héros reçoit un coup de masse qui, en poussant sa jambe de côté avec force, lui déboîte le genou.

En un instant, je suis passé de «La vie est belle» à «La course, c'est fini pour moi, mon rêve est mort, Dieu est mort, Dieu n'existe pas.» La douleur était si intolérable que je me retenais de mordre la chaussée et je l'agriffais avec une telle force que j'ai eu du bitume sous les ongles pendant des semaines entières. À l'hôpital, ils ont réduit la fracture «à froid» (c'est-à-dire que huit personnes ont manipulé ma jambe pour la replacer, *sans* anesthésie), puis j'ai passé 16 heures «en observation», à hurler et gémir de douleur, avant qu'on me donne des antalgiques. Si j'avais eu une arme à ma portée, je me serais sans doute enlevé la vie pour mettre fin à mon martyre.

Quelqu'un a dit un jour que le corps sait ce qu'il en est. Le corps reflète ce qui se passe intérieurement. Je ne savais pas comment guérir les blessures des traumatismes que j'avais vécus.

Si la tige de titane insérée dans ma jambe a été provisoire, le TSPT (Trouble de stress post-traumatique) a duré beaucoup plus longtemps. J'ai lutté sept ans contre les effets de ce traumatisme dans mon corps.

Venons-en à aujourd'hui. J'ai fréquenté la *Native American Church* (Église amérindienne) et, pendant six ans et demi, j'ai eu une petite amie navajo. Une nuit, je suis resté debout, les deux pieds plantés dans la terre, dans une hutte de sudation, du coucher au lever du soleil. Un chaman veillait sur les tisons. Quelqu'un jouait du tambour.

Pour la première fois, j'ai réellement fait l'expérience de quelque chose de plus grand que moi. J'ai senti que je n'étais pas seul. Cette cérémonie a préparé le terrain de mon avenir. En 2004, j'avais cumulé deux maîtrises : un MBA et une maîtrise en informatique. J'avais déjà fait du coaching, d'abord en athlétisme, puis comme coach de vie pendant une quinzaine d'années.

Je pratiquais aussi la méditation depuis plus d'une décennie. J'avais appris à calmer mon esprit et à le faire taire, et je mettais quiconque au défi d'affirmer que «le TDAH, c'est pour la vie». Pas question. On peut tirer parti des cadeaux d'un cerveau hypercréatif. On peut l'allumer quand on veut et l'éteindre quand on veut.

J'ai découvert une autre sorte de calme, de silence, je ne me suis plus senti seul. La voix de l'écriture inspirée commençait à se faire entendre dans ces moments de plus grande tranquillité.

Après avoir frôlé la mort une première fois pour éviter le bébé sur la piste cyclable, il m'a fallu composer avec des blessures de surentraînement alors que je m'efforçais de marcher et de courir à nouveau, jusqu'à ce que ceci me vienne pendant une méditation : *Tu as tout essayé. Pourquoi ne pas tenter d'aller pieds nus ?* « Moi ? me suis-je dit. Moi, M. Pieds-Plats, M. Fasciite Plantaire, aller pieds nus ? » Mais j'ai écouté cette voix et j'ai tenté l'expérience. Mes pieds se sont renforcés de plus en plus, et j'ai guéri. Plus je maintenais un contact direct avec la Terre, plus calme était mon esprit.

Je me donnais à fond à cela quand j'ai connu Jessica. Je l'ai rencontrée dans un centre de méditation bouddhiste après qu'une voix m'eut parlé à nouveau pendant que je méditais. Cette voix me disait qu'il était temps que je sorte de mon isolement et que je trouve une appartenance à une collectivité, qu'il était fort possible que j'y fasse la connaissance de quelqu'un, littéralement de la femme de mes rêves.

Un mois plus tard à peine, elle était là.

Au bout de quelques mois, Jessica a inauguré un club de course pieds nus. Un beau jour, elle m'a lancé : « Tu donnes un cours demain. » Je ne savais pas ce que je ferais, mais dix personnes se sont présentées, puis dix autres, et bientôt, le club a compté plus de cent membres. C'est alors que Jessica m'a dit : « Tu vas écrire un livre. » C'est devenu le livre à succès *Barefoot Running*.

Cela ne s'est plus arrêté. En courant pieds nus, l'esprit calme, dans un contact direct avec la Terre, j'ai vraiment commencé à entendre la voix sage et sereine de l'écriture inspirée. La course pieds nus est le pont qui nous a reliés.

Naissance de l'expérience merveilleuse de l'écriture inspirée

Après que j'ai failli mourir deux fois et récolté deux hanches en titane, nous nous sommes installés à Maui. Pourtant, nous nous sentions perdus. Chaque jour, pendant une à quatre heures, je me plongeais dans la méditation et le silence. Mais j'étais désorienté et je n'arrivais pas à me remettre complètement de mes blessures.

Quelqu'un m'a présenté à Richard Yiap, un extraordinaire guérisseur. Au moyen d'un appareil de haute technologie, il m'a littéralement branché à quelque chose qui ressemblait à des câbles de démarrage et m'a fait faire des exercices de respiration. L'appareil indiquait tous mes points de pouls chinois. Le guérisseur a évalué mon âge biologique – quarante ans –, mais il a ajouté que mon état de santé fragile était celui d'un homme de quatre-vingts ou quatre-vingt-dix ans.

Son associée, Sian Chua, donnait un cours sur l'accession aux registres akashiques et sur la façon d'entendre les messages des Maîtres akashiques – les bibliothécaires de la vie ou de l'Univers, en quelque sorte. L'occasion était trop belle. Jessica et moi nous y sommes inscrits.

Vers la fin du cours, nous avons appris à échanger par écrit avec les Maîtres akashiques. J'ai reçu d'eux des messages d'une profonde sagesse, semblables à ceux qui me viennent maintenant de l'écriture inspirée. Il a ensuite fallu que je les révèle à toute la classe. À. Voix. Haute. C'est là que mes ennuis ont commencé.

Les messages reçus lors de cette écriture guidée disaient à quel point j'étais un homme extraordinaire – à quel point nous le sommes tous, à vrai dire –, mais mon ego refusait d'y croire. Ils disaient aussi que je transformerais le monde. Et que je m'adresserais à des millions d'individus du haut d'une montagne.

J'ai cru que c'était une manifestation de l'ego. Une pure invention. De la frime. Que je me pavanais devant toute la classe. Que ce n'était rien d'autre que… bon, vous voyez où je veux en venir.

Il s'agissait pourtant de ma toute première expérience d'écriture inspirée. J'ignorais totalement que les mots reçus allaient être aussi profonds et aussi puissants, et qu'ils m'exhorteraient à aller bien au-delà de l'homme que j'étais à cette époque.

Je savais si peu quoi penser de ces transmissions, et même si elles comportaient ne serait-ce qu'un soupçon de vérité, que je les ai ignorées pendant quelques années. Mais deux ou trois ans plus tard, j'ai revu Sian, qui m'a fait faire une régression dans mes vies antérieures. Elle avait été formée à cette technique par l'hypnotiseuse réputée Dolores Cannon. Durant la séance, j'ai reçu d'autres messages de grandeur qui m'ont abasourdi tout autant. Je me suis obstiné à ne pas y croire. Je n'en ai pas tenu compte pendant près d'un an et je n'ai pas pratiqué l'écriture inspirée.

Quand je m'y suis enfin remis, les messages m'ont paru toujours aussi incroyables. Mon ego n'avait de cesse de me répéter que cette idée grandiose voulant que je m'adresse à des multitudes était le fruit de mon imagination. Mais, un jour que Jessica et moi marchions sur la plage à Maui, je lui ai dit que tout cela devait bien avoir un sens caché.

Pour ce qui est des défis, j'étais toujours en réhabilitation et je ne travaillais pas. Nous nous efforcions péniblement de produire un programme d'apprentissage par vidéo sur la course pleine conscience (www.MindfulRunning.org). Nous étions au bord de la faillite, et Jessica est tombée malade.

Bien évidemment, nous avons constaté plus tard que l'état catastrophique de nos finances et de la santé de Jessica était un merveilleux cadeau de la vie. C'est à ce moment que j'ai plongé tête baissée dans l'écriture inspirée. Le désespoir est un puissant moteur de changement.

Il fallait que je puisse communiquer avec l'Univers pour comprendre ce qui se passait. Je me suis tourné vers l'écriture inspirée pour savoir pourquoi nous étions si coincés, pourquoi tout semblait aller si mal, et quoi faire pour nous sortir de ce marasme. J'ai eu le courage et l'audace de m'approprier les enseignements de Sian et de les transformer. J'avais une connaissance intuitive de ce qui nous convenait, et c'est ainsi qu'est né l'embryon de ce programme – l'expérience de l'écriture inspirée.

Nous avons fini par quitter Maui, fauchés mais pas en miettes, et nous sommes retournés vivre au New Jersey, chez les parents de Jessica. Nous avons tout laissé derrière, sauf nos chats. Nous avons occupé sa chambre de jeune fille et dormi sur deux matelas jumeaux à même le sol.

Certes, ce n'était pas la solution idéale, mais il n'est sorti que du beau et du bon de ce séjour au New Jersey. Tout a eu lieu si vite ; il y avait de quoi perdre la tête. Je n'ai jamais pu dire adieu à notre maison de Maui. Je n'ai jamais pu dire adieu à notre lopin de terre. Je me suis tant hâté de tout mettre au garde-meubles, de préparer la maison, que j'en avais le tournis.

C'est alors que nous avons trouvé le coupable de la maladie de Jessica : un tapis de moisissures d'un pouce d'épaisseur dans les chevrons de charpente. Le sachant, nous avons également su quel en serait le remède, et l'écriture inspirée nous y a aidés.

Durant notre séjour au New Jersey, l'écriture inspirée a été mon oxygène. C'est là que nous avons conçu notre balado *Inspire Nation*. Nous avons recouvré la santé et assaini notre situation financière. Nous avons quitté la chambre d'enfant de Jessica. Nous avons trouvé un paradis dans les montagnes Rocheuses du Colorado. Et qu'en est-il du message grandiose selon lequel je m'adresserais à des millions d'individus du haut d'une montagne? L'Univers disait vrai. J'allais parler à des millions d'individus depuis notre studio juché au sommet d'une colline en surplomb de la vallée et de la ville. Mais je n'en savais rien encore.

6 | *Brève histoire de l'écriture inspirée*

J'avoue ne pas être féru d'histoire. Si certaines pratiques et certains concepts spirituels nous ont été transmis par quelque grand maître ou quelque grande lignée, l'écriture inspirée que j'enseigne dans ce livre ne s'appuie pas sur des techniques très anciennes, affinées sur des milliers d'années, même si elle existe sous une forme ou une autre depuis tout aussi longtemps.

Ce processus n'a rien de nouveau. J'ai beau le souhaiter, je ne peux m'attribuer un tant soit peu le mérite de sa création. Comme je l'expliquais au chapitre précédent, j'ai seulement apporté quelques changements à cette expérience tout au long de ma pratique et de mon parcours de guérison.

Voici ce que je sais de l'écriture inspirée. Vraisemblablement, elle est née avec l'écriture. J'ai pu constater sa présence dans la Bible, dans d'anciens textes spirituels, dans la psychologie ancienne et moderne, et dans des ouvrages contemporains de spiritualité et de guérison.

L'écriture inspirée a traversé les siècles sous différentes appellations : écriture canalisée ou intuitive, psychographie, écriture automatique, écriture surréaliste, cristallomancie ou encore écriture spirite. Cette pratique existe depuis des milliers d'années, elle existait peut-être déjà à l'époque où Homère a écrit l'*Iliade*, très certainement depuis la Bible hébraïque et le Coran. Chaque fois qu'il est dit que Dieu a parlé et que sa parole a été consignée, il s'agit d'écriture inspirée. Elle existe aussi dans d'autres textes religieux et même dans d'anciens écrits chinois révélés par une forme d'écriture spirite, le *fuji*.

D'innombrables auteurs au fil du temps ont laissé filer les mots sur le papier avec un stylo (ou encore un fusain, une plume d'oie ou un roseau trempé dans de l'encre). Imaginons que lorsque les humains ont pour la première fois gravé du granit avec un stylet de pierre ou trempé un roseau dans de l'encre, les mots leur venaient déjà.

Selon Encyclopedia.com, « certaines parties de la Bible hébraïque (l'Ancien Testament du christianisme) ont été révélées par l'écriture inspirée, notamment 2 Chroniques 21:12 où il est dit : "Il lui vint un écrit du prophète Élie disant [...]" ».

Dans l'histoire moderne occidentale, un nombre incalculable d'individus, y compris des scientifiques influents, ont utilisé l'écriture inspirée ou en ont fait un sujet d'étude ou de dissertation. Un des premiers exemples de cela, le scientifique Emanuel Swedenborg (1688-1772), recourait à une forme d'automatisme ou d'écriture automatique bien avant que ces termes n'existent. Il l'a décrite comme suit : « J'ai parfois reçu des papiers couverts d'écriture ; certains tels des papiers écrits à la main, d'autres tels des papiers imprimés dans le monde. »

La popularité de l'écriture inspirée a vraiment pris son envol au milieu des années 1800 avec le courant du spiritisme qui a perduré aux États-Unis jusqu'au début des années 1900. Ce courant est fondé sur la croyance que l'esprit des personnes décédées peut interagir avec les vivants. Le spiritisme a pris encore plus d'ampleur au Royaume-Uni, où il a connu une recrudescence dans les années 1950 après la décriminalisation de la sorcellerie, et il est particulièrement populaire en France et au Brésil. Aux États-Unis, l'avènement du mouvement Nouvel Âge lui a conféré un regain de popularité (source : *Encyclopædia Britannica*).

Au début de l'apogée du spiritisme, les gens qui souhaitaient communiquer plus rapidement avec les esprits ont fait l'essai de diverses techniques, y compris la planchette – un dispositif « guidé », c'est-à-dire une tablette à laquelle était fixé un crayon, ou une plume, conçu pour aider le praticien à entrer en communication avec l'Univers sans l'intervention de son esprit conscient. L'écriture directe s'est ensuite substituée à la planchette, quand les praticiens ont constaté que celle-ci ne présentait aucune utilité. L'écriture automatique est alors devenue populaire. Elle n'est pas sans rappeler le Ouija.

En 1930, la psychologue Anita M. Muhl a écrit un livre intitulé *Automatic Writing: An Approach to the Unconscious*, dans lequel elle soutient que l'écriture automatique avait (à l'époque) atteint son apogée du milieu à la fin des années 1800 en tant que méthode psychologique de travail sur le subconscient. Elle s'efforçait de faire revivre cette approche. Et voici que, près de cent ans plus tard et sans m'en douter (jusqu'à présent), je poursuis son œuvre.

L'écriture spirite (les morts écrivent par mon entremise)

Le plus étonnant est que les Chinois se servaient aussi de planchettes et de tamis en rotin pendant la période classique du confucianisme, du taoïsme et même avant, instruments encore en usage aujourd'hui dans certaines religions dérivées du taoïsme. Cette écriture spirite est le *fuji*. Plusieurs religions d'Extrême-Orient pratiquaient cette forme de canalisation à l'aide d'un stylet inséré dans un dispositif en bois tenu d'une main. Le stylet traçait alors les caractères dans du sable.

Les auteurs célèbres du courant spirite incluent les spirites ci-dessous (source : *New World Encyclopedia*) :

Pearl Curran. Cette femme au foyer de Saint-Louis (Missouri) communiquait avec l'esprit d'une certaine Patience Worth, une Anglaise du Dorsetshire née en 1649 ou 1694 qui disait avoir émigré aux États-Unis, où elle avait été assassinée par des Autochtones. En tout et pour tout, Curran aurait écrit plus de 400 000 mots, dont près de 5 000 poèmes, plusieurs romans, une pièce de théâtre et de nombreux textes brefs.

Le plus fascinant à mes yeux est que les experts qui se sont penchés sur les écrits de Curran ont affirmé qu'ils correspondaient au style de l'époque (XVIIe s.) et qu'il était impossible qu'elle les ait plagiés. Selon le compte rendu « The Mystery of Patience Worth » publié par le site Internet American Hauntings (que confirme l'entrée de la *New World Encyclopedia*), personne n'a jamais démontré que Patience Worth avait vécu dans les années 1600, tandis que, pour les graphologues qui ont analysé l'écriture de Pearl Curran, il est peu probable qu'elle ait elle-même produit les textes attribués à cet esprit – Curran n'aurait su en rendre le style, le lexique, la trame ou le thème, puisqu'elle n'était pas très instruite, qu'elle ne connaissait pas la langue en usage à cette époque et qu'elle ignorait tout de l'histoire de la période concernée. Ils ont avancé l'hypothèse que ces écrits puissent être une transcription spirituelle de Curran.

Hélène Smith, née en 1861, était une célèbre médium suisse connue sous le pseudonyme de Catherine Elise Muller et surnommée «La muse de l'écriture automatique» par les surréalistes. Au dire des historiens, «en plus de prétendre avoir été une princesse hindoue et Marie-Antoinette dans ses vies antérieures, Smith produisait par l'écriture automatique des textes en arabe et dans ce qu'elle disait être la langue de Mars et celle d'Uranus, qu'elle traduisait ensuite en français».

Francisco Chico Xavier, médium brésilien né en 1910, est censé avoir produit des centaines de milliers de pages d'écriture automatique. Il avait commencé à l'école primaire et avait même remporté un concours de rédaction littéraire dont le texte, disait-il, lui avait été dicté par l'Univers. Il n'a jamais terminé ses études, mais il a continué à écrire, notamment de nombreux livres qui ont révélé des qualités scientifiques et littéraires largement supérieures à ses aptitudes.

Un autre spirite célèbre ayant fait appel à l'écriture automatique était **William Stainton Moses**, qui participa plus tard à la création de la Society for Psychical Research. Prêtre anglican et homme d'une grande érudition, il fut attiré par l'écriture automatique après avoir assisté à des séances. Il est surtout connu pour ses livres *Spirit Teachings* (1883) et *Spirit Identity* (1879), qui lui ont été révélés par l'écriture automatique.

Je ne prétends pas que l'expérience de l'écriture inspirée fera de vous de petits génies littéraires. Mais ces récits de spirites et d'autres personnages de l'histoire constituent des encadrés fascinants dans notre discussion sur l'écriture inspirée et son évolution au fil des âges.

L'écriture automatique comme forme de thérapie et dans les beaux-arts

L'écriture automatique sert également d'approche psychothérapeutique depuis près de cent cinquante ans. Cette méthode est extrêmement efficace pour aider les gens à sortir de leur cerveau pensant (comme j'explique ce processus) et à s'en faire un outil pour l'étude du subconscient et le rétablissement de ses circuits.

Des psychologues freudiens y ont eu recours, y compris **Carl Jung**, qui est censé avoir écrit *Les Sept sermons aux morts* par écriture automatique quelques semaines à peine après sa rupture avec Freud.

William James (1842-1910) était un psychologue américain, le premier à enseigner la psychologie aux États-Unis à une époque où la science et le spiritisme n'étaient pas aussi étrangers l'un à l'autre qu'ils le sont aujourd'hui. Il est aussi le premier à avoir fait des recherches en parapsychologie (Psi) et à se fasciner pour l'écriture automatique et la canalisation.

Dans son essai « Note sur l'écriture automatique » tiré de *Expériences d'un psychiste*, James parle de l'effet anesthésiant de l'écriture automatique et se demande si une personne ressent pleinement la douleur et la pression quand elle écrit. Il dit : « J'ai testé l'effet anesthésiant de l'écriture automatique sur trois praticiens. Chez l'un, je n'ai remarqué aucun effet entre les périodes d'écriture, mais cet examen était superficiel. Les deux autres, des hommes, m'ont paru totalement insensibles aux piqûres d'aiguilles, aux pincements et possiblement au simple toucher. »

Sidney Dean a été député républicain du Connecticut de 1857 à 1859. Dans une lettre adressée à William James, à Harvard, il prétend écrire à partir de deux cerveaux différents et inclut des symboles et des propos en langues étrangères.

Dean écrit : « L'écriture est de ma main, ce n'est cependant ni mon cerveau ni ma volonté qui dictent le texte, mais ceux d'un autre qui s'exprime sur des thèmes dont j'ignore tout et au sujet desquels j'ai peu de théories. En outre, pendant que la main enregistre la matière et que les mots me pressent de les écrire, je critique consciemment la pensée qui les sous-tend, les faits, le mode d'expression, etc. Si je refuse d'écrire une phrase ou même un mot, l'impulsion s'interrompt sur-le-champ, je dois exprimer mentalement ma volonté de poursuivre avant que le travail reprenne, et il reprend là où il s'était interrompu, fût-ce au beau milieu d'une phrase. Les phrases commencent sans que j'en connaisse la teneur ou la conclusion. De fait, je n'ai jamais su par avance le sujet de la dissertation. »

L'influence de l'écriture automatique tant dans le domaine de la psychologie que dans celui des arts m'a paru évidente à mesure que j'ai approfondi mes recherches historiques. Le surréalisme est né dans les années 1920, en réaction au « rationalisme » du passé, ou, plus simplement, pour cesser d'obéir aveuglément au cerveau rationnel – je dirais aujourd'hui pour puiser à même ses intuitions, voire à même son cœur.

Un des plus célèbres surréalistes qui a fait appel à l'écriture automatique est André Breton, celui que l'on a qualifié de « Père du surréalisme ». Dans son *Manifeste du surréalisme* publié en 1924, on peut lire cette définition : « Je crois à la résolution future de ces deux états, en apparence si contradictoires, que sont le rêve et la réalité, en une sorte de réalité absolue, de surréalité, si l'on peut dire ainsi. »

Selon Breton et les surréalistes, le génie véritable consiste à puiser dans le subconscient et l'imagination, et l'écriture automatique est l'un des moyens d'y parvenir.

Avec l'écrivain français **Philippe Soupault** (1897-1990), Breton a écrit le premier ouvrage surréaliste, un recueil de textes en prose intitulé *Les Champs magnétiques*, qui constitue une application de l'écriture automatique. Il existe d'innombrables exemples d'écriture automatique chez les surréalistes.

Sa variante, le dessin automatique, serait le sujet d'un autre livre et inclurait des géants du surréalisme dans les beaux-arts, notamment **Salvador Dali**, qui peignait en état de transe.

Au-delà du surréalisme, des poètes et des écrivains plus traditionnels ont puisé au moins une partie de leurs œuvres dans l'écriture automatique. L'immense **William Blake** n'est pas le seul poète célèbre à avoir avoué qu'il pratiquait l'écriture automatique (je dis qu'il l'a avoué, car chez combien de poètes certains poèmes n'ont-ils pas été puisés dans leur « inspiration » ?). On ne sait pas si le poète William Butler Yeats (1865-1939) a eu recours à l'écriture automatique dans sa poésie, mais on sait que certains des écrits de sa femme, Georgie Hyde-Lees, proviennent de l'écriture automatique.

On dit que le célèbre médium du dix-neuvième siècle, **Thomas Lake Harris**, a produit une importante œuvre poétique par la pratique de l'écriture automatique. D'autres écrivains célèbres du dix-neuvième siècle auraient aussi eu recours à l'écriture automatique : entre autres, Goethe, Victor Hugo et Victorien Sardou.

L'une des descriptions de l'écriture automatique les plus éloquentes et les plus originales de cette époque nous vient de *Spirit Identity* (1879), de **Stainton Moses** : « Quelque chose a saisi mon avant-bras par le milieu et l'a fait s'agiter violemment de bas en haut avec un bruit comme en font les ouvriers paveurs (qui enfoncent les pavés à coups de marteau). C'était le plus extraordinaire "mouvement musculaire inconscient" dont j'ai jamais fait l'expérience. Je me suis efforcé en vain d'y mettre fin. J'ai très bien senti cette poigne à la fois douce et ferme sur mon bras, et quoiqu'en pleine possession de mes sens et de mes moyens, j'étais impuissant à intervenir, mais les meurtrissures que ma main a subies lors de ces tentatives l'ont handicapée pendant plusieurs jours. »

C'est fascinant, mais selon mon expérience, personne n'a jamais été empoigné, meurtri ou forcé d'écrire (tout le contraire).

L'objet principal de l'écriture automatique a changé. Sauf dans le champ de la psychologie, si de nombreux auteurs du dix-neuvième siècle axaient leur écriture automatique sur la communication avec les esprits des morts, avec l'avènement du mouvement Nouvel Âge au vingtième siècle, cette communication s'est tournée par tous les moyens possibles vers l'Univers dans son ensemble, pas seulement vers l'esprit des personnes décédées. De nombreux auteurs célèbres ont eu l'impression que leurs œuvres leur étaient dictées, sensation qui peut ou non correspondre au principe de l'écriture automatique.

Helen Schucman, canal d'*Un cours en miracles*, **Jane Roberts**, auteure du Matériau de Seth, et même **Neale Donald Walsch**, avec qui je me suis entretenu à ce sujet, font partie de ces écrivains. Walsch m'a dit avoir noté sous la dictée d'une voix la série *Conversations avec*

Dieu, au lieu de l'avoir reçue par l'écriture automatique. C'est difficile à dire ; selon lui, il s'agit d'une dictée, non pas d'écriture automatique. La dictée serait-elle le prolongement de celle-ci ? Puisque j'entends toute la journée la voix de l'écriture inspirée, ce n'est pas simple de savoir où commence et où finit l'expérience de cette forme d'écriture guidée. Vous devrez tirer vos propres conclusions.

De Dickens aux Red Hot Chili Peppers en passant par Baker Street

En 1882, un dentiste a ajouté le sien à d'anciens textes religieux tels que la Bible et le Coran, qui proviennent, du moins en partie, de l'écriture automatique. **John Ballou Newbrough**, un dentiste américain d'origine britannique, a produit par écriture automatique le livre *Oahspe: A New Bible*, une version de la Bible censée contenir « de nouvelles révélations » écrites par « les ambassadeurs des armées des anges du ciel, préparées et révélées à l'homme au nom de Jéhovah ».

Le célèbre romancier **Charles Dickens** est décédé en 1870 sans avoir pu achever son dernier roman, *Le Mystère d'Edwin Drood*. C'était avant que **Thomas Power James**, mieux connu comme TP James, un éditeur de Brattleboro, au Vermont, fasse son entrée. Au dire de James, l'esprit de Charles Dickens, canalisé par écriture automatique, aurait écrit la fin du roman. James a publié l'achèvement de ce roman en 1873 sous le titre *Part Second of the Mystery of Edwin Drood*.

Sir Arthur Conan Doyle, le célèbre auteur des aventures de Sherlock Holmes, était connu pour pratiquer le spiritisme et l'écriture automatique. Il en a même parlé dans *La Nouvelle Révélation* (1919 pour l'édition française). Mais, fait plus intéressant encore, son épouse a un jour invité Houdini à une séance de spiritisme au cours de laquelle elle a transcrit par écriture automatique quinze pages que lui aurait dictées la mère de l'illusionniste.

Beaucoup de mes clients composent des poèmes et des textes de chansons dans leur pratique de l'écriture inspirée (j'en reproduis quelques-uns au chapitre 8), si bien qu'il n'y a pas lieu de s'étonner si c'est aussi le cas de nombreux artistes professionnels. En tête de liste, il y a **David Byrne**, qui parle de la pratique de l'écriture inspirée dans le magazine *GQ*. Curieusement, il a même subi l'influence d'un autre poète et praticien de l'écriture automatique, **William Blake**, dans certains albums, tel *Utopia*.

Van Morrison est un autre musicien qui admet faire appel à l'écriture automatique dans son travail. Il explique dans le *New Yorker* comment il s'en est servi pour son album *Astral Weeks*. Mais ce qui me fascine le plus est le fait qu'un groupe expérimental composé de plusieurs membres des **Red Hot Chili Peppers** a intitulé son premier album *Automatic Writing* et son second, *AW 2*.

L'ancienneté de l'écriture automatique, de même que l'utilisation qu'en ont faite des psychologues et des sages, des musiciens, des artistes et des écrivains, et le fait que cette pratique soit si peu connue et utilisée par le grand public, voilà qui ne cesse de m'étonner.

Que je l'aie su ou non, mon but était de me tenir sur les épaules de géants pour diffuser partout et auprès de tous cette technique à la fois très ancienne et plus nouvelle que jamais, pour que tous puissent connaître la merveilleuse expérience de l'écriture inspirée. Je vous laisse imaginer à quel point il serait bon de vivre ici-bas si chacun de nous pouvait communiquer avec sa sagesse intérieure ou avec quelque chose de plus grand que soi.

7 | *Ce que dit la science...*

Savez-vous que le cerveau se modifie durant la pratique de l'écriture inspirée ? Je ne suis pas un neuroscientifique, mais puisque ce sujet me passionne, je me suis entretenu avec certains des plus grands spécialistes en la matière dans le cadre de mon balado. Je leur ai demandé d'expliquer ce phénomène. Ce qui suit est un résumé de leurs travaux.

Nous savons que le cerveau se modifie, car ces changements sont perceptibles. Voici comment. La tomographie par émission de photon unique, ou TEM (semblable au tomodensitogramme que vous connaissez déjà), est l'un des procédés scientifiques les plus chouettes. Ce qui rend ce procédé si sympathique à mes yeux est qu'il permet d'observer le fonctionnement du cerveau pendant le processus même de l'écriture inspirée.

Techniquement parlant, il est possible d'identifier les zones du cerveau que cette pratique active, celles qu'elle met hors tension et les changements à long terme qui se produisent.

Il est certain que de plus amples recherches sont nécessaires, mais le Dr Andrew Newberg est un pionnier de l'étude des rapports entre la spiritualité et le cerveau. C'est mon idole.

Il a publié en 2012 une étude touchant dix praticiens de l'écriture automatique, les psychographes brésiliens (son appellation). Cinq d'entre eux avaient une vaste expérience de cette forme d'écriture et cinq ont été qualifiés de « médiums moins expérimentés ». Les résultats obtenus sont fascinants. J'inclus pour vos amis que la science passionne un lien vers cet article scientifique soumis à un examen par les pairs (voir les Ressources).

Pour résumer l'expérience du Dr Newberg, la TEM du lobe frontal (la région du cerveau qui régit le raisonnement et l'écriture) montre que le cerveau des praticiens ayant une longue expérience de l'écriture automatique se transforme pendant le processus d'écriture.

« Essentiellement, m'a dit le Dr Newberg, nous avons constaté que chez les praticiens possédant une vaste expérience (de l'écriture automatique), certaines régions du cerveau connaissent alors une baisse d'activité, notamment celles qui régissent le langage, soit le lobe temporal et certaines parties du lobe frontal. »

La phrase suivante devrait être lue par les lecteurs qui préfèrent passer outre à ces réflexions scientifiques : **En gros, des études montrent que les praticiens expérimentés de l'écriture automatique ne se servent pas de leur cerveau pensant pour trouver les mots qui s'écrivent sur la feuille de papier.**

Pour les autres, ceux qui désirent creuser davantage l'aspect scientifique de cette question, permettez que je présente ici mes deux spécialistes : le Dr Andrew Newberg est directeur de la recherche au Marcus Institute of Integrative Health de l'université Thomas Jefferson, à Philadelphie. Dean Radin, que je citerai plus tard, est scientifique en chef à l'Institut des sciences noétiques et un chercheur de pointe dans le domaine de la parapsychologie. Ils ont tous deux été mes invités dans le cadre de mon balado. Je vous invite à écouter ces entretiens en les puisant dans les archives de notre site Internet : www.InspireNationShow.com.

Le cerveau pendant l'écriture inspirée

En temps normal, certaines régions du cerveau sont activées quand vous écrivez. On sait qu'elles sont activées puisque l'irrigation sanguine de ces zones est mesurée par la tomographie. Le plus fascinant est que les zones cérébrales activées au moment de l'écriture courante sont mises hors tension pendant l'écriture automatique ou inspirée. Le lobe temporal est l'une d'elles.

Le lobe temporal et certaines parties du lobe frontal sont responsables du langage. Comme le dit le Dr Newberg : « [Le lobe temporal] intervient lorsqu'on traite le langage, qu'on pense au langage et qu'on y réfléchit. » Il ajoute qu'on s'attend à ce qu'il soit activé pendant l'écriture courante, mais que, chez les canalisateurs expérimentés, c'est tout le contraire qui se produit ; on constate une diminution de l'irrigation sanguine dans le lobe temporal.

Pourquoi l'activité du lobe temporal et du lobe frontal diminue-t-elle pendant l'écriture automatique ou inspirée ? La science n'apporte pas encore d'explication à ce phénomène, mais j'ose avancer que c'est parce que ce langage ne vient pas de nous. Il prend sa source hors de nous ou à l'intérieur de nous, mais pas dans le cerveau pensant.

L'hippocampe intervient dans la mémoire consciente. On pourrait donc s'attendre à ce que cette région du cerveau s'active lors de la tenue d'un journal ou lorsqu'on rédige quelque chose de mémoire. Encore une fois, cependant, l'étude menée par le Dr Newberg sur des psychographes montre que l'activité de l'hippocampe diminue pendant l'écriture automatique ou inspirée, comme celle des lobes temporal et frontal.

Qu'est-ce que cela peut bien vouloir dire ? Cela veut dire que l'écriture inspirée ne provient pas de la mémoire opérationnelle, que ses mots nous viennent d'ailleurs. C'est tout à fait logique. En effet, la tenue d'un journal est le fait de la mémoire consciente, tandis que l'écriture inspirée puise à une autre source.

J'ai interviewé récemment Kyle Gray, auteur de huit ouvrages sur les anges et de quatre jeux de cartes oracles pour communiquer avec eux. Nous parlions de clairsentience, c'est-à-dire de la perception par l'émotion des messages de l'Univers. C'est à bien des égards ce qui se passe lors d'une expérience d'écriture inspirée. J'extrapole un peu en me basant sur les données disponibles, mais il semble bien que les messages captés par les psychographes de l'étude du Dr Newberg aient eu leur origine dans les régions du cerveau qui sont liées aux émotions plutôt que dans celles qui régissent le langage et la parole.

Un aspect que je trouve fascinant concerne la circonvolution frontale ascendante et le cortex cingulaire antérieur. Ces deux régions cérébrales jouent un rôle dans les processus de l'attention et dans la régulation de divers processus cognitifs. En gros, on pourrait s'attendre à ce que ces régions montrent de l'activité quand on est concentré et attentif.

Voilà précisément ce qui avait lieu chez les nouveaux venus à l'écriture automatique qui se « concentraient » sur le processus de l'écriture inspirée. Ces zones étaient en activité. Mais chez les praticiens expérimentés, capables de désamorcer leur concentration ou de ne pas se concentrer, ces zones avaient été mises hors tension.

Le Dr Newberg a également abordé les effets d'une pratique assidue. Comme lorsqu'on apprend à jouer du piano, il faut beaucoup se concentrer au début, mais avec de la pratique, on développe des automatismes et certaines parties du cerveau commencent à ralentir leur activité.

Dans mon coaching, une de mes spécialités est le rétablissement des circuits du subconscient. En ce sens, on peut dire que je suis un alchimiste puisque j'aide mes clients à transformer de l'énergie. La pensée est justement une énergie qui se manifeste en nous, qui nous domine à notre insu.

Au dire du Dr Newberg, que des pensées nous arrivent pendant la méditation, l'écriture inspirée ou un état de transe, leur pratique assidue qui met le lobe frontal hors tension est l'occasion pour l'individu de restructurer son cerveau et ses modes de pensée. Autrement dit, plus nous entrons dans l'écriture inspirée ou dans un état proche de la transe, plus nous pouvons remanier les circuits neuronaux.

L'état de flow *qui facilite l'écriture inspirée*

Depuis que Jessica et moi avons mis au point notre programme de course de pleine conscience (www.MindfulRunning.org), l'état de *flow* – ou comme le disent les athlètes, « le fait d'être dans la zone » – est un sujet qui nous fascine.

Dans le *flow*, on perd toute notion de temps, l'esprit est parfaitement calme, on a l'impression qu'on ne peut pas se tromper. Pensez à Michael Jordan ou à ses plus récents contemporains quand ils marquent au tout dernier moment le point gagnant de la partie ou du championnat. Il n'y a pas un bruit, le temps s'est arrêté, ils sont tout entiers absorbés par cette expérience.

Cet état de *flow* peut être déclenché par des mouvements répétitifs, par l'attention portée sur la respiration, par des mouvements de côté... bref, ses déclencheurs sont infinis. En ce qui me concerne, il se manifeste quand je fais de la course à pied, du vélo et surtout du patin (par exemple, il est possible de déclencher cet état mental en se concentrant sur notre respiration et sur le bruit de nos pas quand nous courons).

L'écriture inspirée est aussi très efficace pour atteindre cet état de *flow*. Vous perdez la notion du temps, vous vous sentez en paix, vous ne faites qu'un avec le monde qui vous entoure (le lobe pariétal est mis hors tension), vous existez. On ne conjugue pas d'habitude l'expérience de l'écriture inspirée et le mouvement, mais il existe une curieuse occurrence de cette alliance.

Permettez que je retourne en arrière. Mes deux sports préférés sont le patinage de vitesse et le ski de style libre. Dans ces deux disciplines, le mouvement de balancier du corps contribue à me faire entrer dans la zone, à atteindre l'état de *flow*. Selon moi, il est possible de reproduire ce mouvement dans le processus d'écriture inspirée. Quand je m'asseyais dans un vieux fauteuil à large appuie-tête que Jessica utilisait à l'université, ma tête se balançait de droite à gauche. Avec tout le respect que je dois à l'un des plus grands artistes qui aient jamais existé, quand je tapais sur le clavier de mon ordinateur en faisant de l'écriture inspirée, je ressemblais un peu à Stevie Wonder (je le canalisais peut-être).

Le Dr Newberg signale que de tels mouvements peuvent induire un état de *flow*, ou l'état second de l'écriture inspirée. Il évoque aussi les danseurs soufis : « Que les mouvements soient rapides, comme ceux des danseurs soufis, ou plus lents, ils peuvent affecter différentes régions du cerveau en fonction des circonstances. » Curieusement, puisque c'est aussi le cas des tout petits gestes, on peut entrer dans cet état mental en tenant le stylo, tout simplement.

Il se pourrait que le fait de tenir un stylo engage la personne qui écrit dans une sorte de voie ultrarapide de fibres nerveuses myélinisées (un peu comme le sillon continu d'un disque vinyle) qui la propulse dans la béatitude ou un état supérieur de conscience.

Nous avons pu constater qu'il suffit à certaines personnes de prendre un stylo et d'écrire quelques prières pour atteindre le *flow*, comme si tout le temps passé à pratiquer l'écriture inspirée avait entraîné leur cerveau à les placer rapidement dans cet état mental très particulier.

Quand j'en ai fait la remarque au Dr Newberg, il m'a répondu : « En se mettant à écrire, les praticiens expérimentés de l'écriture inspirée ont atteint l'état de *flow* et mis hors tension les zones correspondantes de leur cerveau beaucoup plus rapidement que les débutants, et sans doute même plus vite que les méditants d'expérience. »

Cet état de *flow* est présent dans l'expérience de l'écriture inspirée et on a constaté qu'en y entrant, on peut se trouver très profondément en phase plus rapidement que par la méditation. Moi qui médite depuis toujours, même après avoir passé des heures et des heures assis sur un coussin je n'ai jamais reçu de messages « téléchargés » aussi profonds dans mes méditations les plus intenses que dans ma pratique de l'écriture inspirée.

Ce qui me fascine le plus, c'est que la méditation semble accroître l'activité du lobe frontal, tandis que l'écriture inspirée la ralentit. Le Dr Newberg pose l'hypothèse voulant que la différence entre ces deux approches, ce qu'il appelle « les hauts et les bas », contribue sans doute à stimuler les expériences profondes, les épiphanies ou même l'éveil.

L'écriture inspirée peut-elle conduire à l'éveil ?

Dans un entretien récent avec le Dr Newberg, il a été question des certains concepts mis de l'avant dans son livre intitulé *How Enlightenment Changes Your Brain*. Il m'a fait part de ce qui suit :

> Quand vous volez à près de 805 km/heure, à quel moment le ressentez-vous ? Au décollage et à l'atterrissage, car c'est à ce moment qu'ont lieu les changements et les mouvements de l'appareil. Il en va de même pour le cerveau. L'important n'est pas tant le fait que le cerveau est trop actif ou pas assez actif, mais l'instant du changement (ou de la descente) quand, d'hyperactif, il devient hypoactif. Vu sous cet angle, cela peut nous venir en aide. La méditation elle-même n'est pas l'éveil, mais de toute évidence certaines personnes méditent pendant des années pour atteindre l'éveil, et il se pourrait que le changement, la descente et la portée de cette descente conduisent à une expérience de cette nature.
>
> Cela pourrait rendre les gens plus susceptibles de vivre de tels moments – comme dans l'exemple de l'avion. Je crois qu'un certain nombre de preuves démontrent, mais pas à cent pour cent, qu'une pratique comme la méditation (ou l'écriture inspirée) peut préparer le cerveau à une telle expérience.

Cela me paraît sensé, car je sais que l'écriture inspirée induit une expérience mystique chez beaucoup de gens. Il se pourrait que l'ampleur du changement, plus particulièrement celui qui se produit à la sortie d'une méditation profonde, soit le déclencheur de ces « épiphanies », de cet « éveil ».

Je n'avais jamais auparavant envisagé l'écriture inspirée comme un parcours d'éveil, quelle que soit la signification que l'on donne à cette expression, mais cela soulève une question intéressante : est-il possible de vivre une expérience profondément spirituelle ou mystique par la pratique de l'écriture inspirée ? Ce que j'en ai vu m'incite à répondre par un « oui » catégorique.

Le Dr Newberg et moi avons discuté de la privation sensorielle qu'entraîne l'expérience de l'écriture inspirée. En d'autres termes, comment le fait de mettre hors tension certaines zones du cerveau peut-il induire une expérience spirituelle ? Il est certain que, dans l'écriture inspirée, on garde les yeux entrouverts pour écrire et on écoute de la musique binaurale de programmation des ondes thêta, mais ce processus n'est centré ni sur l'extérieur ni sur l'intérieur ; il constituerait plutôt une absence totale de stimulation des sens – une privation sensorielle.

Vous êtes-vous déjà enfermé dans un caisson de privation sensorielle ? Certains des modèles les plus populaires sont des caissons de flottaison dans lesquels l'utilisateur reste en suspension dans de l'eau additionnée de sel d'Epsom pendant environ trente minutes, dans un silence absolu, sans que rien ne vienne stimuler ses sens. Quand le cerveau perçoit quelque chose que ni la vue, ni l'ouïe, ni le toucher ne suscitent, il est possible, en effet, de vivre une expérience hors de ce monde.

C'est précisément ce qui est recherché dans l'expérience de l'écriture inspirée, la perception de ce « je-ne-sais-quoi » qui provient de plus loin que le cerveau pensant. Le Dr Newberg ne sait affirmer avec certitude si cela provient du dedans ou du dehors, mais nous avons envisagé la possibilité que le cerveau soit le récepteur des pensées de quelqu'un d'autre.

Je dis souvent que la voix de l'écriture inspirée se fait entendre de plus en plus clairement avec la pratique, et que l'on en vient à l'entendre non seulement quand on écrit, mais en tout temps. J'explique plus en détail dans le chapitre 15 comment on écrit sans écrire. Lorsqu'on vit une expérience d'écriture inspirée, on reconfigure les circuits neuronaux.

Comme le dit le Dr Newberg dans son livre *How Enlightenment Changes Your Brain* : « Les circuits neuronaux se transforment avec le temps. » Nous avons discuté des effets plus permanents de cette expérience et des transformations qu'elle a apportées à la spiritualité de certaines personnes, à leur peur de la mort, à leurs relations et à leur vie professionnelle. Un des aspects les plus intéressants qu'aborde la neuroscience consiste à déterminer si, après une expérience momentanée qui comporte de profondes épiphanies, le cerveau s'est modifié. Ces expériences qui durent parfois quelques secondes, parfois plusieurs minutes, semblent transformer en profondeur la façon de penser d'un individu. »

On suppose que, d'une certaine façon, de telles expériences reconfigurent le cerveau sur le coup en lui donnant la possibilité d'accéder à de nouveaux circuits ou à des circuits préexistants qui n'avaient jamais été connectés à ses zones actives. Que ces expériences d'éveil aient lieu sur une longue période (par exemple, en méditant plusieurs heures par jour pendant des années), de façon momentanée ou en frôlant la mort, comme cela a été mon cas, l'écriture inspirée peut prédisposer le cerveau à l'éveil.

Le Dr Newberg a fait état d'une étude ayant mesuré le taux de dopamine (un neurotransmetteur associé au plaisir) chez des participants à une retraite spirituelle. Leur taux de dopamine a été évalué avant et après leur retraite. Les résultats ont montré que l'action de la dopamine sur le cerveau était différente après. Certains sens se sont révélés plus sensibles que d'autres aux effets de cette substance chimique. La retraite avait-elle provoqué un certain éveil chez les participants ? Ou les pratiques spirituelles, avaient-elles préparé leur cerveau à l'éveil ?

On ne peut que formuler des hypothèses.

Face à toutes ces éventualités, votre cerveau doit vous donner des maux de tête. Voici donc une expression bien connue à méditer : je-me-moi. Le lobe pariétal, c'est-à-dire la région du cerveau associée à l'auto-identification, est ce qui correspond au je-me-moi – autrement dit, à l'ego.

Qu'est-ce que cela signifie ? Que le praticien expérimenté de l'écriture inspirée éprouve un sentiment plus profond de connectivité et un sentiment moins prononcé de sa propre importance (la tomographie montre une irrigation sanguine réduite du lobe pariétal, c'est-à-dire de la région du cerveau qui correspond à l'ego) pendant le processus d'écriture inspirée. Vous vous souviendrez que j'ai expliqué le rôle de l'ego dans cette forme d'écriture intuitive.

Mais le plus fascinant, sans doute, est qu'avec le temps les praticiens (sujets de l'étude du Dr Newberg, en tant que principale pièce à conviction) peuvent s'accorder plus rapidement à ce schéma cérébral différent que j'appellerai le rythme thêta. On peut supposer que le praticien atteint cet état en partie grâce au rituel et à une pratique assidue. Il est probable que le rituel creuse dans le « disque vinyle » du cerveau de nouveaux sillons qui accélèrent l'accession à l'état second de l'écriture inspirée.

J'espérais que le Dr Newberg puisse percevoir l'activité des centres « spirituels » du cerveau, notamment la glande pinéale, car j'aime à penser que le cerveau agit comme un récepteur pendant l'écriture automatique. Malheureusement, aucune recherche spécifique n'a été entreprise à ce jour dans ce domaine.

Le Dr Newberg a constaté un autre élément clé dans le cadre de ses recherches, à savoir que chez les personnes ayant une vie spirituelle active, notamment les méditants ou les praticiens de l'écriture inspirée, le cerveau est de 50 pour cent plus épais que chez celles qui ne méditent pas ou ne pratiquent pas l'écriture guidée.

D'où vient la créativité ?

Nous n'écrivons pas de la même façon quand nous faisons l'expérience de l'écriture inspirée, ainsi que l'ont constaté quelques praticiens de cette écriture. Nous composons des poèmes, des paroles de chansons ou même de la musique – hélas ! je n'ai pas encore pondu une chanson à succès. D'un point de vue scientifique, on peut se demander d'où ces idées nous viennent.

Dean Radin, un chercheur de pointe dans le domaine de la parapsychologie, nous apporte un début de réponse. Incidemment, la parapsychologie est l'étude des phénomènes paranormaux, y compris les expériences de mort imminente. Une notion très répandue veut que bien peu de preuves démontrent la validité de la parapsychologie, mais c'est tout le contraire. Plus que presque tout autre domaine des sciences, elle est étayée par de solides preuves scientifiques et une quantité de données et statistiques. Mais il est très difficile de mettre fin à la fausseté bien ancrée selon laquelle nous ne serions que ce que nous percevons, ou que nous proviendrions d'un univers strictement matérialiste, même quand la physique quantique à elle seule démontre le contraire. (J'aborde également cette question lors de plusieurs entretiens exceptionnels dans le cadre de mon balado *Inspire Nation* avec Amit Goswami, qui a contribué par un important témoignage au film *Que sait-on vraiment de la réalité ! ?*)

Ces entretiens sont disponibles à l'adresse suivante : www.InspireNationShow.com.)

Pour résumer les principaux arguments que Dean Radin a soulevés dans notre entretien, je dirais que n'importe quel processus méditatif vous est utile dans tous les domaines de la vie, puisqu'il contribue au contrôle de la concentration. Fait encore plus important, la pratique d'un processus intuitif tel que l'écriture inspirée permet de cultiver l'intuition dans tous les champs de l'existence, de la développer et de la rendre accessible ailleurs que dans l'écriture inspirée.

Dean Radin a souligné le travail de Daniel Kahneman, professeur de psychologie à Princeton, dont l'ouvrage phare intitulé *Système 1, système 2 : les deux vitesses de la pensée* souligne la différence entre penser vite et penser lentement. Penser vite, c'est être capable de puiser à même son intuition, son ressenti immédiat, ses prémonitions (facultés que l'écriture inspirée contribue à développer). Penser lentement, c'est engager toutes ses aptitudes analytiques, passer chaque idée au crible de la logique.

D'où nous viennent ces pensées ? Dean Radin suppose que, comme dans le cas de presque tous les dons psychiques, les pensées émergent de l'inconscient. Par conséquent, si quelqu'un dit avoir une intuition, cela signifie qu'il a connaissance d'une chose sans savoir comment il en a eu connaissance.

Selon lui, deux types d'information font surface : la connaissance acquise, même lorsqu'on l'a oubliée (aller à vélo, par exemple), et les prémonitions. Il ajoute que « ces deux aspects sont si intimement liés qu'il est virtuellement impossible de les dissocier ». Mais il poursuit en disant qu'avec de la pratique (par exemple, par l'écriture inspirée), on peut apprendre à cultiver son intuition.

Selon Dean Radin : « Si tout cela émerge de l'inconscient et que vous vous y plongez, vous vous améliorerez par la pratique. Non seulement remarquerez-vous sans peine les manifestations spontanées de l'intuition, mais vous saurez plus facilement y accéder en toute conscience. »

Autrement dit, plus vous plongez profondément dans une pratique comme celle de l'écriture inspirée, plus s'affirme votre sensibilité aux manifestations de l'intuition et plus vous les percevez aisément. En guise d'exemple : quand vous avez appris à reconnaître un chant d'oiseau, vous l'entendez partout.

Quand vous puisez de plus en plus à votre intuition et que vous vous exercez à la percevoir, il devient plus facile d'entrer en contact avec elle en toute conscience et de bénéficier de ses conseils. C'est un peu comme si vous communiquiez plus facilement avec l'oiseau de tout à l'heure et que vous l'appeliez en vous.

Dean Radin a dit en outre que la méditation développe l'aptitude à puiser à même l'intuition. « Plus vous entrez profondément dans le cerveau, plus vous vous rapprochez de l'état normalement associé à la perte de connaissance. »

J'ai demandé à Dean Radin si, selon lui, n'importe qui peut canaliser ou être clairvoyant. « Il faut se demander, a-t-il répondu, si une personne ayant un intérêt quelconque pour l'écriture inspirée pourrait être formée au point de devenir un canal très expérimenté. Je dirais oui et non. Oui, elle s'améliorera. On s'améliore toujours à force de pratique, mais pour *exceller* à quoi que ce soit, il faut aussi du talent. Qu'est-ce qui différencie l'individu A de l'individu B ? Le premier a du talent et l'autre, non. Quelle est l'ampleur de ce talent ? On l'ignore. Une composante génétique ou d'autres composantes entrent peut-être en jeu. À vrai dire, nous n'en savons rien. »

Mais il ajoute que la plupart des gens (sans doute pas tous) peuvent améliorer leurs aptitudes psychiques et intuitives, notamment leur aptitude à entendre (la clairaudience) et à voir (la clairvoyance).

Qu'est-ce que tout cela signifie ? Cela signifie que, plus vous vous exercerez à entrer toujours plus profondément dans l'inconscient, plus vous réussirez et plus vous saurez accéder en toute conscience à la sagesse qui se dissimule en vous.

Sachez donc avec certitude que votre sagesse et l'expérience de l'écriture inspirée ont des assises dans la science.

8 | Réponses aux questions que vous vous posez au sujet de l'écriture inspirée

Je sais que l'écriture inspirée suscite en vous beaucoup de questionnements. Je sais que vous aurez sans doute envie d'en modifier le rituel et le déroulement au bout d'un certain temps. Je sais que vous vous demandez aussi si ce processus produit des résultats.

Vous trouverez dans ce chapitre les réponses aux interrogations les plus fréquentes des praticiens.

Commençons par la grande question qu'on me pose presque inévitablement à chaque séance de formation : est-il possible de taper sur un clavier au lieu d'écrire à la main? Rappelez-vous qu'aucune règle ne régit cette pratique. Vous pouvez, bien sûr, taper sur un clavier. En plus de répondre aux questions concernant le clavier ou le stylo, j'aborde ici le recours à un journal spécifique (ou non). Surtout, nous explorons le sens des mots, la communication et le maintien à distance de l'ego.

Permettez qu'en guise de préambule je laisse parler Marlene, une praticienne de l'écriture inspirée : « Mon expérience de l'écriture automatique m'a propulsée dans des espaces de bonheur et de paix, m'a-t-elle dit. Je me sens en symbiose avec la vie, la nature, l'Univers. Ces moments sont des plus agréables. » Elle a trouvé les mots suivants dans ce type d'écriture : « Les étoiles me connaissent. Les montagnes me connaissent. Les nuages et le vent me connaissent. »

Voici comment elle décrit ce processus : «Je suis plongée dans une profonde introspection qui m'oblige à très bien me connaître et à regarder plus loin en l'autre. J'ai découvert une perle de sagesse quand j'ai écrit ceci : "Quand tes mots ou tes croyances me dérangent, je me vois parfois cachée dans les recoins les plus reculés de mon miroir."»

J'espère que vous irez aussi loin que Marlene dans l'écriture automatique. Voici maintenant mes réponses à vos questions.

Puis-je me servir d'un clavier au lieu d'écrire à la main ?

Je conseille toujours de commencer par l'écriture manuscrite, mais il y a quelques exceptions. Dans les deux cas suivants, servez-vous d'un clavier : si l'arthrite ou une douleur associée à toute autre maladie vous empêche de tenir un stylo; et si, en raison d'une mauvaise coordination oculo-manuelle, vous éprouvez de la difficulté à former les lettres.

N. B. : Je ne parle pas ici de belle écriture. L'écriture inspirée est néfaste pour une belle écriture. Il y a dans ce livre des exemples tirés de journaux intimes qui feraient dresser les cheveux sur la tête des instituteurs de quatrième année. La joliesse de votre écriture devrait être le cadet de vos soucis. Si elle est à peine lisible, cela montre que vous faites les choses correctement. En règle générale, moins elle est lisible, mieux c'est.

Une troisième exception s'ajoute aux deux premières : si, comme moi, vous êtes dyslexique et que vous intervertissez les mots, vous gagneriez sans doute à vous servir d'un clavier.

À vrai dire, je tape sur un clavier, même si, au début, j'écrivais à la main comme je le conseille encore. Voici pourquoi je me sers d'un clavier.

J'avais des difficultés d'apprentissage au primaire. Non seulement avait-on diagnostiqué une hyperactivité, mais j'avais aussi énormément de mal à écrire mes devoirs à la main. J'intervertissais les lettres ou je les renversais. Le mauvais ordre des mots rendait mes phrases confuses, et ainsi de suite. En quatrième année, ma mère m'a prêté une vieille machine à écrire qui a tout chamboulé. Ma mère a aussi masqué les touches pour que je ne triche pas en regardant les lettres.

Avant l'avènement des ordinateurs, j'ai été le premier élève de mon école élémentaire à maîtriser la dactylographie avec doigté, et le seul qui dactylographiait ses devoirs. Et voilà que mes travaux ont commencé à me valoir d'excellentes notes, sans doute du simple fait de les taper à la machine.

Par besoin ou par simple préférence, vous choisirez peut-être de pratiquer l'écriture inspirée avec un clavier plutôt qu'avec un stylo. Voici quelques trucs et astuces que j'ai développés en écrivant à l'ordinateur.

Quelques conseils pour faire de l'écriture inspirée à l'ordinateur

J'ai constaté que la luminosité d'un écran d'ordinateur est beaucoup trop intense et stimulante dans une pièce sombre et silencieuse quand on est encore ensommeillé. La solution est simple : diminuez la luminosité de l'écran.

Un logiciel téléchargeable gratuitement peut vous y aider – f.lux (voir les Ressources). Ce logiciel compatible avec Mac et PC a été conçu pour tamiser la luminosité de l'écran la nuit afin d'éviter une surexposition à la lumière bleue. Non seulement celle-ci est néfaste pour la vision, mais elle stimule le cerveau pendant l'écriture.

Le logiciel f.lux filtre la lumière bleue, facilitant ainsi le sommeil après une exposition à un écran d'ordinateur et réduisant la fatigue oculaire pendant la journée. Même si vous ne vous servez pas de l'ordinateur avant d'aller dormir, recherchez l'option intégrée à votre appareil qui filtre la lumière bleue de l'écran pour réduire la fatigue oculaire. Pour l'iPhone et l'iPad, cette option se trouve dans les réglages, à « Affichage et luminosité ».

Je me sers aussi d'un écran BenQ, qui filtre la lumière bleue. Mes yeux me sont très reconnaissants de bénéficier d'une double protection.

Mais la réduction de la lumière bleue n'est pas suffisante pour l'écriture inspirée. F.lux a une particularité très intéressante, le mode « chambre noire » (*darkroom mode*), conçu à l'origine précisément pour les chambres noires des photographes : il était alors possible d'y travailler à l'ordinateur sans exposer les pellicules photo. L'ordinateur n'émet ainsi pas de lumière visible, puisque l'écran est noir et rouge. Pas de blanc, pas de bleu, aucune couleur vive.

Ainsi, vous pouvez taper sur le clavier sans être surstimulé ou réveillé par un écran trop lumineux. La lumière tamisée et le changement de couleur vous aident à rester dans un demi-sommeil et à taper les yeux fermés ou mi-clos.

Personnellement, je vais encore plus loin puisque j'écris les yeux fermés, bien que je jette un coup d'œil à mes doigts de temps à autre pour m'assurer qu'ils se posent sur les bonnes touches. Veillez à ce qu'une fenêtre ne s'ouvre pas inopinément, surtout si vous utilisez Goodle Docs ; vous pourriez constater que vous avez tapé en vain sur une fenêtre de calendrier et perdu tout le contenu de votre séance.

Il est extrêmement important que les doigts soient bien positionnés. Sans quoi, vous obtiendrez « vtsxy eritf eotfd nrvusdr youy hinhrtd str noy ppydiyiond yihhy », bref, ce que mes chats écriraient s'ils se promenaient sur mon clavier comme ils le font souvent. En principe, des traducteurs sont capables dans certains cas de sauver votre charabia si vos doigts ne se posent pas sur les bonnes touches, mais il est beaucoup plus simple de vous assurer de temps en temps que tout est conforme.

Il y a plusieurs années, une ancienne employée de Google et d'Apple qui participait à une de mes formations m'a coupé le souffle en me suggérant d'écrire dans Google Docs, en gros, dans le nuage. Après avoir surmonté ma peur de découvrir tous mes textes en ligne ou dans Google, je me suis ouvert à cette magie. Voici pourquoi. Quand vous archivez votre écriture inspirée et que, plus tard, vous voulez lire vos textes sur tel ou tel sujet – par exemple, sur votre entreprise –, vous n'avez qu'à entrer quelques expressions et mots clés présents dans vos documents.

Supposons que vous vous souvenez d'avoir écrit un texte concernant un déménagement, mais que vous en avez oublié le contenu et la date. Vous faites une recherche en tapant le mot « déménagement » dans le dossier Écriture inspirée de Google Docs et vous attendez de voir se qui se présentera. Mieux encore, vous avez rêvé d'un aigle, l'interprétation que vous en a donnée l'écriture inspirée était formidable, et voilà que vous voyez un aigle dans la vraie vie. Allez dans vos Google Docs et retracez ce rêve. Votre aptitude à classer et à utiliser ce que vous avez écrit ou à retrouver un rêve ou une idée reçue par l'écriture inspirée atteint une efficacité encore jamais vue.

Les inconvénients du clavier

Le clavier présente quelques inconvénients. D'abord, il vous impose une étape préparatoire supplémentaire. Il est parfois plus difficile de s'habituer à une nouvelle routine quand on additionne les paliers ou les obstacles psychologiques. C'est bête, mais quand vous tapez sur un clavier vous devez d'abord allumer l'ordinateur ou la tablette et attendre que l'appareil démarre. Vous devez ensuite lancer votre logiciel de traitement de texte préféré si vous ne l'avez pas fermé à la fin de votre dernière séance. Que vous utilisiez Microsoft Word ou Google Docs, vous devez y faire glisser la souris, cliquer, et attendre l'ouverture de l'application. En fonction de la vitesse de votre ordinateur et de vos aptitudes technologiques, ces étapes peuvent allonger le processus de quelques minutes.

Mais si vous écrivez à la main dans un journal comme le fait Jessica, vous n'avez qu'à ouvrir un cahier et prendre un stylo. Elle s'y met presque instantanément. À vrai dire, elle ne se lève même pas. Elle se réveille, va vite faire un tour à la salle de bains, revient, médite et écrit, toujours dans le cocon où elle a dormi. Rien de plus simple.

Tout appareil connecté à Internet vous incitera à consulter vos courriels, vos médias sociaux, les actualités, ou à répondre aux tintements, aux sonneries et aux fenêtres flash qui vous alertent et distraient votre attention. Quand cela se produit, non seulement vous vous réveillez, mais le contenu de cette lecture peut aussi faire dévier votre esprit. Veillez à éteindre toutes les alertes la veille, avant d'aller au lit.

Jessica tape vite à la machine, mais c'est quand elle écrit à la main que les mots les plus profonds et les plus sages lui parviennent. Aussi, je vous conseille de commencer par l'écriture manuscrite pour voir ce qu'il en est. Engagez-vous fermement à en faire l'essai pendant trente jours. Si vous respectez quotidiennement cet engagement, vous tenez la clé de la réussite.

À vrai dire, le processus kinesthésique sensible que représentent le contact du stylo avec la main et le mouvement de la main sur la page a quelque chose de magique. Il m'est plus facile dès le départ d'entrer ainsi dans l'expérience de l'écriture inspirée. En outre, le contact tactile du stylo avec le papier et la vue des mots qui défilent sur la page rehaussent ma créativité. Quand j'écris ainsi, le résultat est chaotique, mais si agréable.

La création de quelque chose de concret à partir de rien est très stimulante – je veux dire, noircir des feuilles de papier et des pages de journal par l'écriture inspirée. Le résultat est si palpable et si vrai que le simple fait de relire ces pages, de les feuilleter peut en soi constituer une expérience mystique.

Un dernier inconvénient de l'écriture à l'ordinateur est celui-ci : un des moments magiques de l'écriture manuscrite a lieu chaque fois que la main dans son geste croise l'axe du corps. Ce mouvement répétitif est censé faciliter la jonction des hémisphères cérébraux et vous faire entrer plus profondément dans l'état de *flow* ou la zone. De toute évidence, la main ne croise pas cette ligne médiane quand vous tapez sur un clavier.

Essayez d'écrire à l'ordinateur et voyez si cela vous convient. Certaines personnes ont plus de facilité au clavier. Mais vous pourriez constater au bout d'une semaine ou deux que cette solution ne vous convient pas, et vous voudrez revenir à l'expérience sensible et plus kinesthésique du stylo et du journal.

Les deux méthodes – clavier ou écriture manuscrite – peuvent produire le même résultat. On peut voir les deux côtés de la médaille et en constater les possibilités. Je pense cependant que l'écriture manuscrite possède une richesse particulière, que le fait de coucher des mots sur le papier engendre une énergie, une signature énergétique absente de l'expérience numérique ou que celle-ci nous fait perdre. C'est pourquoi je vais toujours vous conseiller d'écrire autant que possible à la main, ou tout au moins d'en faire l'essai pendant quelques semaines avant d'opter pour le clavier de votre ordinateur.

Faut-il un modèle spécifique de journal ?

Je conseille fortement l'acquisition d'un cahier très attrayant. Le journal de Jessica est très épais et lourd, relié, et présente des dragons en cuir repoussé sur la couverture. Des dragons ! Elle ne pouvait trouver mieux. Quand des dragons, ou quoi que ce soit d'aussi stimulant, vous tiennent ainsi compagnie, vous avez l'impression d'écrire des formules magiques dans un grimoire trouvé sur les rayons de la bibliothèque du *Seigneur des anneaux* ou de *Harry Potter*.

Évidemment, pareille extravagance n'est pas indispensable. Je ne suis pas naturellement porté à la consommation, et les solutions écologiques me plaisent davantage. Un journal végan de beaucoup de pages me convient tout à fait, et tant mieux s'il est fait de papier recyclé. Je me suis même servi de simples cahiers en noir et blanc. Bien sûr, les miens étaient écologiques et montraient des chiots sur la couverture. Bref, économique ou luxueux. Futuriste ou vintage. Une tablette de papier grand format. Des pages lignées ou non. À vous de décider.

Puisque le subconscient aime les rituels, je vous conseille de choisir un matériel d'écriture qui répond à vos goûts personnels. Servez-vous aussi de votre stylo préféré. Ce que le journal a de bien est qu'il peut servir à l'écriture inspirée pratiquement partout, en voyage, à l'extérieur, en forêt, au bord d'un lac, au sommet d'une montagne. Sans démarrage.

Dites-vous que ce journal est un objet sacré, précieux, très spécial. Le journal aux dragons de Jessica est un gros livre relié à couverture épaisse et résistante. Puisqu'elle pratique presque toujours l'écriture inspirée au lit ou à la maison, sa dimension et son poids importent peu. À ses yeux, ce journal, qui prend beaucoup de place, symbolise l'importance qu'elle accorde à son expérience de l'écriture inspirée. Vous aussi aurez peut-être envie de vous procurer un journal particulier, ou bien vous vous contenterez d'un petit carnet à 99 cents qui se glisse facilement dans le sac à main, la poche ou le sac à dos. L'écriture inspirée fonctionnera dans les deux cas.

Cependant, plus vous investirez d'argent ou d'émotion dans l'écriture inspirée, plus vous serez susceptible de persévérer dans sa pratique.

Kapil Shripad Apshankar, praticien de l'écriture inspirée, dit : «Je suis très pointilleux en ce qui a trait à mes instruments d'écriture. J'utilise surtout un stylo plume. J'en ai quatre dont le réservoir est toujours plein. J'utilise aussi parfois un stylo gel scintillant à pointe épaisse. Il me faut aussi absolument du papier non ligné, format paysage. Je n'écris pas autrement. Le papier non ligné, format paysage, est ma toile, celle sur laquelle je crée ma vie rêvée et communique avec le Divin. Dans cet espace, l'inspiration coule de source, facilement, sans effort.»

Comment savoir si l'écriture inspirée fonctionne ?

C'est la question que j'entends le plus souvent après celles qui concernent l'écriture manuscrite ou sur clavier, et le journal lui-même. Je suis heureux d'y répondre.

Au début, il se peut que vous ne receviez que de petits bouts de phrases, voire rien du tout. C'est bien ainsi, d'une part parce qu'il s'agit d'un processus, d'une pratique qui se développera avec le temps et, d'autre part, parce qu'il est fort probable que vous en sentirez les bienfaits avant même que les mots ne vous parviennent.

La majorité des gens se coulent dans l'écriture inspirée en moins d'un mois, et plusieurs d'entre eux au premier essai. En voici, grosso modo, le décompte. D'une manière générale, environ 10 pour cent des gens reçoivent dès le premier jour ou presque des poèmes, des paroles de chansons ou des proses extraordinaires. Je ne reçois pas encore de grande poésie ni de musique, et j'ignore comment eux y parviennent. Un autre 10 pour cent reçoit d'emblée des messages de sagesse profonde, mais sans verser dans la grande littérature. Chez la majorité des gens, soit environ 60 pour cent, presque rien n'arrive au début, sinon que des bribes ou des fragments de phrases, et c'est très bien ainsi.

Pour finir, environ 10 à 20 pour cent des gens ne reçoivent rien pendant quelques semaines, mais commencent néanmoins à se sentir mieux. C'est parce que l'écriture inspirée va au-delà des mots. Vous suscitez une fréquence spécifique et une prise de contact entre vous et votre sagesse intérieure, et ce contact se consolide souvent beaucoup avant même l'arrivée des mots.

Dans le prochain chapitre j'explorerai beaucoup plus en profondeur cette question de savoir si l'écriture inspirée fonctionne.

Quand j'ai fait savoir aux praticiens de cette écriture guidée que j'en cherchais des exemples pour mon livre, j'ai reçu les pages que j'y ai reproduites. J'ai aussi reçu de la poésie. Les auteurs des poèmes ci-dessous m'ont aimablement permis de les partager avec vous.

Pour l'amour du ciel

Pour l'amour du ciel
Pourquoi ne voit-on pas
Que la bonté est
La voie à suivre
Quand on est irrité
Il faut laisser mourir
Le monstre de la colère
Montrer à ceux
Qu'on aime le plus
Qu'on les aime assez
Pour en rester là
Faites de la bienveillance
L'affaire de chaque jour
Dans toute pensée
Tout geste et toute parole

– Jeff Harmening

Feu de l'enfant, enfant du feu
élever l'énergie du bois mort
élever la chaleur en herbe
élever les dieux à l'entrée de la piste
marcher en paix avec toute chose
s'abandonner à l'amour et à la lumière
révéler nos missions à l'éternel
cette vallée occupe nos âmes
nos âmes occupent cette vallée
vous ne nous appartiendrez jamais
libérez-nous tandis que nous avançons
– *Emilien Reynal*

Comment savoir quoi écrire ?

Pendant des années, j'ai répété mes invocations jusqu'à ce que les mots surgissent, ou j'ai dit sans relâche *Je ne sais pas quoi écrire, Je ne sais pas quoi écrire, Je ne sais pas quoi écrire*. Écrire du charabia fait aussi partie du processus.

Quand vous en avez terminé avec la prière et avez demandé que les mots vous viennent pour votre plus grand bien, plongez. Voici ce qui pourrait arriver : *Je ne sais pas quoi écrire. Je ne sais pas quoi écrire. Écrire est ma blanche écrire une lumière vive* – laissez courir votre stylo. Même si cela ne veut rien dire. Même si c'est du charabia. Ne réfléchissez pas à ce que vous devriez écrire. Laissez courir le stylo.

Ces temps-ci, je dis aux gens de tracer sur la feuille littéralement n'importe quoi, des mots, des expressions, des phrases qui n'ont aucun sens, tout ce qui les poussera à écrire sans la participation de l'esprit rationnel.

Certains clients commencent par écrire la prière, puis les mots arrivent. Il ne faut pas penser à ce qui viendra ensuite ou essayer sans le vouloir de formuler des réponses. Même si, en n'écrivant que cinq ou six minutes, vous n'obtenez que du charabia – ce qui est assez rare, sauf dans les toutes premières semaines –, vous éprouverez un changement en vous-même parce que vous aurez serré une main cosmique là-haut, ou celle de votre sagesse intérieure la plus enfouie.

Continuez à écrire.

Ryan, un de mes étudiants, a dit : « Parfois, quand je suis coincé, je répète encore et encore la même phrase, et elle libère le subconscient. Ce matin, par exemple, j'ai répété *Je peux réussir tout ce que je veux. Je renonce avec joie au passé et je m'attends au meilleur maintenant et dans le futur.* »

Quand j'ai demandé à l'écriture inspirée de me dire ce qu'il fallait que je sache parce que j'étais stressé par ce livre et par la planification de mon balado et des entretiens avec mes invités, j'ai reçu ceci : *Détends-toi, Michael. On est là pour toi. On va s'occuper de tout.*

Je suis conscient de ce que vous ressentez, vous, les nouveaux venus à l'écriture inspirée. Vous êtes mal à l'aise. Vous vous sentez maladroits. C'est normal d'être mal à l'aise, normal de se sentir maladroit, normal que ce soit bizarre, que cela semble forcé, artificiel et même fabriqué.

Vous aurez envie d'arrêter. Vous vous direz : « Ça ne marche pas. » Je l'ai fait au début, quand je n'ai pas tenu compte du message m'annonçant que je m'adresserais à des millions de gens, du haut d'une montagne. J'avais l'impression que ces messages étaient frauduleux. Au bout du compte, ils étaient authentiques.

Autrement dit, au début, cela ne semble pas du tout naturel. Vous n'aurez pas l'impression que des anges vous entourent, que l'amour est omniprésent et que des pétales de rose tombent du ciel. Bon... c'est toujours possible, mais pour la plupart des gens, c'est plus subtil. Tout comme vous, ils se demandent : « Est-ce que je fais les choses correctement ? C'est vraiment bizarre. Je ne suis pas à l'aise. Comment puis-je savoir si cela vient de moi ? C'est ridicule. J'ai presque honte de ce que je suis en train de faire. »

C'est très bien ainsi. Cela signifie que votre cerveau s'inquiète de savoir si vous faites du bon travail, qu'il ne crée pas rationnellement les mots qui s'écrivent. C'est absolument parfait.

En relisant ce que vous avez écrit, vous trouverez peut-être quelques perles dans tout ce charabia : *Tu es aimé, tu es aimé. Tout est bon. Tout est parfait.* Vous écrivez ensuite de nouveau *Je ne sais pas quoi écrire, je ne sais pas quoi écrire. C'est bizarre, c'est stupide, c'est absurde. Pourquoi est-ce que je fais ça ? Tu es aimé. C'est absurde, c'est stupide.* Vous relisez le tout et de petites bribes vous sautent aux yeux.

Au bout de quelques jours ou quelques semaines, quand les mots commencent à couler de source, vous vous dites : «Oh, mon Dieu ! C'est magnifique. Je ne veux pas que ça s'arrête.» C'est pourquoi cette pratique en est une d'émerveillement et elle est magnifique, c'est pourquoi cette expérience de l'écriture inspirée est si incroyable. Comme lorsque vous méditez, n'attendez pas un résultat spécifique. Si vous vous êtes installé pour écrire et que rien n'est venu, sauf une liste de choses à faire, ce n'est pas forcément une mauvaise journée. Ce n'est pas exactement une expérience d'écriture inspirée, mais même si vous ne recevez pas de révélations ou de messages de sagesse, ce temps que vous aurez passé à pratiquer l'écriture inspirée restera précieux.

Plus vous écrirez, plus les mots couleront de source et plus la sagesse voudra se révéler. En ce qui me concerne, les mots me parviennent avant même que j'aie le temps de rédiger mes prières. Je les rédige néanmoins, par précaution, mais plus vous serez assidu dans cette pratique, plus vous entrerez rapidement dans l'état second de l'écriture inspirée et plus vous vous enfoncerez dans le subconscient.

Mon étudiante Sodani m'a transmis le récit qui suit :

> J'ai entrepris cette formation sans avoir d'attentes particulières, le cœur ouvert et avec l'envie de rendre ce cœur à son créateur. En élève docile, j'ai parfaitement suivi les directives de Michael, je suis allée jusqu'à rédiger les prières de protection et d'invocation tout en n'étant pas sûre d'y croire. Pendant des semaines et des semaines, j'ai écrit. Quand j'ai relu mes textes, je n'ai entendu que ma propre voix (mais elle était bienveillante et stimulante). J'étais découragée. J'avais espéré la révélation d'une sagesse profonde en échange de mon dévouement fidèle. J'ai persisté malgré tout. Cette pratique m'a même incitée à m'adresser à la Source toute la journée.

> Puis, comme Michael l'avait promis, un miracle s'est produit au moment où je ne m'y attendais pas. La Source a répondu. Pas directement dans mon écriture, mais dans de petites épiphanies. Je formulais mentalement une question en ne l'adressant à personne en particulier et la réponse se déposait instantanément sur le seuil de mon cœur, tout enveloppée d'une belle faveur brillante. Je n'étais pas sûre que l'écriture inspirée fonctionnerait pour moi, et j'ai été gentiment démentie. L'expérience de l'écriture inspirée est de la magie pure.

Je ne vous demande pas de me croire sur parole. Voici ce qu'une autre praticienne m'a raconté de son expérience. En janvier 2018, Helen était épuisée spirituellement et complètement déphasée. «Mon travail m'occupait beaucoup, et les journées les plus grises de l'hiver contribuaient sûrement à mon malaise général (je vis à Buffalo, New York), je ne sais trop, mais je savais qu'il me fallait un remède. J'écoutais souvent *Inspire Nation*, et ça me remontait le moral (WOO HOO!). Quand Michael a parlé d'écriture inspirée et de la forte influence qu'elle avait eue dans sa vie, je me suis dit : "Pourquoi pas?" J'ai commandé le cours d'écriture inspirée en ligne et j'ai commencé à écrire.»

«J'ai dévoré ce cours, m'a-t-elle dit! Ma toute première séance d'écriture a été formidable. Il m'a semblé que je renouais le contact avec une spiritualité restée inerte depuis des années. J'ai écrit tous les jours, parfois deux fois par jour, j'ai consigné dans un énorme cahier, de la première à la dernière page, ce que j'appelle les messages de mes anges. Cette année, en 2020, je n'ai pas écrit autant que durant ces premiers mois, mais je suis profondément convaincue que les esprits qui me soutiennent sont toujours à mes côtés et je me sens toujours en phase avec eux. L'écriture inspirée a contribué à tracer un chemin dont font partie la méditation, la respiration, le yoga chaud et la pleine conscience. Il me semble que j'ai été guidée vers l'écriture inspirée et qu'elle a marqué un nouveau départ dans mon évolution spirituelle.»

Comment savoir si c'est l'ego qui se manifeste ?

La source de l'écriture inspirée est toujours aimante, bienveillante et d'un grand secours. C'est toujours l'amour, jamais les jugements de valeur ou la méchanceté, qui anime votre sagesse intérieure et vos guides. En dépit de tout ce que vous a répété votre ego au fil des ans, votre sagesse intérieure vous aime encore. L'Univers, les anges, Dieu, vos guides, Bouddha, Allah, tous vous aiment encore.

Quand le moi supérieur s'exprime, l'écriture reflète sa voix bienveillante, douce et aimante. C'est celle d'un parent affectueux qui ferait tout pour son enfant.

Par moments, l'écriture révèle une voix sévère, surtout quand c'est celle d'un mentor comme le mien, Jack, qui est dans l'au-delà. Je l'entends encore, en personne et dans l'écriture inspirée : *Merde ! Michael, occupe-toi mieux de cette poupée* (Jessica). Ces remontrances lui sont dictées par l'affection, mais il ne plaisante pas. Alors j'obtempère !

Mais la voix a beau être sévère, elle évoque toujours un parent qui porte un nourrisson dans ses bras. C'est la voix d'un amour entier et absolument inconditionnel. Elle souhaite votre plus grand bien et celui de tous.

Mais si, au lieu d'une voix aimante, vous entendez des reproches, des remontrances et des semonces, si la voix ne vous épargne pas ses « gronderies » (j'aime ce mot) – *Michael, pourquoi n'as-tu pas fait ceci ? Michael, pourquoi n'as-tu pas fait cela ?* Ou encore plus justement, si elle dit : *J'aurais dû faire ceci ou cela. Si seulement j'avais fait cela. Quand cela va-t-il arriver ?* elle est l'expression de vos inquiétudes, de vos craintes, de vos soucis ou de vos jugements de valeur. Ce n'est pas l'écriture inspirée. C'est l'ego.

Mais le plus curieux, c'est que cela aussi est bien. C'est tout à fait correct. Parce que l'ego est ici pour vous rendre service. Je ne crois pas qu'il faille l'abolir, le détruire ou même se hisser au-dessus de lui. L'ego fait partie de vous. Il est là pour vous être utile, pour vous guider. Quand vous avez fait la paix avec lui et que vous l'intégrez, il peut devenir votre meilleur ami. À mes yeux, l'ego est l'enfant intérieur blessé. Quand vous l'écouterez et l'aiderez à guérir, vous vous sentirez beaucoup mieux.

Bien entendu, vous ne donnerez jamais à l'ego la clé de votre VR, mais vous serez plus heureux s'il occupe le siège du passager. Que faire pour tourner sa voix à votre avantage ? C'est simple. Quand il se manifeste, dites-lui que vous vous occuperez de lui dans un instant. Je vous ai déjà dit comment reléguer l'ego sur la banquette arrière. Laissez-le là, car s'il sait que vous écouterez ce qu'il veut vous dire, il attendra. Il essaiera peut-être une fois ou deux de se faire entendre, mais demandez-lui gentiment de patienter.

J'ai expliqué en quoi consiste la purge de l'ego au chapitre 3. Relisez ce passage pour revoir comment reléguer l'ego sur la banquette arrière.

Avec qui puis-je communiquer par l'écriture inspirée ?

J'avoue qu'avant de pratiquer l'écriture inspirée je ne croyais guère aux anges et aux archanges. Je savais que quelque chose m'avait sauvé la vie, non pas deux fois, mais plusieurs fois, à chacun des nombreux accidents dont j'ai été victime, et à ceux, encore plus nombreux, que j'ai évités de justesse. J'ai conclu à une intervention des anges ou des anges gardiens, mais c'est seulement quand j'ai exploré ce thème plus à fond que j'ai vraiment compris qui ou ce qui me protégeait.

Je ne cherchais pas d'emblée à communiquer avec des entités autres que la Source de ma sagesse intérieure. Depuis, je me suis découvert tout un entourage de guides qui me viennent en aide et sur lesquels je peux compter. Cela va des anges aux animaux totems en passant par mes êtres chers décédés.

Quand j'ai commencé à pratiquer l'écriture inspirée, j'ai eu envie d'écrire à trois archanges en particulier. J'ignorais quel était leur rôle et pourquoi je voulais leur écrire, mais je me suis senti appelé à le faire et je l'ai fait.

Je vous présente mes trois fabuleux archanges :

L'archange Michel. Mon ange de prédilection. Pas seulement en raison de son nom, mais parce que je l'imagine brandissant une gigantesque épée de quartz et de lumière. Il dissipe l'obscurité, me protège, m'ouvre la voie et veille à ma sécurité, mon orientation, mon plus bel avenir. Selon l'expert en angélologie Kyle Gray, Michel est «le roi des anges et le saint patron de la protection». Il est celui que l'on invoque quand on a besoin de courage, de conseils et de protection.

L'archange Raphaël. Le deuxième de mes anges préférés. Sa plus grande force est la guérison. Il m'aide à guérir les traumatismes physiques et psychologiques de mes clients et toutes les blessures et tous les schémas énergétiques qui les empêchent d'avancer. Il est aussi l'ange vers lequel je me tourne quand je suis agité, quand je voyage et quand j'ai perdu mes repères.

L'archange Gabriel. L'ange du maternage et des conseils, celui qui m'aide à guérir mes blessures d'âme, à communiquer avec mon enfant intérieur, et dont la présence est à la fois forte, douce et affectueuse. Quand je souffre, quand je lutte ou quand je ressens le besoin de me pardonner, j'invoque l'archange Gabriel et il vient à moi. C'est aussi l'ange que j'appelle quand j'éprouve de la difficulté à communiquer, à entendre mes quatre vérités ou à dire le fond de ma pensée.

Quelque chose de profond a lieu en moi quand j'écris à ces anges. Quand je prends le temps de le faire par l'écriture inspirée ou même quand je les invoque avant un entretien, je ressens leur présence, je sais qu'ils sont là et qu'ils sont disposés à m'apporter leur soutien.

Ce sont mes protecteurs, mes guides, ma lumière bienfaisante et tout ce que vous pouvez imaginer. Ils ont été mes muses, mon étoile Polaire, assurément mes maîtres, et quand je sors du rang, ils sont là pour m'y ramener et me rappeler à l'ordre.

Je ne saurais assez vous conseiller de faire appel aux anges et aux archanges. En termes simples, disons que les archanges occupent le sommet de la hiérarchie et que les anges viennent tout de suite après. Il y a beaucoup d'autres catégories, dont les anges gardiens qui nous accompagnent dès la naissance et qui restent à nos côtés à chacune de nos incarnations. Un de mes anges gardiens, Maximilien, a la forme d'un cougar. Je lui demande chaque jour sa protection et ses conseils. Il répond toujours présent.

Si je prends mon temps et communique lentement avec chacun des anges que j'invoque, un tressaillement se répand dans mes bras et mon épine dorsale, je ressens comme un frôlement de plumes sur ma peau, sans doute les ailes d'un ange. L'expert en angélologie Kyle Gray parle de « frisson d'ange ».

Donc, si j'invoque l'archange Michel, je m'arrête, j'éprouve une sorte de fourmillement, puis j'invoque le deuxième archange et je m'arrête encore en attendant de ressentir quelque chose. Un frôlement, un frisson se manifeste aussi quand j'appelle Molé, mon animal de compagnie maintenant décédé. (Je parlerai plus longuement de la communication avec les êtres chers décédés dans un chapitre ultérieur.)

Comment savoir qui m'écrit ?

La façon de procéder la plus simple est celle-ci : pendant que vous écrivez, demandez : « Avec quel guide ou quel ange suis-je en train de parler ? » Ou encore : « Qui sont mes guides ? »

Si j'écris à un ange ou à un guide spécifique, par exemple mon animal totem protecteur, le cougar Maximilien, il me répond personnellement. Mais si je ne m'adresse à personne en particulier, je sais rarement qui répond. Parfois, c'est un ange, parfois la Terre Mère, mais c'est le plus souvent très général. Ne vous faites pas de souci avec cela. J'ai adressé des prières au sommet de la hiérarchie tout en m'entourant d'amour et de lumière, et les mots les plus riches, les plus affectueux, les plus bienveillants, de même que les meilleures lignes de conduite se sont offerts à ma lecture.

9 | *Au secours ! L'écriture inspirée ne marche pas. Qu'est-ce que je fais de travers ?*

Comme promis, je réponds ici plus en détail à la préoccupation de certains praticiens de l'écriture inspirée qui se demandent si cela fonctionne pour eux. Mais permettez que je leur pose d'abord cette question : « Êtes-vous bien sûrs, absolument sûrs, que ça ne marche pas ? »

Curieusement, de nombreuses personnes reçoivent spontanément des messages de sagesse profonde, parfois sans s'en rendre compte. Il y a deux raisons à cela. Tout d'abord, si, comme il se doit, vous êtes encore ensommeillé, vous ne vous souvenez sans doute pas de ce que vous avez écrit. C'est pour cela qu'il est très important de vous relire.

Ensuite, au début, nous ne recevons souvent que des bribes qui, prises isolément, ne veulent pas dire grand-chose. Mais le fait de les relire les unes à la suite des autres nous donne une idée générale du propos et des messages de sagesse profonde que ce propos recèle. Cela est très fréquent. À tout le moins, vous ressentez la présence de votre sagesse intérieure et le fait qu'elle veut vous parler.

Relisez ce que vous avez écrit

Qu'est-ce que j'écris, qu'est-ce que j'écris, je ne sais pas quoi écrire, aimé, amour, cher amour, je ne sais pas quoi écrire, je ne sais pas quoi écrire, tout est beau, je ne sais pas quoi écrire, je ne sais pas quoi écrire, détends-toi, je ne sais pas quoi écrire, appuyé, je ne sais pas quoi écrire, bien.

Prises isolément, ces bribes ne semblent pas vouloir dire grand-chose à part le fait que quelque chose ou quelqu'un vous aime, mais si vous les lisez les unes à la suite des autres comme ceci : aimé, amour, cher amour, tout est beau, détends-toi, appuyé, bien, il en va tout autrement puisque vous, cher amour, vous êtes aimé, tout est beau, vous pouvez vous détendre, on vous appuie et tout va bien.

L'expérience de l'écriture inspirée est un processus de guérison même au début. Que cette guérison vienne de mots, d'expressions, de bribes ou simplement de l'énergie que vous consacrez au processus, votre stress diminue, votre joie de vivre augmente, votre dépression se dissipe et vous commencez à vous sentir beaucoup mieux.

Le fait même d'écrire est un processus de guérison. Vous êtes plus léger, plus en accord avec vous-même. Comme moi, il vous suffit de commencer à écrire pour que les ténèbres se dissipent.

Certains de mes clients ont vécu des expériences très marquantes dès le premier jour. Certains écrivent des poèmes, comme ceux que je vous ai fait lire au chapitre précédent, d'autres reçoivent de personnes décédées des messages de sagesse, d'autres bénéficient de conseils auxquels ils ne se seraient pas attendus. Parfois, le courant passe, tout arrive en trombe. Puis, plus rien. C'est très bien comme ça aussi.

Par exemple, la voix intérieure de Trina l'a réjouie en lui souhaitant bonne fête. Comme elle le dit elle-même : « C'est ma fête, aujourd'hui. Et comme je le fais depuis deux semaines, je me suis levée, j'ai fait de l'écriture inspirée et à la fin de la séance, j'ai reçu ce message. Il m'a fait plaisir et j'ai eu envie de vous le transmettre. »

> *Nous te conseillons de t'armer de patience face à l'Allégresse car il t'en arrive tout un chargement, et il ne faudrait pas qu'elle te renverse et t'écrase, mais qu'elle t'emmène plus vite au pays du bonheur et te confère l'aptitude à rendre le monde entier tel que tu le souhaites tout simplement en acceptant le monde tel qu'il est.*

« Je suis infiniment reconnaissante », m'a-t-elle dit.

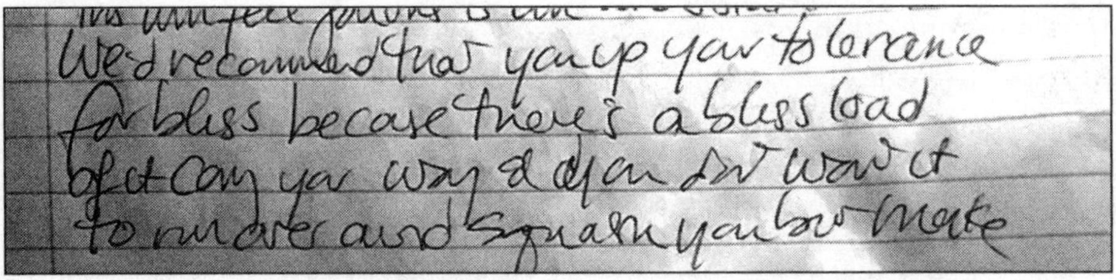

Le message que Trina a reçu par l'écriture inspirée

Relisez les mots qui vous ont été donnés, ceux qui se sont couchés sur le papier et constatez le résultat.

Dans mes formations à l'écriture inspirée, je demande toujours à mes clients de relire un peu plus tard dans la journée ce qu'ils ont écrit. Pourquoi ? Parce que pendant cette expérience, nous dormons à moitié, nous ne sommes pas tout à fait présents, si bien que nous nous souvenons rarement de ce que nous avons écrit.

C'est très bien ainsi. Cela signifie que le cerveau pensant était désactivé, hors tension ou enfoui sous un oreiller, et qu'une relecture pourrait être très révélatrice. Quand nous pensons que l'écriture inspirée ne nous a rien apporté d'utile et encore moins de profond, cette lecture pourrait surprendre. Vous n'imaginez pas combien de fois vous vous exclamerez : « Bon sang ! jamais je n'aurais cru cela possible » ou « Je ne me connaissais pas cette profondeur et cette sagesse ».

Plusieurs de mes clients m'ont dit : « Michael, je ne reçois rien, que du charabia. Ça ne veut rien dire. »

Je leur demande alors s'ils accepteraient de me lire ce qu'ils ont écrit.

Quand ils se mettent à lire, ils en restent bouche bée. Ils constatent la profondeur de quelques-uns des mots qui leur sont venus et s'en émerveillent à la lecture. Ils se demandent parfois : « Est-ce bien ce que j'ai dit ? »

« Absolument. »

Ils ont reçu un conseil pour la journée ou pour toute leur vie, ou des mots affectueux et des encouragements de la part d'une personne décédée. Des messages profonds surgissent et se fraient un chemin parmi la multitude des *Je ne sais pas quoi écrire. Qu'est-ce qui m'a pris de faire ça?*

S'agissant de conseils, Lynda m'a fait part de son expérience :

> Quand j'ai commencé à m'adonner à l'écriture inspirée, je venais d'arracher une chienne plus très jeune aux mauvais traitements d'un éleveur véreux. Elle était très mal en point. Je craignais beaucoup qu'elle ait des ennuis de santé incurables, qu'aucun lien ne se crée entre nous et que je ne parvienne pas à la sortir de sa coquille. Chaque matin, en me mettant à écrire, j'ai reçu des messages d'encouragement. On m'a annoncé en termes très clairs qu'elle irait bien et qu'avec un peu d'aide je pourrais résoudre ses ennuis de santé (plus particulièrement ses problèmes digestifs). Je l'ai emmenée chez le vétérinaire, il a fait tous les examens d'usage et lui a prodigué tous les soins nécessaires, mais ses problèmes digestifs ont persisté.
>
> Au cours d'une séance subséquente d'écriture inspirée, on m'a conseillé de lui donner des aliments crus additionnés de probiotiques et de prébiotiques. Au bout de quelques jours, elle s'est mise à manger normalement et elle a pris du poids! J'en étais abasourdie, c'est le moins que je puisse dire. Elle est maintenant en parfaite santé et elle est pour moi une compagne merveilleusement affectueuse.
>
> Quand j'y repense, je constate que tous les conseils que j'ai reçus par l'écriture inspirée sont tombés pile. Je fais absolument confiance au processus et je me sens parfaitement soutenue et guidée par le Divin.

Je le répète, quand vous en avez terminé de votre séance d'écriture inspirée, relisez-vous au cours de la journée. Je conseillais de faire cette lecture vers midi, mais maintenant je vous enjoins aussi de la faire plus tard, notamment juste avant de vous endormir. Vos écrits sont empreints d'une énergie et d'une résonance particulières, si bien que, lorsque vous les relisez avant de vous endormir, ils contribuent à enrober de sacré le lieu où vous vous trouvez. L'heure du coucher est pour moi l'occasion d'une cérémonie puisqu'on franchira bientôt un seuil qui nous plongera dans un autre univers pendant six ou huit heures, voire davantage. Qu'y a-t-il de plus sacré pour vous préparer à en faire une meilleure expérience, sinon que la relecture de votre écriture inspirée ?

Vous vous sentirez mieux, plus serein. En outre, l'écriture inspirée vous procure une meilleure nuit de sommeil et vous apporte même de plus beaux rêves. C'est comme si, en dormant, vous étiez de nouveau dans l'émerveillement de l'écriture inspirée et en contact avec l'Univers.

Et si ça ne fonctionne toujours pas ?

Si vous avez du mal à entrer dans le processus de l'écriture inspirée, si les mots ne vous viennent pas, ne vous laissez pas décourager. Vous n'êtes pas à court de moyens pour trouver une solution efficace et remédier à la situation. Voici les solutions que vous pourriez explorer et une technique nouvelle à mettre en pratique.

Après tout, si cela ne fonctionne pas encore pour vous (du moins, le croyez-vous), dites-vous que ce chapitre est un manuel de dépannage comme celui qui accompagnait votre tondeuse à gazon toute neuve. Nous allons vérifier le réservoir à essence, ajuster la lame, et espérer que la tondeuse démarrera et fera entendre le rugissement de son moteur.

Premièrement, notez à quel moment de la journée vous vous mettez à écrire. La plupart des problèmes d'écriture inspirée se résolvent quand on écrit plus tôt. L'énergie de notre entourage s'impose parfois à nous. Essayez de vous lever plus tôt.

Entrez dans l'état second de l'écriture inspirée

J'ai parlé précédemment du champ énergétique qui nous entoure, qui nous imprègne et dans lequel nous nageons. Ce champ se compose des pensées et de l'énergie nerveuse des gens qui partagent notre milieu de vie. Il peut s'agir d'une énergie positive.

Le défi survient quand cette énergie nous submerge, nous approche de trop près et qu'elle risque ainsi de mettre un terme à l'écriture inspirée. Il faut alors créer une zone tampon qui nous mette à l'abri de notre entourage. Autrement dit, il faut trouver un endroit calme, à l'écart des enfants, du conjoint ou de la conjointe, à l'écart de l'énergie des autres. Pour pouvoir écrire, réfugiez-vous si nécessaire dans la salle de bains, au sous-sol, dans un placard, voire dans la voiture, même si elle est dans le garage. Trouvez ou créez un espace sacré et vous verrez qu'écrire sera beaucoup plus facile.

Quand ce n'est pas le temps qui manque, mais bien l'endroit où écrire, quand on n'est pas à notre aise, qu'on est trop près des autres et dans un environnement trop stimulant, cette contrainte peut paralyser l'écriture inspirée.

Vous êtes là où vous vibrez

En bref, vous n'êtes pas que votre énergie ni l'énergie de vos amis et de leurs amis. Vous êtes l'énergie de tous ceux qui vous entourent, de tous ceux qui se trouvent dans votre champ énergétique. Ce champ peut s'étendre très, très loin. Aux dires de certains chercheurs tels que Howard Martin, coauteur de *L'Intelligence intuitive du cœur : la solution HeartMath*, ainsi que Dean Radin, scientifique en chef à l'Institut des sciences noétiques, et les responsables de la Global Coherence Initiative, chacun de nous est un diapason et, tous ensemble, nous créons un champ d'énergie autour de nos maisons, nos villes, nos pays et de la planète tout entière.

Par conséquent, quand les gens qui vous côtoient sont stressés, vous l'êtes aussi. C'est pourquoi tant de mes clients ont du mal à bien dormir en ces temps d'incertitude apportés par la pandémie, et nous avons créé un programme pour répondre à ce problème spécifique, la Magical Evening Routine (www.MagicalEveningRoutine.com).

Cela dit, pour quelque raison que ce soit – et ces raisons ne manquent pas –, les gens se réveillent en pleine nuit parce que le champ énergétique s'affole et que cela provoque une boucle de rétroaction : plus votre affolement est exacerbé, plus votre vibration est ressentie par les autres, plus leur système nerveux a une réaction de combat ou de fuite, et voilà qu'eux aussi paniquent. Votre système constate alors leur affolement, et le vôtre atteint des proportions encore jamais connues.

Bienvenue à l'ère de la COVID et au-delà, quel que soit le sort que l'avenir nous réserve. L'entraînement à l'écriture inspirée que vous offre cet ouvrage vous aidera à surmonter la panique. Vous serez le diapason le plus calme et le plus posé de votre localité et vous contribuerez ainsi à transformer littéralement la vie des personnes qui vous entourent.

Si vous faites de l'écriture inspirée quand tout le monde se hâte de se rendre au boulot, vous puisez à même cette énergie extérieure qui dit : «Il faut que j'aille travailler», et non pas à même votre sagesse intérieure. Si ces gens s'affolent en songeant au patron ou aux tâches qui les attendent, vous êtes aussi très agité. Aussi, quand nous percevons autour de nous un champ énergétique imprégné de panique, nous ne nous sentons pas vraiment en sécurité, même en télétravail.

Quand vous avez l'impression que votre domicile personnel ou ses environs sabotent votre écriture inspirée, cherchez un endroit calme et sécuritaire. Ce peut être une bibliothèque, un centre de méditation, un studio de yoga, une pièce retirée de votre lieu de travail, un coin de jardin, un isoloir, un parc, un sentier pédestre, un kayac au beau milieu d'un lac calme, une salle de classe vidée de ses élèves.

Désencombrez votre milieu de vie

Nous ne captons pas seulement l'énergie des personnes de notre entourage, nous captons aussi celle des objets. Constatez le fouillis de votre milieu de vie et de votre résidence. Vous courez le risque que l'écriture inspirée soit un échec si vous la pratiquez dans un tel chaos.

Il est tout aussi important d'écrire dans un environnement exempt de fatras, si petit soit-il, puisque tout a une énergie. Une pierre, une assiette sale, la lessive qui attend par terre depuis plusieurs jours, tout cela possède de l'énergie. Demandez-vous à quel point votre milieu de vie est chaotique. Pouvez-vous l'aérer, pouvez-vous ranger ce fouillis ? Pouvez-vous le fuir ? Chez vous ou ailleurs ?

Faites votre possible pour trouver un endroit calme, à l'abri non seulement du bruit mais aussi du désordre. C'est aussi la raison pour laquelle vous ne devriez pas trop vous attarder aux actualités, ces « stimulants négatifs et sans intérêt », ni les inviter trop souvent chez vous, car vous vibrerez à cette énergie-là aussi.

Il vous faut donc trouver un endroit où l'énergie est sereine, où il n'y a ni désordre ni individus surexcités ni rien de ce qui pourrait vous stimuler de façon excessive et compliquer votre entrée dans l'état second de l'écriture inspirée.

C'est pour cela que Jessica et moi avons beaucoup de veine de pouvoir toujours dénicher des milieux de vie où il nous suffit de regarder le paysage pour nous fondre avec lui. Si vous n'y parvenez pas littéralement, vous pourriez peut-être aménager une pièce, ou un coin de pièce ou même un coin de placard pour en faire un « sanctuaire » où pratiquer l'écriture inspirée.

Portez un regard critique sur votre intérieur et ses alentours et demandez-vous comment vous pourriez le rehausser ou y faire du rangement pour améliorer votre expérience de l'écriture inspirée.

Si vous avez comme moi beaucoup de chance, mettez-vous au défi de trouver avec le temps un coin du monde où vous pourrez vous transplanter avec votre famille parce que ses vibrations s'accorderont mieux à ce que vous souhaitez ressentir. L'écriture inspirée est très efficace pour attirer à vous pratiquement tout ce que vous désirez, matériellement ou géographiquement (nous parlerons de la manifestation dans un chapitre subséquent). L'être énergétique peut concrétiser tout ce qu'il ressent.

Peaufinez votre rituel d'écriture inspirée

- Avant d'écrire, évitez le courrier électronique, les actualités, les médias sociaux, le magasinage en ligne ou toute autre stimulation mentale. Naviguer sans arrêt dans Internet peut court-circuiter l'esprit, provoquer une réaction de combat ou de fuite et vous empêcher d'entrer dans l'écriture inspirée.

- Assurez-vous de méditer avant votre séance matinale d'écriture inspirée. Beaucoup de gens me disent qu'ils veulent écrire d'abord et méditer ensuite. Je vous enjoins de suivre mes indications dans l'ordre qui vous est donné avant d'y déroger. Est-il possible de faire de l'écriture inspirée sans méditation préalable ? Oui, mais après une longue initiation qui vous permettra d'entrer sur-le-champ dans l'état second nécessaire. Personnellement, quand je prends le temps de m'éloigner de mon cerveau pensant, je vis une expérience d'écriture inspirée beaucoup plus profonde.

- Persistez dans la prière. La prière est la principale pierre d'achoppement pour bien des gens. Ces derniers rédigent les prières pendant quelques jours, puis arrêtent de le faire ou se contentent de les lire à voix haute. Mais ces prières ne sont pas que des appels à l'aide. Elles vous permettent d'entrer en vous-même, comme Alice dans le terrier du lapin. Elles sont une forme d'autohypnose. Ne sautez pas cette étape. Commencez à rédiger ces prières et ne vous arrêtez pas. Ne vous arrêtez jamais.

Ajustements et essais divers

Pour résoudre un problème, on retourne à la base et, de là, on explore et on développe des solutions. Comme l'indique *Le Rasoir d'Ockham*, l'explication la plus simple est généralement la bonne. Revenez donc à la case départ avant toute chose.

Voici quelques autres techniques pouvant être mises en pratique :

- Montez le volume de la musique. Il suffit parfois de hausser le volume pour éteindre le cerveau pensant et entrer dans l'expérience de l'écriture inspirée. Vous pouvez aussi écouter de la musique binaurale de programmation des ondes thêta. Assurez-vous toutefois qu'elles visent bel et bien les ondes thêta.

- Changez de stylo ou de journal. Là encore, il est bon de rester dans le champ du tactile. Pourquoi ne pas essayer ce bon vieux stylo-plume de vos années d'école ? Il mettra sûrement de l'ambiance.

- Faites l'essai d'un clavier. Je conseille toujours de reporter cette stratégie, mais si vous butez sur les mots, si vous intervertissez les lettres, si écrire à la main est un exercice des plus frustrants, le moment du clavier est venu. C'est ce qu'il a fallu que je fasse. Bien que j'aie pu communiquer au départ avec ma sagesse intérieure en écrivant manuellement, je ne pouvais plus suivre.

- Essayez différentes positions. Changez de chaise. Asseyez-vous par terre ou près d'une autre fenêtre. L'endroit où je m'assois est important pour moi. J'ai dit déjà que je suis le plus à l'aise dans le vieux fauteuil que Jessica utilisait à l'université.

- Changez d'endroit. Changez de pièce, installez-vous dans un placard, au garage, dans la voiture, ou encore dans un lieu sacré à l'extérieur, là où vous n'observerez pas les passants, où vous ne serez ni dérangé ni stimulé. L'énergie de chaque pièce ou lieu diffère.

- Envisagez une autre forme de méditation. Faites de votre mieux pour lâcher prise, ne vous acharnez pas.

- Essayez d'autres prières. Une de mes clientes a sans cesse recopié la prière de saint François d'Assise jusqu'à ce que d'autres mots lui viennent. Cette brillante stratégie créatrice lui a valu la récompense de l'écriture inspirée.

Lâchez prise

Il ne faut pas forcer le processus d'écriture inspirée. À bien des égards, l'écriture inspirée ressemble aux fréquentations amoureuses. On ne trouve pas la personne idéale quand on y met trop d'efforts. C'est quand on se détend et qu'on lâche prise que « l'élu de notre cœur » se présente comme par magie. C'est ainsi que Jessica est venue à moi.

L'écriture inspirée est à rapprocher du moment où l'on *essaie* de s'endormir à tout prix sans y arriver. À force d'insister, on stimule le cerveau, on déclenche une réaction de combat ou de fuite, on peut alors tout faire, SAUF dormir. C'est seulement quand on lâche prise, quand on capitule, quand on se laisse aller au moment et qu'on s'abandonne au matelas qu'on ouvre soudain les yeux sur la lumière du matin. Il en va ainsi de l'écriture inspirée.

Prenez du recul, détendez-vous, ne forcez rien. L'écriture inspirée se manifeste en chacun avec le temps ; il suffit de se montrer patient. Inspirez profondément et jouez avec l'écriture inspirée le plus sérieusement du monde. Plus vous verrez dans ce processus une activité ludique ou une expérience amusante, plus vite l'écriture inspirée se révélera à vous. N'exigez pas que cela fonctionne, ne prenez pas cet exercice au sérieux. La vie est déjà assez prodigue de choses sérieuses sans qu'on en rajoute.

Inutile de dire – mais je le dis quand même – qu'il faut modifier un seul aspect du rituel à la fois. Si vous en changez plusieurs simultanément, vous ne saurez pas lequel a été déterminant.

Pour essayer différents endroits, différentes techniques et différentes approches qui vous permettront d'entrer dans l'écriture inspirée, n'oubliez pas le processus de 30 jours que j'explique plus en détail au chapitre 14 – le Défi-30 jours. Toutes les personnes qui l'ont relevé sans flancher ont reçu des messages de sagesse. Ces messages sont en vous. Ce n'est pas de la magie. C'est votre sagesse intérieure qui vous parle.

La sagesse est donnée à tous ceux qui pratiquent assidûment l'écriture inspirée. Ne vous faites pas de souci, ne vous dites pas : «Je ne suis pas un maître inspiré.» Je ne le suis pas non plus. Ce n'est pas nécessaire. Cela ne sert à rien d'être le Michael Jordan de la canalisation pour réussir. Il n'y a pas de classement. Pas d'évaluation. Persistez et cela viendra. Je vous le promets.

Les obstacles que vous rencontrerez ne sont pas de vrais obstacles, mais les sentiments et les pensées tout à fait normaux auxquels sont confrontés tous ceux qui peaufinent leur pratique. Les chapitres qui suivent vous apprendront à atteindre des niveaux supérieurs (ou à aller plus en profondeur) et à raffiner ce processus. Tout comme vous prenez lentement une posture de yoga, vous entrez lentement dans l'écriture inspirée pour trouver d'autres réponses et éprouver d'autres techniques. Je vais vous montrer comment.

10 | *L'écriture inspirée pour vous libérer et vous remettre sur les rails*

Quand j'observe le monde qui m'entoure, la vie de mes clients et des participants à mes formations, surtout en ces temps difficiles, je constate que les gens sont plus coincés que jamais. Enlisés dans une ornière, nous nous sentons impuissants et désespérés, nous ne savons plus à quel saint nous vouer ni comment repartir du bon pied.

Voilà bien un domaine où l'expérience de l'écriture inspirée peut être extrêmement bénéfique, puisqu'elle nous aide à prendre du recul, à voir la vie dans son ensemble, à lui trouver un fil conducteur et à savoir où nous devons aller. Comme si vous étiez une voiture enlisée dans la boue ou en panne, elle vous donnera une bonne poussée ou rechargera votre batterie pour que vous puissiez aller de l'avant.

Quand Jessica et moi avons quitté Maui après nos déboires, je sentais que je n'avançais pas, tout en sachant que cela ne durerait pas. Pourquoi ? Parce que je venais d'entrer dans l'expérience de l'écriture inspirée et que j'étais certain d'obtenir bientôt des réponses. Elles sont venues ! L'écriture inspirée nous a enjoints de démarrer le balado *Inspire Nation*, elle nous a dit quoi faire pour relancer notre entreprise de coaching et comment naviguer chacune des étapes qui nous ont conduits à notre maison de rêve du Colorado.

Chaque fois que je me sens paralysé et que je pratique l'écriture inspirée, elle me transporte dans un univers aux possibilités infinies et me montre les étapes que je dois franchir à partir de l'endroit où je me trouve. En gros, ma sagesse intérieure, mes anges et mes guides me montrent exactement où je suis, pourquoi j'y suis et où aller.

Identifiez le sens de votre vie, son but et la voie à suivre

L'écriture inspirée vous offre un des moyens les plus importants, les plus puissants et les plus radicaux pour découvrir le sens de votre vie, son but et la voie à suivre.

En plus de demander « Que dois-je savoir aujourd'hui ? » et « Qui suis-je ? », vous pouvez poser les questions suivantes :

- « Quel est mon but dans la vie ? »
- « Quelle serait la meilleure voie à suivre ? »
- « Qu'est-ce qui me passionne ? »
- « Quels sont les rêves et les espoirs de mon âme ? »
- « Quelle est ma mission sur Terre ? »

Voici une question que j'aborde souvent dans mon balado et dans mes formations :

« Pouvez-vous m'aider à mettre au point mon énoncé de mission et à trouver un vrai sens à ma vie ? »

L'expérience de l'écriture inspirée vous permettra d'examiner le tableau d'ensemble de votre vie et de découvrir la mission de votre âme, votre mission spirituelle.

Je vous conseille de poser souvent les questions suivantes : « Quel est le sens de ma vie, mon but et mon chemin ? », « Où vais-je dans la vie ? », « Pourquoi suis-je venu ici ? », « Quelle est ma mission ? », « Pourquoi ai-je choisi cette incarnation ? ».

Vous obtiendrez des éclaircissements, et avec eux, les indications qui vous guideront sur le chemin de votre vie. Intéressez-vous aussi aux schémas récurrents et aux dangers qui vous guettent : « Comment se fait-il que je retombe toujours dans les mêmes ornières ? », « Pourquoi est-ce que je persiste à me saboter ? ».

Si la réponse à la question « Pourquoi ces émotions émergent-elles toujours en moi ? » vous préoccupe, interrogez l'écriture inspirée et elle vous répondra. Elle vous transmettra aussi ce dont vous avez besoin pour vous débarrasser des blocages, pour lâcher prise et agir autrement.

Chaque fois que vos émotions entrent en ligne de compte, quand vous retombez dans les mêmes schémas, quand vous êtes émotionnellement bloqué, renfermé, déprimé, triste, anxieux ou effrayé – cette liste n'est pas exhaustive –, sollicitez les conseils de l'écriture inspirée. Ses réponses vous surprendront. Les expériences de certains de mes clients illustreront cette réalité.

John, un peintre célèbre, a retenu mes services. Ses toiles avaient beau se vendre des dizaines de milliers de dollars, il se sentait perdu et coincé quand je l'ai connu. Il avait l'habitude de monter une entreprise, puis de faire faillite. Il fallait découvrir pourquoi. Heureusement, il s'est mis à l'écriture automatique et les réponses lui sont venues.

Il a su qu'il craignait de ne pas être à la hauteur, qu'il souffrait d'un complexe d'infériorité et qu'il ne savait trop quel sens donner à sa vie. L'écriture inspirée a été pour lui une révélation. Il a mis fin à cet autosabotage, il a organisé son emploi du temps et s'est jeté à corps perdu dans son travail.

Pour parvenir à ce résultat, l'écriture inspirée et moi (en coaching, nous faisons équipe) avons encouragé John à s'accorder des pauses et à ramener la joie dans sa vie. Ce faisant, son entreprise a pris du galon. Nous l'avons en outre incité à s'attaquer d'abord et avant tout à ce qui l'effrayait ou à ce qu'il regrettait le plus. Cela a été difficile pour lui, puisqu'il commençait souvent des projets qu'il peinait à mener à terme. Quand il a réussi à venir à bout de ses projets, ses affaires ont vraiment décollé.

Mary Bell était cadre dans une entreprise. Elle n'arrivait pas à trouver un sens à sa vie. Elle était immigrante et avait une belle carrière, mais se sentait toujours un peu comme un poisson hors de l'eau. Elle a fait l'expérience de l'écriture inspirée. Les réponses ne lui sont pas venues sur-le-champ, mais elle a tout de même commencé à y voir plus clair.

Elle envisageait de démissionner pour devenir consultante. Mais plus elle interrogeait l'écriture inspirée, plus sa vie prenait une autre tournure. Elle a constaté qu'elle agissait déjà comme consultante à son travail sans en avoir le titre, et s'est réconciliée petit à petit avec ses responsabilités. Par le fait même, sa vie a changé du tout au tout et les promotions se sont multipliées.

Elle a gravi trois échelons, voire quatre majeurs, dans la hiérarchie de l'entreprise et dirige maintenant d'énormes équipes d'employés qui occupent des postes supérieurs à celui qui était le sien avant de faire de l'écriture inspirée. Même le patron de son patron est maintenant sous ses ordres. Elle non plus ne sait pas avec certitude quel sera l'avenir du monde dans lequel nous vivons, mais grâce à l'écriture inspirée elle sait qu'elle est exactement là où elle est censée être.

Une soupe primordiale d'énergie

Tout est énergie. Je me considère comme un alchimiste dans mon travail de coaching, même si je ne sais pas transmuter le plomb en or – ce serait trop beau. Je suis un alchimiste parce que j'aide les gens à transformer des énergies négatives en énergies positives, des espoirs et des rêves en réalité. Comme je l'ai dit précédemment, nous nageons tous dans un océan, dans une soupe primordiale d'énergie, et quand nous apprenons à nous en servir, nous pouvons l'attirer à nous comme pendant une séance de taï-chi, la remuer et en faire quelque chose d'extrêmement positif.

Nous sommes tous des êtres d'énergie (selon la physique quantique, tout être et toute chose sont énergie, et rien ne nous sépare les uns des autres). En gros, nous sommes un ensemble de molécules elles-mêmes constituées d'atomes. Or, il se trouve que ces atomes ne sont que des fréquences qui vibrent dans un champ. Tout se compose de fréquences qui vibrent dans un champ et rien, nulle part, ne sépare ces fréquences les unes des autres. Puisque nous sommes constitués d'énergie et que cette énergie vibre, il s'ensuit que nous possédons tous une sensibilité énergétique même si nous n'en sommes pas conscients.

Nous sommes des diapasons humains. Nous vibrons à la fréquence de ce qui nous entoure. Si vous assistez à un concert de musique rock, vous vibrerez littéralement. À proximité d'un clocher d'église, chaque fois que la cloche sonnera l'heure (ou plus) vous ressentirez son énergie vibratoire. Nous avons tous vibré en écoutant de la belle musique, de la mauvaise musique, un orateur éloquent ou un mauvais orateur. Nous avons tous vibré quand certaines personnes très spéciales entraient dans une pièce. Je n'ai pas encore rencontré le dalaï-lama, mais je devine qu'on doit ressentir une vibration palpable à son arrivée.

À Maui, j'avais un maître de méditation très spécial prénommé Claudio. Sa présence suffisait à transformer une salle entière en un lieu de magie et de sérénité. Jessica et moi le surnommions «le remorqueur». Quand nous étions en phase avec son énergie, il nous attirait dans les eaux les plus profondes du silence.

L'écriture inspirée peut, elle aussi, nous tirer à sa suite et nous aider à aller à l'encontre de l'énergie agitée, frénétique et affolée qui se répand dans le monde. Qu'il s'agisse de la pandémie, du réchauffement planétaire ou d'un conflit de travail, l'écriture inspirée nous permet de rester centrés dans ces périodes difficiles et même au-delà.

Vous lisez ce livre parce qu'il vous a attiré, parce que mon travail vous a attiré, et cela signifie que vous possédez une grande sensibilité énergétique. Je suis moi-même très sensible aux énergies. J'avais l'habitude de dire que j'étais un «chevreuil nerveux» : dès que quelque chose me mettait mal à l'aise, je fuyais à toutes jambes. Je ressens l'énergie des autres, l'énergie des événements qui se préparent, l'énergie de la Terre et, bien entendu, l'énergie de nos chats et celle de Roo Roo, notre coq hypersensible.

Je sais ce que ressentent mes clients avant même qu'ils se confient à moi, et je sais aussi ce que ressent Jessica. La présence dans la même pièce de deux empathes donne parfois lieu à des occurrences très stimulantes quand nos boucles de rétroaction non verbales explosent. Cela dit, puisque la sensibilité énergétique de Jessica est dix fois supérieure à la mienne, il est extrêmement important pour elle de bien s'ancrer dans l'écriture inspirée et d'être attentive à l'endroit et à la façon dont elle absorbe l'énergie omniprésente.

Mettez fin aux schémas qui vous desservent

J'ai l'impression d'être né blessé. Si l'on compte mon crâne déformé par les forceps, les trois fractures qu'il a subies avant que j'aie atteint l'âge de deux ans, et tous les accidents dont j'ai été victime année après année bien avant de frôler la mort à deux reprises et de recevoir des hanches et des fémurs jumeaux en titane… j'en conclus que, oui, je suis un diapason. De toute évidence, j'étais prédisposé aux accidents.

À Maui, après un accident de trop, une chute de vélo dont j'avais récolté des fractures aux côtes, devant, derrière, au-dessus et presque au-dessous du cœur, j'ai fait un bilan. Je voulais aller au fond des choses, mettre fin à ces accidents, aux blessures, à beaucoup trop de souffrance, selon moi, avant que cela ne se reproduise. À l'aide d'un tableur, j'ai répertorié trente-six incidents différents qui m'avaient occasionné des fractures ou des hospitalisations.

J'ai interrogé l'écriture inspirée au sujet de ces blessures récurrentes : « D'où cela vient-il ? » « Pourquoi les choses se passent-elles ainsi ? » « Pourquoi est-ce bon pour moi ? » « Comment puis-je m'en défaire ? » La réponse qui m'a été donnée, je l'avais déjà entendue à l'occasion d'une régression dans mes vies antérieures. J'avais demandé à recevoir le plus grand nombre possible de leçons ou d'enseignements dans cette vie, tout en sachant qu'ils seraient souvent douloureux. Je me suis entendu dire : « Je veux la totale ! » En gros, j'avais négocié un contrat d'âme selon lequel je subirais des blessures en série pour apprendre, pour grandir, et pour ensuite me servir de ces enseignements pour venir en aide aux autres.

Bien entendu, quand j'ai eu parfaitement compris ce qu'il en était, j'ai demandé à l'écriture inspirée si l'on ne pourrait pas renégocier mon contrat. Vu mes régressions dans mes vies antérieures et mon expérience de l'écriture inspirée, je suis enfin libéré (ou presque) de ces blessures, à l'exception d'une occasionnelle fracture d'orteil.

Il n'est pas nécessaire de subir des fractures multiples ou des blessures en série pour que l'écriture inspirée vous aide à mettre fin à vos schémas récurrents ou à renégocier vos contrats d'âme.

Si vos relations sont toujours vouées à l'échec – comme me l'a confié mon mentor Jack : «J'ai épousé trois fois la même femme» –, ou si vous occupez toujours des emplois sans avenir, interrogez l'écriture inspirée. Vous pouvez lui confier tous les schémas récurrents imaginables, vos peines de cœur, vos dépendances, tout ce qui vous vient à l'esprit.

Nous subissons tous des schémas récurrents, mais il n'est pas facile de prendre conscience de nos points aveugles. C'est là que l'écriture inspirée entre en jeu et assume même un rôle de coach de vie ou de conseillère, puisque nous pouvons lui poser des questions comme celles-ci : «Comment se fait-il que je m'engage toujours dans les mêmes relations ?» «Comment se fait-il que je déniche toujours des emplois sans avenir ?» Ou, bien entendu : «Comment se fait-il que je me blesse sans cesse ou que je tombe toujours malade ?» On peut interroger l'écriture inspirée sur tous ces sujets, quels qu'ils soient.

Mettre un terme aux schémas récurrents est l'un des moyens les plus efficaces dont se sert l'écriture inspirée pour vous venir en aide. Quand vous constatez la présence de schémas indésirables, quand vous avez l'impression de jouer dans le film *Un jour sans fin*, confiez ces schémas à l'écriture inspirée.

Faites comme moi, dressez un bilan. Inventoriez vos schémas récurrents. Formulez la question suivante pendant une séance d'écriture inspirée : «Est-ce que je retombe toujours dans les mêmes ornières ?» Rédigez la chronologie de votre vie, notez ses événements marquants et, bien entendu, efforcez-vous d'identifier les schémas récurrents qui occupent votre esprit. Car l'esprit est créateur. Vous créez ce sur quoi vous focalisez votre attention. Si vous vous dites sans cesse : «Mes relations sont vouées à l'échec, vouées à l'échec, vouées à l'échec», il est certain que toutes vos relations échoueront.

L'écriture inspirée peut mettre fin à tout cela.

Elle peut vous aider à identifier les schémas récurrents, leur raison d'être, et même à vous en débarrasser si vous le lui demandez. Qu'est-ce que cela signifie? Tout simplement que des schémas énergétiques occupent notre champ – champ magnétique, ADN éthérique (je viens d'inventer cette formulation) ou simplement l'énergie qui nous entoure et nous relie les uns aux autres, l'espace qu'Ervin Laszlo, deux fois mis en nomination pour le prix Nobel de la paix, appelle le champ akashique. Quelle que soit sa désignation, c'est en lui que se concentrent les blessures et les traumatismes énergétiques du corps. Quels sont-ils? Si vous retombez dans un même schéma, si vous gardez des rancunes, si vous réagissez exagérément à certaines situations, et, plus particulièrement, si vous souffrez de stress post-traumatique, c'est signe qu'un schéma, une blessure ou un blocage énergétique vous affecte, dont vous devez vous libérer. Les moyens d'y parvenir se comptent par douzaines et incluent l'écriture, la prière, les énoncés libérateurs, et ainsi de suite. L'écriture inspirée peut vous aider à choisir la solution la plus adaptée à votre situation.

Si vous avez besoin d'aide, l'écriture inspirée vous incitera à trouver un coach, un conseiller ou un énergéticien qui vous soutiendra dans votre guérison. Bien évidemment, les deux techniques que je préconise sont l'EFT (Technique de libération émotionnelle), que j'enseigne et j'utilise avec mes clients et étudiants, et le livre de Bradley Nelson, *Le Code des émotions*.

Avec l'EFT, il s'agit de formuler des énoncés libérateurs en tapotant l'un de huit ou neuf points d'acupuncture du corps afin de provoquer une réaction du système nerveux parasympathique (l'efficacité de cette technique, particulièrement pour soigner les traumatismes et les chocs graves tels ceux que subissent les vétérans souffrant de TSPT (Trouble de stress post-traumatique), a été démontrée).

Un antidote à nos hantises

Nous avons tous des pensées récurrentes, des hantises, ces préoccupations auxquelles nous nous raccrochons de minute en minute, d'heure en heure, jour après jour. Il semblerait que de 50 000 à 60 000 pensées nous traversent quotidiennement l'esprit. Je ne sais pas comment on arrive à cette conclusion. Est-ce à dire que l'on appuie sur un bouton chaque fois qu'une idée nous vient ? Clic clic clic clic. Mesure-t-on les pointes qui apparaissent sur une sorte d'EEG intérieur ?

Nous savons cependant que nous remâchons toujours la même pensée. L'avenir nous inquiète, nous regrettons tel ou tel événement passé, nous nous traitons d'ânes bâtés pour avoir fait ceci ou cela, nous sommes idiots de posséder tel ou tel objet, nous nous faisons toujours du souci pour nos enfants, nos finances, notre emploi, la situation politique, notre santé ou toute autre chose (insérez ici votre objet d'inquiétude).

Voici un antidote à vos hantises, un exercice qui vous aidera à identifier ces pensées répétitives et à vous en débarrasser. Comme vous l'avez fait en dressant le bilan de votre vie, posez à l'écriture inspirée la question suivante : « Mes anges, mes guides, mes travailleurs de lumière, ma sagesse intérieure, quels schémas de pensée se répètent dans ma tête du matin au soir ou m'enlisent dans mes habitudes ? » Écrivez ensuite toutes les réponses qui vous sont offertes. Cette méthode est très efficace pour obtenir de l'aide et des réponses à vos questions.

Les travailleurs de lumière, que je n'avais pas encore définis, sont des créatures de l'au-delà, mais pas des anges. Il peut s'agir d'un être cher, d'un esprit bienveillant, d'un animal de compagnie décédé, de tout être ou toute entité dont la tâche dans l'au-delà consiste à hisser l'humanité sur un plan supérieur (on pourrait aller jusqu'à dire qu'ils sont votre équipe spirituelle).

Dressez un bilan. Confiez ces pensées à l'écriture inspirée avant même de lui demander quel est votre SUO (Seul et unique objectif). Énumérez vos hantises dans la première colonne, et dans la seconde, l'antidote ou le remède suggéré par l'écriture inspirée.

Qu'est-ce qui fera contrepoids à votre pensée ou votre inquiétude récurrente ?

Il se pourrait, par exemple, que la situation politique ou, plus simplement, les actualités vous obsèdent et vous inquiètent. Écrivez : «Je me focalise sur les mauvaises nouvelles» dans la colonne de gauche, et dans celle de droite, notez l'antidote : «Au lieu de passer mon temps à regarder les actualités, je changerai de chaîne ou je songerai à ce que je pourrais faire de positif pour ma famille ou pour moi-même.» En ce qui me concerne, chaque fois que j'étais obsédé par les actualités, je me remettais à l'écriture de ce livre ou je planifiais un événement à venir. Le négatif devient ainsi le déclencheur de quelque chose de très positif.

Autre exemple : quand vous constatez que vous vous traitez d'idiot, écrivez, dans la colonne des hantises : «Je dis que je suis idiot.» Puis demandez à l'écriture inspirée de vous suggérer un bon antidote : «Quel serait un bon antidote à cela ?» Vous entendrez peut-être *Chaque fois que tu te traiteras d'idiot, souviens-toi que tu es aimé et compétent. Chaque fois que ta situation financière t'inquiètera, souviens-toi de tes aptitudes et dis-toi que tu as bien réussi jusqu'à présent.* Ne vous fiez pas à vos seules réponses. Faites-vous aider par l'écriture inspirée.

Prenez un stylo et du papier et formulez la question suivante : «Quel serait un bon antidote pour chacune des pensées qui me hantent ?» Choisissez une ou deux pensées conséquentes qui vous taraudent sans relâche. Quel est votre plus grand souci ? Commencez par celui-là.

Si vous procédez ainsi chaque jour, vous vous sentirez plus léger, plus en forme, moins stressé, moins en pilotage automatique. Vous cesserez de vivre en fonction des réactions que le singe de l'esprit a fondées sur ses peurs et vous adopterez une approche proactive. Si vous faites assidûment cet exercice, vous reprendrez le contrôle de vos pensées et de votre vie.

Car, ainsi que l'affirment Neville Goddard et un auteur plus récent, Mitch Horowitz, que j'estime aussi beaucoup, le cerveau est créateur. On crée vraiment ce à quoi l'on pense. En d'autres termes, l'énergie se concentre là où l'attention se focalise. Par conséquent, faites cet exercice et dirigez votre attention et votre énergie créatrice exactement là où vous le souhaitez.

Est-ce que cela me rend service ?

Nous avons tous des idées préconçues et des filtres mentaux dont nous supposons qu'ils correspondent à la réalité. Personnellement, je me dis toujours que telle ou telle chose n'est pas dans le frigo, parce que je ne m'attends pas à l'y trouver. Je suis littéralement aveugle à un gros pot de salsa ou à un paquet de tortillas parce que je suis certain qu'ils n'y sont pas. Évidemment, quand Jessica arrive, elle les voit tout de suite puisqu'elle n'a pas de ces idées préconçues.

L'écriture inspirée vous aide à identifier vos points aveugles, autrement dit vos filtres, et à les dépasser. Cela me rappelle ce que disait Einstein : « Un problème créé ne peut être résolu en réfléchissant de la manière dont il a été créé. » L'écriture inspirée nous replace au-delà de nos filtres, au-delà de l'information par laquelle nous nous laissons pénétrer et nous fait voir les choses de l'extérieur.

Le cerveau reçoit littéralement des milliards de signaux à la minute, mais ne peut en traiter que quelques milliers (cela aussi, je me demande bien comment il a été possible de le mesurer). Mais c'est la raison pour laquelle nous pouvons littéralement ne pas voir ce que nous avons sous les yeux.

Cela concerne aussi bien la salsa, les tortillas et même le lait d'avoine, qu'un gorille géant. Le test du gorille invisible, mis au point en 1999 par Christopher Chabris et Daniel Simons, a valu un prix Nobel à ces deux chercheurs. Les participants au test avaient reçu la consigne de compter le nombre de passes de ballon entre deux équipes de basketball. Leur cerveau était si concentré sur le ballon qu'ils n'ont pas vu la personne déguisée en gorille qui traversait la scène au beau milieu du test.

Ce test classique, qu'ils décortiquent dans leur livre *Le Gorille invisible*, explique pourquoi nous ne trouvons pas le lait dans le frigo, nos lunettes sur notre tête, le téléphone dans notre main ou même les clés de la voiture juste sous nos yeux. Autrement dit, le cerveau nous joue des tours et filtre tout ce qui, selon lui, ne nous est pas utile. Mais il lui arrive de se tromper.

Nous avons tous des idées préconçues et des filtres qui nous empêchent de réaliser notre plein potentiel, d'accomplir de grandes choses, de découvrir qui nous sommes vraiment. Par exemple, vous vous dites que vous n'êtes pas un artiste ou que vous ne comprenez rien aux maths. Vous vous demandez si vous faites correctement votre travail ou si vous consacrez assez de temps à votre famille. Vous reportez un projet de rénovation domiciliaire aux calendes grecques parce que vous êtes persuadé de manquer de compétences pour l'entreprendre.

Chaque fois que je dis quelque chose de ce genre, Jessica me regarde droit dans les yeux et dit : « Pensée limitante. » Elle a raison. Chaque fois qu'il est question de ce dont nous sommes ou ne sommes pas capables, ou des raisons qui nous empêchent d'être ceci ou cela, il s'agit d'une idée préconçue ou d'une certitude enracinée dans notre esprit.

Vous ne serez sans doute pas le pivot d'une équipe de la NBA si vous faites 1,53 m et êtes âgé de 79 ans, mais même cette certitude pourrait être remise en question, car il ne faut jamais dire jamais.

L'exercice de la boîte de rangement

Que pouvons-nous faire pour découvrir qui nous sommes réellement et dépasser nos idées préconçues et nos pensées limitantes ? L'exercice de la boîte de rangement. En voici une explication toute simple. Je cherchais mes bottes de ski dans le garage. Je les ai cherchées partout. Absolument partout.

La saison du ski commençait, je n'avais pas chaussé mes bottes depuis le printemps. J'ai déplacé toutes les boîtes et tous les bacs de rangement du garage pour trouver les fameuses bottes. J'ai été très méthodique, sachant que si je demandais à Jessica d'intervenir, elle les trouverait tout de suite et se moquerait de moi. Elle est Scorpion, elle sait qu'il m'arrive d'être paresseux quand je cherche quelque chose et de lui demander de s'en charger à ma place, si bien qu'elle veille à ce que je fasse preuve de diligence.

J'ai donc regardé. Absolument. Partout. Après avoir fouillé tous les recoins possibles (TOUS LES RECOINS auxquels mon esprit pouvait songer, compte tenu de mes filtres), quand Jessica est rentrée un peu plus tard, je lui ai demandé si elle savait où se trouvaient mes bottes.

— Tu crois qu'on te les a volées? a-t-elle dit.

— Pas du tout. Elles sont très probablement dans le garage. Il faut qu'elles y soient. Mais j'ai dans la tête un point aveugle qui m'empêche de les voir.

Elle est allée dans le garage, bien décidée à trouver mes bottes. Cinq minutes plus tard, elle a tiré à elle un bac en plastique étiqueté comme suit : «Assiettes et tasses.» Les bottes y étaient parfaitement visibles sans même qu'on ait à l'ouvrir. Mais puisque j'avais lu «Assiettes et tasses» sur le bac, je n'ai rien vu de ce qui se trouvait derrière l'étiquette. Je n'ai pas pu voir le gorille parce que ce n'est pas un gorille que je cherchais.

Qu'est-ce que cela a à voir avec le fait de sortir de l'ornière? Si nous voulons vraiment aller de l'avant, il faut voir plus loin que les étiquettes et les filtres, il faut voir plus loin que ce que nous pensons trouver dans nos boîtes de rangement. Comment? Encore une fois, avant même de demander à l'écriture inspirée quel est votre SUO, dressez le bilan de toutes vos idées préconçues.

Ouvrez toutes les boîtes de rangement de votre vie, peu importe ce que disent les étiquettes, et posez-vous les questions suivantes : «Est-ce que ça fonctionne? Est-ce un échec? Est-ce que l'écriture inspirée fonctionne?» Préparez la liste exhaustive de toutes les idées préconçues qui vous viennent à l'esprit.

Depuis quelque temps, Jessica et moi ouvrons des tas de boîtes de rangement. C'est la raison pour laquelle nous modifions peu à peu le format de notre balado *Inspire Nation*. Nous sortons de notre zone de confort et relevons de nouveaux défis. Nous ouvrons littéralement chacune des boîtes de rangement de notre vie pour en examiner le contenu.

« Est-ce agréable de produire de quatre à cinq balados par semaine ? » On ouvre cette boîte de carton, on examine l'idée préconçue qu'elle renferme. « Hum ! À vrai dire, nous préférerions nous en tenir à deux entretiens par semaine et passer plus de temps à mettre au point des cours en ligne. » Vous voyez ? Nous avons dépassé une idée préconçue.

Il y a aussi le format d'une heure, la façon dont se déroulent les entretiens, et même l'écran vert. Jessica déteste au dernier degré l'écran vert. Elle a raison, nous remettons chaque détail en question dans le but de l'améliorer.

Quand on remet tout en question par l'écriture inspirée, on peut vraiment transformer sa vie pour le mieux. Confiez absolument tout à l'écriture inspirée. N'ayez pas peur, personne ne lira vos textes. Ne laissez rien au hasard, parlez de vos habitudes, de vos schémas, de chacune de vos pensées ou presque – bon… gardons-nous tout de même une petite gêne. Mais vous ferez intervenir l'écriture inspirée dans tous les aspects de votre vie : votre attitude envers vous-même, envers vos enfants et votre conjoint ou conjointe, ce que vous pensez de votre travail, de vos aptitudes et de vos inaptitudes, votre régime alimentaire, vos déplacements, votre emploi du temps.

Examinez tous ces domaines en détail : la famille, les amis, le milieu, l'emploi du temps, la somme de vos engagements, tout ce dont votre vie est faite, et confiez à l'écriture inspirée cette boîte de rangement remplie d'idées préconçues.

Ouvrez la boîte de rangement de la vie

Pendant l'écriture de ce livre, la COVID-19 battait son plein et Jessica venait de subir une troisième fausse couche. Ces deux événements ont beaucoup de points communs. Pour moi, la pandémie se rapproche de la fausse couche. Nos rêves, nos espoirs, nos projets d'avenir ont avorté. Pour beaucoup de gens, leurs rêves et leur *vision de la vie* se sont envolés en fumée pendant que le monde entier s'efforçait de vivre normalement.

Que faire? En ce qui nous concerne, nous avons tout remis en question. Nous avons ouvert cette boîte de rangement et nous nous sommes demandé ce qui nous allait encore, ce qui ne nous allait plus, ce qui devait changer et ce qui n'était bon désormais qu'à jeter. Nous avons voulu savoir ce qu'il en était de notre relation, de notre foyer, de notre entreprise, de nos biens, de la voiture, du pays, de pratiquement tout, sauf des chats.

Quand un «tremblement de vie» secoue votre être au plus profond, il est important de prendre du recul et de se poser les vraies questions. Bien entendu, nous avons fait une grande partie de ce travail en invoquant nos anges ou nos guides par l'écriture inspirée pour qu'ils nous conseillent et nous aident à composer avec la situation, à guérir et à décider des mesures à prendre.

Toutes les options sont envisageables, mais avec l'écriture inspirée nous savons que nous ne prendrons aucune décision à la légère, qu'elles seront toutes bien réfléchies et qu'elles nous permettront de guérir et d'aller de l'avant. Le moment où l'on fait son deuil peut être passionnant. L'écriture inspirée nous transmet deux messages importants, à la fois pour nous et pour nos clients.

1. **Vous n'êtes pas censés connaître les réponses maintenant.** Ces temps d'incertitude, de confusion ou de chaos sont là pour nous rendre service. Nous avons pour seule responsabilité de travailler sur nous-mêmes, de découvrir comment aller de l'avant. Cela ne veut pas dire ne pas aider les autres ; cela veut simplement dire que ce n'est pas le moment d'essayer de comprendre. Songez à l'analogie ou à la métaphore du papillon dans sa chrysalide : nous sommes chacun ce papillon. Quand la chenille est tout enveloppée de soie, elle ignore la forme qu'elle aura quand elle s'en libérera. Au cœur de cette expérience, ses enzymes la font se digérer elle-même. Si certaines cellules vont là où elles deviendront des yeux, un cerveau, et ainsi de suite, durant ce processus elle n'est qu'une bouillie primordiale. C'est aussi ce que nous sommes en ce moment, collectivement et individuellement.

2.
Sinon maintenant, quand? L'écriture inspirée nous pousse constamment à effectuer maintenant des changements en profondeur. De foncer maintenant. De sortir maintenant de notre boîte de rangement. Sinon maintenant, quand? passe-t-elle son temps à répéter.

L'écriture inspirée pour prendre de meilleures décisions

Jessica et moi sommes allés récemment faire notre promenade habituelle en ville avant le coucher du soleil. Au retour, les nuages ont acquis une vibrante teinte rouge cerise. Nous avons fait demi-tour et mis le cap sur les collines avec la Tesla jaune vif dans l'espoir de capter une scène magique. Hélas, les couleurs se sont affadies avant que nous ayons atteint le sommet.

En revenant, je me suis dit que rien n'arrive sans raison et, bientôt, nous avons su ce qu'il en était. Je ne connais pas encore très bien la réponse à la question classique «Pourquoi le poulet a-t-il traversé le chemin?» Mais dans le cas qui nous occupe, alors que je descendais le flanc de la colline en voiture, un coq a traversé l'autoroute juste devant moi. C'était le crépuscule, il ventait, des voitures filaient à toute allure dans les deux sens.

Je me suis rangé sur l'accotement en faisant très attention. Puis, ô miracle, après m'être approché du coq pour lui parler, au bout de quelques minutes j'ai pu le mettre en sûreté. Sauver ce coq a été assez facile (mais avez-vous déjà vu un coq en liberté dans une Tesla?). Le plus compliqué a été de savoir comment procéder une fois que nous sommes rentrés à la maison. Qu'est-ce que j'ai fait? J'ai demandé à l'écriture inspirée de me dire comment prendre soin de ce volatile.

Cela vous semblera complètement dingue, mais l'écriture inspirée peut répondre à pratiquement toutes vos questions. Elle peut même vous dire comment soigner un coq rebelle et lui apprendre la propreté. Nous l'avons baptisé Lucky Ruby Roo Roo – ou Roo Roo tout court. Selon l'écriture inspirée (et ainsi que nous l'ont confirmé des entités animales de confiance), il fait partie de la famille et il est là pour de bon.

L'écriture inspirée est votre meilleur outil décisionnel. Elle peut répondre à presque toutes vos questions ou, du moins, vous mettre sur la bonne voie. Cela ne s'arrête pas aux coqs. Cela concerne aussi les dilemmes, l'impression de piétiner, le besoin de savoir si vous allez ou non dans la bonne direction. Pourquoi ? Parce que l'écriture inspirée fait taire le cerveau pensant. Comme je le rappelais déjà à propos d'Einstein : « Un problème créé ne peut être résolu en réfléchissant de la manière dont il a été créé. » Autrement dit, imaginez être enfermé dans une boîte et tenir un bout de papier sur lequel est écrit : « Le mode d'emploi est imprimé sur le dessus de la boîte. » Il faut donc sortir de la boîte où nous nous sommes rangés pour voir ce qui se passe et nous en libérer. C'est là qu'intervient l'écriture inspirée, puisqu'elle n'est jamais avec nous à l'intérieur de la boîte.

Bien entendu, l'écriture inspirée peut vous apporter une sagesse plus grande que la vôtre, la sagesse venue d'un plan supérieur, d'une source supérieure, et même d'un être supérieur. Le cerveau pensant, qu'on appelle également le petit soi ou l'ego, est toujours dans la crainte. Il s'efforce de vous protéger. Et pour ce faire, il vous rangera dans la plus petite boîte possible, même si vous souffrez d'y être à l'étroit.

Contrairement à d'autres maîtres spirituels qui vous incitent à vous débarrasser de l'ego, à le surpasser, voire à l'éliminer ou à le détruire, j'aime l'ego. Je veux l'intégrer, en faire mon ami et en tirer des leçons. Mais l'ego est l'enfant intérieur blessé que la peur pousse à vous protéger. Si, pour cela, il doit faire en sorte que vous restiez caché sous le lit, où vous perdrez votre emploi, vos revenus, votre maison, c'est la solution aberrante qu'il trouvera pour vous protéger.

Qu'est-ce que cela signifie ? Tout juste qu'en soumettant nos incertitudes à l'écriture inspirée, nous triomphons des inquiétudes de l'ego.

Beaucoup de mes clients qui cherchaient un nouvel emploi ou une occasion de changer leur vie du tout au tout y sont parvenus en confiant leurs questionnements à l'écriture inspirée. Il s'agit des plus grandes décisions de l'existence, celles qui touchent la mort, le divorce, les vérifications fiscales, les déménagements, et ainsi de suite.

À cet effet, on peut se demander si la peur ou l'amour motive nos décisions. L'ego qui s'appuie sur la peur intervient dans la résolution de problèmes, les remue-méninges (quel mot fascinant) ou la recherche active de solutions, lesquelles sont alors fondées sur la peur. Mais quand nous confions nos interrogations à l'écriture inspirée, les guides n'ont aucun intérêt direct dans ces affaires; l'amour seul les motive, si bien que les réponses que vous recevez sont fondées sur l'amour.

Ce qu'il faut retenir ici, c'est qu'il s'agit de choisir entre la peur et l'amour, entre ce qui semble léger et ce qui semble lourd. L'écriture inspirée vous permet de cultiver ce discernement, de changer votre perception du processus décisionnel lui-même.

Surmonter ses peurs

Une question est souvent nébuleuse et sens dessus dessous dans notre esprit avant que nous la confiions à l'écriture inspirée. Pourquoi donc? Parce que nous avons appris que la peur est négative. Mais la peur n'est qu'une émotion ou de l'énergie en mouvement. Elle peut même être positive, voire très bénéfique. Quand vous traversez la route (avec ou sans coq), la peur vous rend prudent et vous aide à prendre de meilleures décisions pour éviter les voitures. En ce sens, elle a du bon.

Trop souvent, cependant, la peur nous fait hésiter, reculer, et nous amène même à figer au beau milieu de la circulation, ce qui n'est pas sage. Mais grâce à l'écriture inspirée, vous pouvez l'envisager sous un autre angle, de telle sorte qu'elle vous aidera à prendre de meilleures décisions ou vous dévoilera qu'à certains moments vous pouvez compter sur elle, vous pelotonner contre elle – un coucou ici à Ram Dass pour le verbe « se pelotonner ».

La peur correspond selon moi à l'enthousiasme qui suit le réalignement. Quand on l'observe sous un tout autre angle – en la renversant pour la réaligner –, on voit qu'elle est un moteur puissamment positif. Vous regardez rapidement à votre droite et à votre gauche, et vous vous hâtez de traverser la route.

À mes yeux, la peur et l'anxiété sont un enthousiasme déguisé, ou encore un enthousiasme qui se refuse à l'action délibérée. En d'autres mots, quand nous étions enfants, nous répondions spontanément à ce qui suscitait notre enthousiasme en agissant avant qu'on nous dise que c'était dangereux, que nous devions être prudents ou faire attention. Ces mises en garde nous ont remplis de confusion. Mais l'élan initial – voilà ce qu'est la peur – peut réellement nous venir en aide quand nous comprenons clairement de quoi il s'agit.

Cela ne veut pas dire ne pas faire attention, ne pas être prudent ni ne pas regarder avant de traverser la route, mais évaluer honnêtement cette peur, identifier sa source et sa façon de se placer à notre service.

Prenons pour exemple une course à pied. Si vous avez déjà été à la ligne de départ d'une course à pied ou de toute autre course, vous avez eu le trac, vous avez ressenti une peur extrême pendant que l'adrénaline se répandait dans vos veines. Vous avez eu peur. Mais au signal du départ, vous vous êtes senti mieux. Que s'est-il passé ? Essentiellement, une vague d'énergie s'est emparée de vous pour vous aider à courir. Quand vous vous êtes lancé dans la course, la peur s'est immédiatement transformée en enthousiasme et en mouvement délibéré.

À propos de la peur, notre chère amie Carol nous a confié ce qui suit : « En novembre 2018, j'ai lancé un balado et un blogue. J'avais mis fin à vingt ans de carrière en entreprise et je souffrais d'un violent syndrome de l'imposteur. De quel droit voulais-je créer une communauté virtuelle ? De quel droit animerais-je un balado ? De quel droit écrirais-je un blogue ? Ces questions se bousculaient dans ma tête. La peur menaçait de prendre le dessus. Avais-je commis une grave erreur ? Je me suis tournée vers l'écriture inspirée comme je le fais toujours dans les moments de crainte et d'incertitude. Le message reçu parlait de confiance et du fait que j'étais soutenue à tout moment. Il fallait seulement que j'apprenne à recevoir. Mon équipe supérieure a même mentionné Michael ! »

Une page de journal de Carol qui montre comment l'écriture inspirée lui a apporté des réponses et l'a aidée à prendre une décision importante pour sa vie.

Le pouvoir de l'action délibérée

Je tiens à rappeler ici que *la peur est un enthousiasme qui se refuse à l'action délibérée*, car c'est là un concept d'une importance capitale.

Vous êtes à la ligne de départ de la course, vous avez peur, puis vous vous élancez, vous tendez délibérément vers votre objectif, quel qu'il soit, et dans ce cas-ci, la ligne d'arrivée. Aussitôt, vous vous sentez mieux. Pourquoi ? Parce que vous franchissez de plein gré les étapes qui vous amènent à votre but.

Que se passe-t-il si l'on confond deux objectifs ? Vous êtes à la ligne de départ de la course, mais vous prenez un cahier et vous commencez à écrire un livre. Il y a de fortes chances que vous soyez encore dans un état lamentable ou pis, surtout si, en étant distrait, vous ratez le départ. Si vous allez courir parce que la pensée d'écrire un livre vous rend nerveux, vous brûlerez un peu de cette énergie nerveuse, mais en rentrant, la pensée d'écrire un livre continuera de vous malmener.

Pourquoi ? Parce que la peur et l'anxiété sont des points de repère vers votre objectif. Quand on se concentre sur le but à atteindre, la peur et l'anxiété se transmutent – c'est ici qu'intervient l'aspect délibéré de l'action. Mais si vous vous contentez au contraire de brûler cette énergie nerveuse en faisant autre chose, la peur ne vous quittera pas tant que vous ne tendrez pas volontairement vers votre objectif.

Ainsi, la question la plus importante que nous puissions poser à l'écriture inspirée est celle-ci : « Est-ce la peur qui m'arrête net ou un enthousiasme déguisé ? »

Il y a plusieurs années, je me servais de l'écriture inspirée pour savoir si ma crainte de tourner des vidéos de dix minutes pour YouTube provenait d'un enthousiasme déguisé ou d'une peur très réelle reliée à des blessures intérieures. J'ai demandé à l'écriture inspirée : «À quoi tient cette peur ?» Elle m'a répondu qu'il s'agissait d'enthousiasme à l'idée d'aller de l'avant, de réaliser mes rêves et de guérir des blessures et des blocages.

Peu importe que vous exploriez une prise en compte, que vous guérissiez d'anciennes blessures, que vous envisagiez de vous réinventer ou que vous alliez à la rencontre de votre futur moi, l'écriture inspirée peut vous soutenir dans cette guérison, vous aider à muer, à vous délester de votre ancienne peau pour endosser la nouvelle. Cela vaut le coup d'être en vie, surtout si vous disposez d'un GPS intérieur qui vous guide vers votre grandeur personnelle, vous aide à vous pelotonner contre la peur et à entrer dans votre nouveau moi.

À quelles peurs s'attaquer par l'écriture inspirée ?

Vous pouvez soumettre presque toutes vos peurs et presque tous vos questionnements à l'écriture inspirée. Sachez cependant qu'au début le cerveau égoïque pourrait faire une crise de colère ou riposter. Nous y reviendrons un peu plus loin.

Permettez que je vous mette au défi de soumettre vos questions les plus graves et les plus intimidantes à l'écriture inspirée. Celles-ci, par exemple :

- «J'entre ou non en relation avec cette personne ?»
- «Je conserve mon emploi ou je démissionne ?»
- «Qu'est-ce qui arrive à mon enfant ?»
- «J'envisage de déménager. Est-ce la bonne solution pour nous ? Est-ce le bon moment ?»
- «Qu'est-ce que je dois savoir ou apprendre là-dessus et au sujet de ma décision ?»

Soumettez tous vos questionnements à l'écriture inspirée. Ne vous restreignez pas. Aucune question ne devrait être interdite. Comme dans l'exercice de la boîte ouverte que je vous ai expliqué précédemment, vous devez ouvrir toutes les boîtes de rangement de votre vie. Il faut que vous soyez tout à fait réceptif, honnête et transparent quand vous confiez vos décisions importantes à l'écriture inspirée, et que vous soyez prêt à voir se concrétiser vos plus grands rêves, des rêves sans doute plus grands que ceux que vous aviez osé rêver. Il faut aussi lui confier vos plus grandes peurs, car, comme l'a dit le poète Rûmî il y a 800 ans : «La blessure est le lieu par où la lumière entre en vous.»

Le plus important, c'est que l'écriture inspirée ne vous laissera pas limiter votre ambition. Aucun de nous n'est venu ici-bas pour endosser un petit rôle, puisque nous sommes tous issus du Divin, quelle qu'en soit votre définition. Aussi, l'écriture inspirée vous rappellera à l'ordre. Vous qui vous étiez peut-être senti appelé à réaliser de grandes choses, vous avez reculé, vous avez déclaré forfait, vous vous êtes déprécié et vous vous êtes dit : «Je ne peux pas demander ça.» Ou encore : «Moi? Je ne pourrai pas faire ça. Je ne pourrai pas lancer cette entreprise, ni accumuler autant de richesses, ni devenir célèbre. Je n'en suis pas capable.»

L'écriture inspirée vous rappellera très vite à l'ordre. Car pas une seule fois l'écriture inspirée n'a dit à quelqu'un qu'il n'était pas destiné à un grand avenir et à une existence magnifique s'il assumait sa peur et entrait résolument dans sa vie.

Quelle que soit la décision que vous désirez prendre, vous méritez les plus beaux cadeaux de la vie. Vous méritez d'avoir une vie extraordinaire. Vous êtes le plus incroyable, le plus magnifique, le plus exceptionnel être humain, et ces résultats vous sont acquis si vous osez prendre la plume et formuler ces questions importantes, puis faire un pas en avant. La vie est une danse à deux temps : 1) demandez, soyez disposé à écouter et à recevoir, et 2) agissez.

Comment améliorer sa vie grâce à l'écriture inspirée ?

Pour continuer sur la lancée du thème précédent, soit comment se faire aider de l'écriture inspirée dans nos décisions, voyons comment elle peut nous aider à opérer des changements, petits et grands, dans notre vie.

J'ai dit plus tôt que nous passons d'une prise en compte à une réinvention. Qu'est-ce que cela signifie ? Que nous devons souvent faire face à des périodes de défis et de changements sans précédent. L'année 2020 a certainement été l'une d'elles.

Sur le plan spirituel, tout ce que nous avions caché et esquivé, notamment nos blessures, nos traumatismes et les habitudes passées qui ne sont plus bonnes pour nous, tant collectivement qu'individuellement, réémerge pour être évacué et guéri. Cela fait, autre chose se substitue à cela. Car, lorsqu'on fait place nette, le nouveau peut entrer.

La question qui se pose est la suivante : que faut-il changer ou ne pas changer ?

Quand survient un « tremblement de vie », on se demande ce qui se passe, pourquoi les choses ne peuvent pas redevenir ce qu'elles étaient, ce qu'il faut changer pour être heureux, pour éprouver un sentiment de stabilité et de sécurité, et pour mieux apprécier la vie qu'on mène.

Voici quelques éléments clés. Vous pouvez poser à l'écriture inspirée cette question fondamentale : « Qu'est-ce qui doit changer dans ma vie ? » Ou celle-ci : « Qu'est-ce qui fonctionne et qu'est-ce qui ne va pas dans ma vie ? » Ou encore celle-ci, l'une de mes préférées : « Est-ce que quelque chose m'échappe, quelque chose que je ne vois pas mais qui doit changer ? » En d'autres termes : « Écriture inspirée, aide-moi à trouver mes points aveugles, car seul, je n'y parviens pas. »

Et enfin, celle-ci, qui occupe le dessus du panier : « Écriture inspirée, est-ce que je suis désaligné ? » Je ne saurais trop insister sur l'importance de cette question, car l'écriture inspirée peut vous expliquer pourquoi vous avez l'impression de nager à contre-courant ou de bloquer l'engrenage de la vie.

L'écriture inspirée me répète sans cesse que le confort est l'ennemi de la grandeur. On pourrait appliquer cela à notre évolution personnelle. Selon moi, Mère Nature a pressé le bouton d'arrêt de la vie en 2020 entre autres raisons pour que nous puissions tout remettre en cause et effectuer des changements de mi-parcours à la fois individuellement et collectivement.

Demandez-vous aussi si vous êtes en pilotage automatique ou si certaines de vos habitudes ont fait leur temps. Car c'est seulement quand nous reprenons le contrôle du volant, que nous sortons de l'autoroute et que nous empruntons un chemin de montagne en lacets que nous trouvons une nouvelle façon d'être.

L'écriture inspirée vous aide à sortir de votre zone de confort et à faire l'expérience du monde hors des sentiers battus et de vos schémas habituels. C'est là que ça se passe. C'est là qu'est la vraie vie. L'écriture inspirée vous met constamment au défi de reprendre le volant, d'apprendre, de croître, de vous développer. Les humains sont des créatures d'habitudes. Nous voulons tout accomplir en pilotage automatique. Aussi, quand nous nous demandons quoi changer dans nos vies, la réponse sera toujours la même si nous ne sortons pas de nos ornières.

Soumettez vos questions, vos habitudes, vos vieilles marottes à l'examen de l'écriture inspirée. Elle vous proposera des réponses différentes ou une nouvelle façon de vivre. Pas plus difficile, du reste, car cesser, comme Sisyphe, de pousser une pierre jusqu'au sommet d'une montagne pour se laisser porter par le courant est beaucoup moins pénible. Mais nous changeons, et grâce à ce changement, nous évoluons spirituellement, émotionnellement, sans doute même physiquement.

C'est la raison pour laquelle j'incite toujours les gens à monter jusqu'à la pièce au dernier étage (nous y reviendrons) pour vibrer à la plus haute fréquence possible. Oui, l'écriture inspirée vous donnera des réponses directes et fonctionnelles en tout temps, mais quand vous évoluez ou que vous vibrez à une fréquence supérieure, elle tend à vous apporter un plus haut niveau de réponses. Toutes ses réponses sont bonnes, mais l'écriture inspirée ne vous donnera que ce que vous êtes capable de gérer pour vous développer.

Comme me l'a dit Betsy, une praticienne de l'écriture inspirée :

> J'ai entrepris la formation en écriture inspirée à un moment de ma vie où je travaillais beaucoup sur moi-même. Je m'efforçais de développer mes aptitudes de clairvoyante et de médium, et j'essayais d'être fière de moi. J'ai tenté d'emblée d'entrer en contact avec mon moi supérieur ou mon subconscient. Au début, j'ignorais comment les choses se passeraient, puis j'ai constaté qu'il me suffisait de récrire plusieurs fois les questions dont je cherchais les réponses pour qu'une expression ou des paroles de chanson ou quelques mots isolés tombent de mon stylo et résolvent le problème. J'ai toujours été une femme d'action, si bien que souvent ce que je fais ne me procure aucune satisfaction ni aucun sentiment de réussite. L'écriture inspirée me répétait toujours *ralentis*, *un pas à la fois*, *tu es à la hauteur*, et, ê*tre à l'écoute de tes enfants sera plus salutaire pour eux que de te démener*. Tout ça a été très réconfortant et très utile.

Quand vous êtes affalé sur le canapé, que vous n'avancez pas, quand l'énergie ne circule pas en vous parce que vous n'optez pas pour un parcours différent, l'écriture inspirée vous fait faire quelques petits pas en avant. Si vous vous imposez des défis, si vous acceptez de sortir de votre zone de confort, si vous entreprenez chaque jour quelque chose de différent, vous rechargerez vos batteries et l'écriture inspirée vous apportera des réponses plus stimulantes qui vous soutiendront dans votre cheminement.

J'aime à dire à l'écriture inspirée : « Donne-moi des réponses pour mon plus grand bien et celui de tous. » La réponse qui vous aidera à avancer quand vous êtes dans une basse fréquence plutôt que dans une haute fréquence sera différente, mais pas meilleure. Voilà le mot clé, *différente*, car votre parcours est dénué de jugements de valeur, aucun être ni aucun état n'est meilleur qu'un autre ; ils sont différents, voilà tout.

Vous êtes là où vous êtes jusqu'à ce que vous n'y soyez plus. C'est cela, avancer, et l'écriture inspirée vous y aidera.

Si vous êtes coincé, faire quelques petits pas rétablira la circulation de l'énergie. Évidemment, quand un client est coincé, je l'encourage à s'en remettre à l'écriture inspirée dont la voix affectueuse, bienveillante, non moralisatrice lui dictera la meilleure action à prendre. Se désembourber, c'est refaire circuler l'énergie.

Essayez chaque jour une solution différente et soumettez-la à l'examen de l'écriture inspirée. Demandez-lui : « Pourquoi suis-je coincé ? » « Qu'est-ce que ça signifie ? » et « Qu'est-ce que je dois faire en premier ? »

Si l'écriture inspirée m'a appris quelque chose, c'est que les micro-gains accumulés sur une très longue période surpassent de beaucoup n'importe quel pas de géant. Pourquoi ? Parce que les micro-gains restent, ils créent une accoutumance, ils sont permanents. Si vous les mettez en pratique chaque matin de la même façon que vous faites vingt ou trente minutes d'écriture inspirée chaque jour pendant un mois ou deux, vous créez de nouveaux circuits neuronaux, une voie rapide myélinisée dans le système nerveux, ou vous y creusez des sillons profonds qui facilitent le pilotage automatique et la pratique de l'écriture inspirée.

Inversement, pratiquer l'écriture inspirée intensivement deux jours durant ou passer toute une fin de semaine à écrire sans arrêt peut produire des résultats intéressants, mais en l'absence de la constance, cela ne peut en aucun cas devenir une habitude. Qui plus est, quand nous faisons quelque chose de propos délibéré plutôt qu'en pilotage automatique, nous nous épuisons, nous stoppons tout et nous sommes très peu susceptibles de nous y remettre.

Évaluez votre réussite à l'aune de vos micro-gains. Escaladez la montagne, mais à raison d'un petit pas chaque jour. Recommencez le lendemain et le jour suivant. Imitez Mère Nature, qui a creusé le Grand Canyon une goutte de pluie à la fois depuis des temps immémoriaux. Vous créerez pratiquement tout ce que vous voulez en effectuant méthodiquement au quotidien de minuscules changements.

La façon dont Jessica et moi avons créé notre empire de balados est exemplaire de cette approche par micro-gains. Quand nous avons enclenché le balado *Inspire Nation*, nous étions de parfaits inconnus dans l'univers des balados. Convaincre un invité de nous accorder un entretien nécessitait une vingtaine de courriels, beaucoup de persuasion, et quoi encore ! Si nous avions tenté de tout faire à la fois – les courriels, la planification des entretiens, les préparatifs, les enregistrements, le montage, la mise en ondes – nous nous serions épuisés à la tâche et *pfuitt !* nous aurions été rayés de la carte comme tant d'autres balados naissants.

Nous avons au contraire décidé de prendre tout notre temps, et nous avons escaladé la montagne un pas à la fois. Nous avons disposé nos pions, mis le système en place, et lentement mais sûrement mis sur pied une entreprise durable. Édifiez votre empire en vous conformant à l'adage « Qui veut aller loin ménage sa monture », ou à la phrase que nous a dictée l'écriture inspirée et que nous avons reproduite en quatrième de couverture de notre livre *Barefoot Running* : « Allez lentement pour aller vite. »

Bougez, faites de l'exercice

Qu'est-ce que le mouvement a à voir avec l'écriture inspirée et le fait de se désembourber ? Tout, apparemment.

Quand on est coincé, l'énergie ne circule pas en nous, elle reste stationnaire. Elle s'accumule et peut ainsi littéralement conduire à de la maladie ou des blessures. Qu'est-ce que cela signifie ?

Dans une séance d'écriture inspirée, demandez : « Que dois-je faire pour bouger physiquement ? « Comment puis-je faire circuler mon énergie ? » « Que faire pour rétablir la circulation ? » Puis, mettez-vous au défi de bouger davantage.

Vous vous demandez sans doute pourquoi je parle de mouvement quand le processus de l'écriture inspirée est fait de méditation silencieuse et d'écriture. Ce que je suggère, c'est que vous fassiez de cinq à trente minutes d'exercice après votre séance d'écriture inspirée et avant d'entreprendre votre journée.

Pourquoi cette suggestion ? Les personnes qui ont une vie spirituelle ont parfois tendance à oublier qu'elles vivent dans le monde concret. Elles se disent : « Je suis une personne spirituelle. Je m'investirai dans l'éther. Je m'investirai alchimiquement. Je m'investirai en misant sur la loi d'attraction, voire en dégageant mes chakras, en suscitant une montée de kundalini ou en atteignant l'éveil. »

C'est bien joli, mais nous sommes venus ici pour nous incarner en chair et en os, dans ce costume physique, ce costume charnel, ce costume loué, si vous voulez, pour apprendre à bouger et à jouer sur le plan physique, ce qui veut dire que nous devons tenir compte de l'énergie, de la circulation du *qi* dans notre corps.

Le mouvement du corps affecte l'esprit, le cœur, chaque parcelle du corps, et il a certainement une influence sur l'aptitude à se désembourber.

Il n'est pas question ici d'un programme d'entraînement intensif qui vous qualifierait pour l'émission *American Ninja*. Pas du tout. Allez faire une promenade. Passez un peu de temps dans la nature.

Curieusement, quand vous aurez pratiqué l'écriture inspirée et que vous serez entré en communication avec la voix qui s'adresse à vous, vous l'entendrez et la ressentirez de plus en plus, surtout dans un milieu naturel. Car, pendant vos promenades silencieuses, particulièrement si elles ont lieu en pleine nature, la voix de l'écriture inspirée se fera entendre de plus en plus clairement, peut-être parce qu'il n'y aura pas de bruit.

Évidemment, vous pouvez marcher sur un tapis roulant ou vous servir d'un simulateur d'escalier, mais vous devriez plutôt vous déplacer dehors ou sur le terrain, quel que soit l'exercice pratiqué. Faites en sorte de parcourir une certaine distance. Pourquoi ? Parce que cette distance vous éloigne de votre esprit, de vos pensées, de vos problèmes et du fait même d'être coincé.

Quoi d'autre ? Le taï-chi est formidable. Le Qi Gong est phénoménal. Beaucoup d'exercices favorisent la circulation de l'énergie.

Et si vous pouviez vous lever dès maintenant et aller marcher à l'extérieur cinq ou dix minutes ? Quand je prépare des entretiens et que je me sens coincé, je fonce dehors, je fais à pied la centaine de mètres de l'entrée en descente, je me retourne et me dis : « C'est une satanée côte », et je grimpe la centaine de mètres qui me ramène à la maison. Je suis décoincé, l'énergie circule.

Pouvez-vous monter et descendre des escaliers au travail ? Utiliser les toilettes d'un autre étage ? Aller jusqu'à votre voiture dans le stationnement, puis revenir ? Vous promener dans un magasin ou dans un centre commercial ? Trouvez un endroit et un moment pour bouger, vous décoincer et faire circuler votre énergie.

Organisez et planifiez votre emploi du temps à l'aide de l'écriture inspirée

L'écriture inspirée est une arme à double tranchant : si vous êtes trop réveillé, vous ne recevrez pas des messages de sagesse profonde, mais bien une liste de tâches à accomplir ce jour-là. Toutefois, si la chose vous paraît mauvaise, vous pouvez en tirer parti.

N'aimeriez-vous pas pouvoir en tout temps convoquer un assistant, une sorte de Siri de l'au-delà ? Eh bien, l'écriture inspirée vous en procure un. Quand vous en avez fini d'écrire, ou même plus tard dans la journée si vous faites une autre séance d'écriture inspirée, demandez qu'on vous aide à planifier votre emploi du temps.

Cette pratique est particulièrement efficace tôt le matin, car elle vous prépare à une journée des plus aimables et douces, extrêmement concentrée et incroyablement fluide. Quand vous aurez demandé « Quel est mon SUO ? », plongez et allez plus loin : « Que faut-il que je fasse en premier ? » « Qu'est-ce qui ne peut pas attendre ? » « Quel est l'ordre de priorité de mes tâches ? »

Vous pourriez littéralement ouvrir votre agenda et planifier toute votre journée une heure, voire une minute à la fois, par l'écriture inspirée.

À ce moment, parce que vos idées sont les plus claires ou parce que vous communiquez le plus efficacement possible avec l'écriture inspirée, vous êtes apte à savoir quoi faire et quand. L'écriture inspirée n'a pas d'égale pour vous aider à gérer vos priorités. Établir mes priorités était toujours un vrai défi pour moi dans le passé.

Quand vous entrez dans l'état second qui permet l'écriture inspirée, vous envisagez beaucoup plus clairement la journée qui commence et il est facile de réorganiser vos responsabilités. L'écriture inspirée vous aide à planifier, à établir vos priorités et peut même vous transmettre des rappels quotidiens (c'était particulièrement important dans mon cas).

Vous pouvez aussi revenir à l'écriture inspirée plus tard dans la journée. Supposons que vous soyez coincé, confus, dépassé par les événements – ce sont des choses qui arrivent. Ou, ce qui porte beaucoup plus à conséquence, vous avez des priorités divergentes en fin de journée. Écoutez de la musique binaurale, entrez en vous-même, écrivez vos prières et demandez : « Comment dois-je terminer la journée ? » ou « Comment puis-je résoudre ces priorités concurrentes ? » ou encore « Que dois-je faire, et dans quel ordre, pour clôturer la journée ? » Ou la question la plus importante de toutes : « Quelle est ma tâche la plus importante cet après-midi, celle que je dois faire avant de fermer boutique ? »

L'écriture inspirée ne peut pas étirer la journée, mais elle vous aidera à en faire plus, avec moins de pression, à vous sentir plus en confiance et à être par le fait même plus bienveillant envers vous-même. Elle est une assistante aimable, bienveillante et avenante, toujours disponible, toujours dans votre camp.

S'il est très facile de se sentir dépassé par les événements et de se figer de peur, l'écriture inspirée peut remédier à cette situation. C'est ce qu'elle a fait encore et encore pour Jessica et moi. Elle nous a donné le moyen de redémarrer, de rétablir la circulation de l'énergie, de remettre notre vie, notre balado, notre entreprise et nos finances sur les rails.

Aucun de mes clients n'a échoué à retrouver son élan et à savoir où il voulait aller dans la vie en s'initiant à la pratique de l'écriture inspirée. À tout le moins, l'enthousiasme qui les animait tous les portait à vouloir trop en faire d'un coup. Mais c'est là, justement, que l'écriture inspirée est venue à leur secours en les aidant à identifier ce qu'ils devaient faire, quand et dans quel ordre, pour rééquilibrer leur vie doucement, délicatement et facilement. Ce processus a transformé leur énergie à un point qu'on n'imagine même pas !

11 | Haussez votre fréquence vibratoire par la pratique de l'écriture inspirée

Même si vous n'avez encore canalisé aucun message de sagesse, vous ressentez peut-être une certaine légèreté grâce à l'écriture inspirée. C'est là un des bienfaits cachés que nous offre cette forme d'écriture guidée quand on est en phase avec elle.

Le serment – la pièce au dernier étage

Imaginez que vous percevez la vie d'un point de vue plus élevé ou d'un niveau supérieur d'énergie, là où seul vous guide un amour pur dénué de tout jugement de valeur. L'écriture inspirée peut vous y conduire. Non pas du jour au lendemain, bien entendu, mais un jour à la fois puisque, chaque fois que vous pratiquez l'écriture inspirée vous haussez vos vibrations jusqu'à la pièce au dernier étage.

Paul Selig, auteur de *I Am the Word* et de *Beyond the Known: Realization and Alchemy: A Channeled Text*, est le premier qui, avec ses guides, m'a éveillé à la notion de la pièce au dernier étage, notion qui s'est ensuite manifestée régulièrement dans l'écriture inspirée. Avec son aide, j'ai pu accéder plus souvent à la pièce au dernier étage et y séjourner, ou demeurer dans un état supérieur de conscience.

L'alchimiste que je suis transmute sans arrêt l'énergie qui l'entoure. C'est ce que signifie accéder à la pièce au dernier étage : il s'agit de transformer l'énergie basse omniprésente en énergie supérieure et, par le fait même, de s'élever soi-même.

Il suffit, pour commencer, de s'engager à accéder à un état supérieur, simplement et facilement, par un serment. Car les paroles ont une énergie et celles que l'on prononce à voix haute exercent une grande influence sur l'Univers. Les paroles écrites sont encore plus puissantes, puisqu'elles prennent de l'énergie (les idées) pour en faire de la matière (les mots sur la feuille). On dit que l'énergie va là où se concentre l'attention. Quand on rédige un serment au lieu de se contenter de l'énoncer mentalement, les pièces s'emboîtent et enclenchent la transformation de toute votre existence extérieure.

Le cerveau est créateur. Quand vous écrivez ces paroles, vous marquez un progrès important vers la création d'une réalité nouvelle à haute fréquence vibratoire.

Le serment

Recopiez mot à mot le serment qui suit ou adaptez-en la forme comme bon vous semble, mais veillez à en respecter le fond :

> Moi (*insérez votre nom*), je jure de toujours rechercher le meilleur dans toute situation et dans toute personne, à commencer par moi-même. Je prends ma source dans l'amour, je suis amour, et je choisis de poser aussi souvent que possible sur le monde un regard d'amour. Je m'engage à choisir la pièce au dernier étage, d'emplir d'amour tout mon être et de vibrer à la plus haute fréquence qui soit. Je suis libre. Je suis libre. Je suis libre. Merci. Merci. Merci.

Oui, cela signifie préférer l'amour à la peur. Cela signifie poser sur le monde un regard différent et faire de son mieux pour voir en chacun un frère, une mère, une sœur, un père. Cela signifie déceler dans la moindre situation le bien dont elle est porteuse au lieu de remettre en question sa raison d'être.

En faisant ce serment, vous choisissez la pièce au dernier étage. Vous manifestez l'intention de rehausser chaque jour votre fréquence vibratoire. Vous reconnaissez que la négativité mentale est contagieuse. C'est ce que j'appelle la négativité grippale, celle qui se propage non seulement d'un individu à l'autre, mais d'une cellule à toutes les autres et d'une pensée à toutes les autres.

Évidemment, le virus de la positivité est tout aussi contagieux. Quand vous choisissez la pièce au dernier étage et que vous vous plongez dans l'écriture inspirée, votre énergie positive se propage.

Une parabole autochtone que j'entends souvent mérite d'être rappelée ici : Un grand-père dit à son petit-fils que sur chacune de ses épaules il porte un loup. L'un d'eux est un bon loup, l'autre est un méchant loup. Les deux loups, précise-t-il, sont toujours en train de se battre.

« Lequel des deux l'emportera ? » demande l'enfant.

« Celui que tu nourriras », répond le grand-père.

C'est là un argument clé. Quand nous prenons un engagement et que nous pratiquons quotidiennement l'écriture inspirée, cela nous transforme et nous élève ; nous nourrissons le bon loup.

Mais si, au contraire, nous délaissons l'écriture inspirée, nous nous concentrons sur le négatif et les actualités, ces stimulants néfastes et sans intérêt, si nous nourrissons la négativité de l'esprit, nous abaissons notre fréquence vibratoire et notre environnement se transforme. Ce que nous voyons diffère, les circonstances que nous attirons diffèrent, même les personnes que nous accueillons dans notre vie diffèrent selon que nous nous engageons à nourrir le bon ou le méchant loup.

Ce n'est pas que nous attirons le mal. C'est que notre vision ne peut s'élever au-dessus de notre fréquence vibratoire. La vie n'est plus aussi amusante, du moins pour un certain temps. Il n'est pas facile d'entendre ce que nous dit l'écriture inspirée ou de le mettre en pratique quand nous nourrissons le méchant loup. Mais quand nous nourrissons le bon loup, tout peut changer.

Qu'est-ce que cela signifie ? L'attention exagérée portée à ce qui est néfaste, les pensées négatives, l'enlisement dans le pessimisme, voire la surconsommation de mauvaises nouvelles même quand celles-ci vous attristent et vous dépriment – ce qui est un moyen infaillible de vous enliser –, voilà qui vous indique que le moment est venu de vous confier à l'écriture inspirée.

Demandez-lui ce qui ne va pas, pourquoi vous nourrissez le méchant loup, ce que vous pouvez faire pour vous débarrasser de cette morosité. On peut dépendre du négatif. Rick Hanson, auteur du livre *Le Cerveau du bonheur*, soutient que le cerveau a été conçu pour rechercher le danger, le tigre sur le point de foncer sur nous, que cela a été programmé dans notre ADN pour notre protection. L'ennui, c'est que, puisque le cerveau trouvera toujours un danger à affronter, il est toujours sur le qui-vive, il veut toujours nager avec les rats de l'égout – et ainsi assurer notre protection.

Quand vous confiez votre négativité à l'écriture inspirée, vous lui demandez en réalité de vous aider à vous débarrasser du négatif et à vous reprogrammer pour accueillir le positif.

Demandez à l'écriture inspirée de vous aider à identifier vos points aveugles et à isoler les virus grippaux de votre négativité. Il suffit parfois d'améliorer son alimentation pour guérir la négativité. Fuyez les actualités déprimantes. Refusez d'écouter les propos négatifs des autres. Passez moins de temps à naviguer dans les médias sociaux.

Vous pouvez vous hisser jusqu'à la pièce au dernier étage ou laisser la négativité vous tirer vers le bas. La prochaine fois que vous regarderez les actualités, demandez-vous ce que vous ressentez : est-ce que je me sens merveilleusement bien ? Est-ce que ça m'inspire ? Est-ce que ça m'entraîne dans le troisième dessous ?

Optez pour la pièce au dernier étage. Prêtez serment. Demandez à l'écriture inspirée d'identifier les mauvaises habitudes qui vous nuisent et dont vous devez vous débarrasser. (Le moment serait sans doute opportun de refaire la purge de l'ego du chapitre 3.)

La guérison des blessures profondes

Composer avec les assauts quotidiens que nous venons de décrire est une chose. C'en est une autre de guérir les blessures émotionnelles bien ancrées. Vous connaissez ces blessures. Elles vous secouent au plus profond de votre être.

Par exemple, vous vous querellez avec votre époux, votre conjointe ou une personne importante pour vous, vous perdez le contrôle et vous ne comprenez pas pourquoi un détail anodin a provoqué une réaction émotionnelle à ce point bouleversante.

Vous perdez toujours votre emploi. Chaque fois qu'une personne est en retard à un rendez-vous, vous dramatisez la situation, ou vous-même n'êtes jamais à l'heure. Vous pensez peut-être que tout le monde vous dénigre. Vous ne tolérez pas la critique. Ces schémas se répèteront sans cesse, tant que vous n'aurez pas cautérisé la blessure.

Moi, j'avais l'impression de toujours prendre de mauvaises décisions, quelles qu'elles soient. Jessica avait le sentiment de ne pas être entendue. Nous avons tous de ces blessures.

Autre exemple : les personnes qui n'ont de cesse de laisser entrer dans leur vie des «vampires d'énergie», ainsi que les désigne le D^re Christiane Northrup. Qu'il s'agisse de partenaires amoureux décevants, d'un patron particulièrement désagréable ou de quiconque a sur vous une emprise toxique, ces personnes qui sapent votre énergie quoi que vous fassiez ne manqueront jamais de se trouver sur votre chemin tant que vous ne soignerez pas et ne guérirez pas ces blessures énergétiques.

Nous traînons tous des déclencheurs, mais grâce à l'écriture inspirée ceux-ci ne nous retiennent plus en otages. Sachez cependant que, même affaiblis par la pratique d'une écriture guidée, nos déclencheurs ne disparaissent jamais tout à fait; ils sont là pour nous apporter des leçons.

Voici un autre exemple de la façon dont l'écriture inspirée a désamorcé mes propres déclencheurs. À la seule pensée de réaliser un balado YouTube en direct, j'étais paralysé de peur parce qu'une blessure profonde en moi avait été négligée. Face à ces occurrences, je me suis dit : «Ne crains rien. Tu es en sûreté. Confions ça à l'écriture inspirée. Quelle est la raison de ce ressenti? Que se passe-t-il? D'où proviennent ces déclencheurs?»

J'ai ensuite abordé la situation dans le cadre de l'écriture inspirée. J'en ai parlé et j'ai relaté les événements en toute franchise. Depuis, j'adore faire des balados YouTube en direct. L'écriture inspirée m'a aidé à transcender complètement ma peur. Maintenant, même quand je n'ai pas suffisamment préparé le balado, je m'abandonne à l'écriture inspirée et les mots me viennent.

N'éprouvez ni honte ni embarras si une personne vous a fait sortir de vos gonds sans que vous sachiez pourquoi. Confiez le tout à l'écriture inspirée : « Pourquoi cette personne me met-elle en colère ? Qu'est-ce que ça signifie ? Que puis-je apprendre d'elle ou de la situation ? » Ou, comme j'aime à le dire : « Pourquoi est-elle mon maître en ce moment ? » Allez au fond des choses. Posez des questions fondamentales ; c'est important. Vous pouvez ensuite demander si des exercices mentaux ou d'écriture, ou toute autre pratique, pourraient traiter vos blessures. Suivez lentement ce fil d'Ariane jusqu'à la source du mal afin de vous en libérer.

Alors que je m'efforçais avec l'aide de l'écriture inspirée de transcender ma peur de tout bousiller, notamment mes entretiens en ondes, l'écriture inspirée m'a offert un mantra de base. Vous pouvez vous servir du mien – « Je sais y faire. Je suis formidable. Je suis bienveillant. » –, mais vous pouvez aussi demander à l'écriture inspirée de vous en transmettre un qui vous appartiendra en propre. Inutile de débourser des centaines de dollars pour les services d'un gourou.

Ainsi, le soir, quand mon cerveau s'énerve et cherche à me rappeler tout ce que je n'ai pas accompli durant la journée, je répète : « Je sais y faire. Je suis formidable. Je suis bienveillant. Je sais y faire. Je suis formidable. Je suis bienveillant. Je sais y faire. Je suis formidable. Je suis bienveillant. »

La répétition de ce mantra d'affirmation personnelle est en quelque sorte une grande accolade ou une caresse que vous donnez à votre cœur. Je me sens mieux quand je pense à le réciter au moment de m'endormir, parce que je suis plus reposé au réveil. Quand vous aurez réussi à identifier votre blessure (demandez à l'écriture inspirée de vous y aider), posez la question suivante : « Que dois-je faire pour en guérir ? »

D'autres techniques, notamment l'EFT (Technique de libération émotionnelle), le Code des émotions ou les tambours du parcours chamanique, peuvent aussi guérir les blessures profondes, mais elles dépassent le cadre de ce livre. Que vous composiez avec votre mal à l'aide de l'écriture inspirée ou de toute autre méthode, il s'agit pour vous de surmonter ces blessures et ces blocages énergétiques, de guérir le subconscient, d'en court-circuiter certaines parties et de court-circuiter la négativité.

Une praticienne de l'écriture inspirée m'a fait partager son histoire extrêmement personnelle. Voici ce que m'a écrit Tina :

> J'ai découvert l'écriture inspirée tout à fait par hasard à la mort de mon mari. Au plus profond de mon deuil, j'ai tenté de transcender mon angoisse en décrivant mon désespoir. Les entrées de mon journal intime se sont transformées en poésie et des perles de sagesse profonde se sont déversées sur la page. Des phrases qui ne me ressemblaient pas ont coulé de source et se sont transformées en un merveilleux remède pour l'âme. Je tiens ce journal dans des douzaines et des douzaines de cahiers ordinaires qui coûtent trois fois rien.
>
> Il est très important pour moi d'avoir un lieu sacré pour pratiquer l'écriture inspirée. J'ai choisi un très beau coin, près d'une fenêtre qui donne sur la cour et une réserve naturelle. Le temps et ma constance ont fait de ce lieu mon espace sacré, celui dont je me sers uniquement pour mes conversations avec l'Univers. Y entrer me place dans un état supérieur de conscience. Je ressens immédiatement la présence de mes guides/de l'Univers/du Divin. Des fourmillements, comme ceux d'un courant, chatouillent les chakras de l'oreille, et les mots me viennent.
>
> À vrai dire, la première fois que cela m'est arrivé, j'étais en train d'écrire dans mon journal de deuil et j'ai cru que quelque chose n'allait pas. J'ai consulté mon médecin pour savoir si je souffrais d'acouphène. C'était intense au point d'en être presque douloureux. Quand j'ai su que rien ne «clochait» sur le plan physique, j'ai compris que s'opérait en moi une transformation spirituelle, et la douleur a perdu de son intensité (je sais maintenant qu'elle était due à la peur). Telle une fleur, je me croyais fanée quand, en réalité, je m'épanouissais.

Le journal de deuil et l'intuition profonde de Tina

Transcender la peur et l'anxiété

Quand on ne peut pas plaire à tout le monde, le système nerveux s'emballe. Il a une réaction de combat, de fuite, de paralysie ou d'affolement. Et quand on est déchiré de ne pas pouvoir plaire à tout le monde, on s'affole. Qu'est-ce que l'affolement a à voir avec l'écriture inspirée ?

Au début de la pandémie de COVID-19, la Terre entière s'est affolée. Mais à mes yeux, cette période n'a rien de tragique. Je pense plutôt que ce séisme collectif a pour but de nous débarrasser de l'emprise du passé pour que nous puissions mieux accueillir le nouveau. Depuis quelque temps, rien de ce que nous faisons n'est viable. Pour tout dire, nous voici arrivés à la fin d'une époque, l'avidité et la corruption qui gouvernent notre existence doivent cesser, et nous devons arrêter d'épuiser les ressources de la planète. La Terre Mère a pressé le bouton rouge géant. L'écriture inspirée m'a fait savoir que nous pouvons apprendre nos leçons et effectuer des changements sans difficulté, ou alors à grand-peine. Nous optons trop souvent pour la seconde solution.

Quand vous ne savez plus quelle décision prendre, confiez vos émotions à l'écriture inspirée. Partagez-les avec elle, exprimez-vous, soyez franc, ou ayez simplement le courage de lui demander du secours – je vous y encourage des coulisses. Elle peut vous aider à développer une vue d'ensemble de la situation, à mettre de l'ordre, à vous empêcher de sombrer. Je prie pour que nos gouvernants découvrent un jour l'écriture inspirée, car lorsqu'on est en phase avec le Divin, tout est beaucoup plus clair et nos gestes sont dictés par plus de bonté et de compassion.

Quand vous êtes inquiet, stressé, anxieux, déchiré ou déprimé, confiez-vous à l'écriture inspirée. Dites : « Que se passe-t-il ? » « D'où cela vient-il ? » « Qu'est-ce que cela m'apporte ? » Surtout, demandez-lui comment guérir cette blessure ou cette souffrance, et comment la transcender ou, à tout le moins, la tempérer.

En ce qui me concerne, quand le gène « bousilleur » de mon ADN s'active, j'ai peur et je dois me confier à l'écriture inspirée pour me réaligner. Je lui demande : « Qu'est-ce qui se passe ? » « Est-ce que je n'avais pas déjà réglé ce problème ? » Hélas, certaines blessures nous suivront jusqu'à la mort, du moins le pense-t-on, mais elles peuvent aussi s'amoindrir avec le temps. Je les confie donc à l'écriture inspirée, et celle-ci me dit quoi faire et comment guérir, surtout quand je consens à lâcher prise comme je l'ai dit précédemment, et à m'abandonner à elle.

L'écriture inspirée me transmet parfois un mantra ou une façon simple de replacer ma peur dans son contexte, ou encore elle me donne un point de vue élargi des événements. Souvent, ce point de vue élargi suffit pour que s'estompent la peur et l'affolement et pour que je voie le beau côté des choses. Ou du moins pour que je sache que nos vies et le monde survivront.

Qu'attendez-vous ?

Un moment d'affolement

Rien de plus difficile, quand on croit devenir fou, que mettre un casque d'écoute, ouvrir son journal et entrer dans l'écriture inspirée, mais, si vous parvenez à le faire, vous vous sentirez beaucoup mieux. L'écriture inspirée peut très vite vous apaiser et vous donner une plus grande vue d'ensemble en vous aidant à transcender le système nerveux, l'inquiétude et la panique.

Je ne prétends pas que ce soit facile. Quand on est surexcité, que le système nerveux tourne à plein régime, c'est bien la dernière chose qu'on a envie de faire. Mais si vous arrivez à vous asseoir sur une chaise et à écrire, vous aurez l'impression que des anges vous entourent – c'est le cas –, tout sera plus clair et vous vous sentirez beaucoup mieux. Si vous devez absolument prendre une décision importante – n'oubliez pas que je préconise la lenteur; prenez donc autant que possible tout votre temps –, un plan supérieur vous montrera la voie à suivre et vous pourrez reprendre votre souffle avant d'agir.

Se débarrasser de la chape de la dépression

Au début de mes recherches sur l'écriture inspirée, j'ignorais à quel point cette technique avait acquis de l'importance dans le domaine de la psychologie depuis Jung et Freud. Il y a déjà plus de cent cinquante ans que son extrême efficacité est avérée pour la compréhension du subconscient et pour la guérison des blessures, de l'anxiété et de la dépression.

Je ne suis ni psychiatre ni psychologue, mais j'ai été témoin de miracles dus à l'écriture inspirée. J'ai vu des individus terriblement anxieux et hypertendus éprouver enfin un sentiment de sécurité suffisant pour relâcher leur vigilance et se laisser aller à vivre. Ils en ont été complètement transformés.

En ce qui a trait à la dépression, les résultats que j'ai constatés ont été spectaculaires. Sans être un canal ou un médium – quoique ces appellations ne s'éloignent pas vraiment de la vérité – et sans être expert en la matière, je peux voir une chape sombre envelopper les personnes en proie à la dépression. Puis, quand ces gens entrent dans l'écriture inspirée, cette chape noire se met à s'estomper. Elle semble s'atténuer à chaque séance, jusqu'à disparaître complètement. La différence n'est pas due à un message spécifique de l'écriture inspirée, mais bien au fait qu'un alignement et une mise en phase de ces personnes avec quelque chose de plus grand qu'elles ont haussé leur fréquence vibratoire.

L'espoir et un point de vue élargi leur ont été donnés. Cela n'a pas de prix. Si vous êtes aux prises avec une dépression (j'emploierais le verbe *combattre*, mais je crois fermement que ce à quoi nous résistons persiste, que ce que nous combattons s'affirme et se renforce), si elle ne vous donne pas de répit et que vous la confiez à l'écriture inspirée, le ciel ne vous transmettra sans doute pas sur-le-champ un message profond, mais si vous tenez bon pendant quelques semaines, vous irez mieux. Qu'avez-vous à perdre, sinon cette vieille chape noire qui, de toute façon, ne vous sied pas du tout ?

12 | *L'écriture inspirée pour manifester et attirer ce qu'on désire*

L'écriture inspirée est une approche idéale pour attirer à soi l'avenir le plus audacieux et le plus brillant qui soit, celui qu'on ose à peine imaginer ou rêver.

Il y a plusieurs façons d'appeler à soi cet avenir que je qualifie d'avenir-présent, puisqu'il est déjà là. La plus étonnante est de vous écrire une lettre, une lettre inspirée, une lettre qui n'a rien de banal, une lettre débordante d'énergie et de puissance, dont l'aspect le plus important est qu'elle ne vient pas de vous.

Tout comme on peut invoquer la sagesse et les conseils de nos anges, de nos guides et même de nos êtres chers décédés, il est possible d'invoquer son futur soi.

Cher moi – une lettre de votre futur moi

Recevoir une lettre de votre futur moi pourrait littéralement vous aider à contourner ou surmonter vos blocages subconscients. Cela vous permettra de manifester votre avenir, de comprendre le chemin bienveillant, aimable, simple et bon que cet avenir vous demande d'emprunter pour aller jusqu'à lui.

Qui est votre futur moi? C'est ce vous, ce moi qui existe déjà, mais tel qu'il sera dans cinq, dix, voire vingt ans.

Einstein a montré par l'équation $E = mc^2$ que l'écoulement du temps n'existe pas, que le temps n'est pas linéaire. Autrement dit, il est partout à la fois, tout le temporel coexiste. Cela signifie que votre futur n'est pas coulé dans le béton, qu'il y a tout un multivers de possibilités. Mais cela signifie aussi que votre futur moi existe déjà et qu'il sait sur vous des choses que vous ne pouvez absolument pas connaître.

Des chercheurs, tels que Dean Radin, ont réalisé à l'heure actuelle des expériences montrant que la flèche du temps est plus souple qu'il n'y paraît, que nous pouvons littéralement puiser à même l'avenir dans le mental. Des expériences de prescience, soit la capacité de connaître l'avenir avant qu'il n'ait lieu, ont démontré un niveau d'exactitude six sigma (selon le MIT, ce niveau désigne des résultats expérimentaux positifs supérieurs à un sur un demi-milliard).

Quel est le sens de tout cela ? D'un point de vue scientifique, nous pouvons entrer en contact avec notre moi futur. Nous pouvons communiquer avec ce moi futur par l'écriture inspirée, et l'interroger. Toutes les questions sont bonnes.

Je pense que l'intuition est reliée non seulement à nos anges et à nos guides, mais aussi à notre futur moi. Car si, en posant une question, vous ressentez sur-le-champ un pincement, une douleur ou même un coup de poing au ventre, c'est à mon sens votre futur moi qui vous secoue pour vous réveiller. Bien entendu, il peut aussi vous réjouir et vous stimuler. Quand Jessica s'écrie : « Allez ! On y va ! », c'est son futur moi qui lui infuse la meilleure énergie possible.

Nous pouvons donc poser des questions, recevoir des conseils et même demander au futur moi de nous décrire le but de notre parcours et le chemin à emprunter pour arriver jusqu'à lui.

C'est là qu'intervient cet exercice, l'un de mes préférés : rédigez par l'écriture inspirée une lettre non pas à votre futur moi, mais bien de lui. Choisissez la période que vous voulez.

Cet exercice s'est révélé à maintes reprises extrêmement utile, surtout pour surmonter les blocages subconscients. Quand j'encadre un client et que nous tentons d'attirer quelque chose en provenance de son avenir immédiat, je l'incite à communiquer avec son moi de l'année suivante et à s'écrire une lettre de ce point de vue. Si ce que nous cherchons à attirer se trouve à distance moyenne, nous communiquons avec son moi de cinq ans plus tard. Évidemment, si nous recherchons une plus grande vue d'ensemble, nous pouvons nous projeter dix ans, voire vingt, dans l'avenir.

Cet exercice permet de surmonter les blessures subconscientes, les blocages, les murs ou les cécités passagères qui empêchent d'avancer, d'entrer dans le plus beau, le plus merveilleux avenir qui soit.

Voici comment le manifester par l'écriture inspirée. En bref, votre question ressemblera plus ou moins à celle-ci : « Cher futur moi (ou quelque chose d'équivalent). Cher futur Michael. Ou cher Michael dans quinze ans. Que peux-tu me dire de l'avenir et de ce que je dois savoir maintenant ? »

Et c'est parti. Tout se passe comme lorsque vous demandez à l'écriture inspirée : « Que dois-je savoir aujourd'hui ? », sauf que vous demandez spécifiquement à votre futur moi de conseiller votre moi présent. Laissez la version plus sage et plus expérimentée de vous-même vous écrire, vous transmettre tout ce qu'elle souhaite, et sentez-vous libre de l'interroger.

Ce moi futur vous aide à vous saisir du fil d'Ariane qui vous guidera vers votre avenir en contournant les blocages qui vous répètent : « Je ne peux pas faire ça. Je ne saurais par quoi commencer. Mon perfectionnisme me paralyse. Un mur m'empêche d'avancer. »

Votre moi futur vous dit, au contraire : « Salut ! Je suis là. Je t'ai déjà vu agir. Je connais les écueils que tu as dû affronter, je t'ai vu les franchir pour arriver jusqu'ici. Aimerais-tu que je te facilite la tâche ? »

Voici, en guise d'exemple, une lettre de mon futur moi que m'a transmise l'écriture inspirée.

> Cher Michael,
> Je t'aime beaucoup plus que tu ne le sauras jamais. Cela me peine que tes jeunes années aient été si difficiles. Je sais à quel point tu as dû pâtir. Je suis navré que tous tes accidents t'aient

occasionné tant de souffrances. Mais sois sans crainte, tu es sur la bonne voie, tu es précisément là où tu dois être.

Pour ce qui est de l'avenir, concentre-toi sur tes livres, sur ton balado, et laisse cet avenir se déployer. Tu déménageras. Je sais que ce n'est pas ce que tu veux entendre, mais c'est ainsi.

Tu as raison, les livres font partie de ton avenir, encore plus que tu ne le penses, et ils toucheront un auditoire plus vaste que tu ne peux l'imaginer. Que cet idéal te serve de guide, car tu es un auteur avant tout, oui, après être un époux et un père, car tu as deux beaux enfants – ne t'inquiète pas, ils arrivent.

Ton rôle, maintenant, consiste à prendre ta place, à affronter tes peurs et à accueillir infiniment plus que ce que tu as accueilli dans le passé. Ne te crée pas de difficultés, ne complique pas indûment les choses, même si c'est dans ta nature de le faire. Recherche la simplicité, la légèreté, et quand tu as peur, donne-toi des défis. Ta responsabilité la plus profonde est de t'abandonner à cette peur, car elle est un portail, une ouverture vers ce qui dépasse ton imagination. Tu as raison, la peur est un enthousiasme déguisé, mais elle est encore plus que cela : une ouverture, un portail, un tunnel vers la grandeur ou vers ce moi actuel, présent-futur. Par conséquent, quand tu ressentiras de la crainte, quand tu auras envie de reculer, de battre en retraite ou même de fuir et de crier, pose plutôt sur ce qui s'en vient un regard de détective. Munis-toi d'une loupe, examine le tout avec l'ensemble de tes facultés et dis : « N'est-ce pas fascinant ? »

Tu constateras souvent, cher Michael, que ce morceau de charbon cache un diamant. Il suffit d'être présent, d'oser, et de « se pelotonner contre la peur », comme aimait à le dire Ram Dass.

Pars à la découverte du monde comme s'il venait de renaître et se déployait sous tes yeux pour la première fois. Pose-toi chaque jour mille et un défis. Des défis bienveillants et doux, bien sûr, mais n'en profite pas pour t'envelopper dans du coton. Le confort est vraiment l'ennemi de la grandeur. Quand tu vivras avec audace, tu trouveras un Michael plus fort, plus confiant, plus capable et plus sûr de lui que tu ne l'aurais jamais cru possible.

Je t'envoie plein d'amour, cher Michael. Et je serai toujours là si tu as besoin de moi. Je ne suis pas seulement ton moi futur ; je suis toi, ta famille, je suis *ohana*, le phare et l'esprit en toi qui te guident. Je suis le diamant caché dans le charbon. Tu peux m'identifier et m'appeler aussi souvent que tu le souhaites.

Je t'envoie plein d'amour et j'ai très hâte de te « voir » dans l'avenir. Évidemment, je te vois déjà, je suis déjà présent, et ton avenir est si incroyablement lumineux que, comme le dit la chanson, il faut que tu le regardes avec des lunettes de soleil !

Ce qui me fascine plus particulièrement dans le fait d'écrire une lettre à mon futur moi, par lui et, plus particulièrement, de m'écrire une lettre de lui, c'est que cet exercice me donne la possibilité de me voir du point de vue opposé. Surtout, du point de vue opposé à mes blocages psychologiques.

Un des meilleurs moyens à ma disposition pour aider un client à surmonter ses blocages, que ce soit dans sa vie professionnelle, ses finances ou ses relations, c'est d'écrire du point de vue de son futur moi. Puisque le futur moi est déjà là, il est déjà de l'autre côté, il a déjà trouvé une solution pour surmonter les blocages qui l'empêchent d'avancer, pour passer sous eux ou pour les contourner.

Mais, en plus de vous indiquer comment surmonter un blocage, ce futur moi peut aussi vous placer dans l'état vibratoire et l'état conscient d'une absence de blocage. Quand vous occupez cet espace énergétique, quand vous écrivez du point de vue du futur moi débarrassé de son blocage, celui-ci cesse d'exister, même dans l'ici et maintenant. C'est donc un moyen extrêmement efficace pour aller de l'avant.

Bien entendu, écrire une lettre à son futur moi, en écrire une par lui ou en recevoir une de lui vous aide à manifester et attirer vos désirs – à la condition que ceux-ci comptent vraiment pour vous. Car le futur moi vous permet de mieux voir ce qui concourt à votre plus grand bien et ce qui lui est contraire. Et si cela concourt à votre plus grand bien, le futur moi peut vous aider à le manifester dans la matière.

Écrire au futur moi peut vous aider à transcender la peur de l'avenir, la peur d'aller de l'avant, et même la peur de l'inconnu. Le futur moi trace la voie de votre avenir et vous le fait entrevoir.

Est-il possible que ce futur extraordinaire vous effraie ? Il existe d'innombrables avenirs potentiels – ce serait le sujet d'un autre livre –, mais celui qui vous est offert est le plus beau de tous. Comment est-il possible que cet avenir extraordinaire vous effraie si vous pouvez déjà l'entrevoir et discuter avec le moi qui l'habite déjà ?

Quand vous doutez, quand vous souhaitez manifester quelque chose et découvrir votre grandeur et celle qui sera la vôtre, écrivez à votre futur moi. Dites-lui : « Cher moi. »

L'écriture inspirée pour rêver grand

J'ai parlé du sommeil dans un chapitre précédent. J'espère que vous faites appel à l'écriture inspirée pour profiter d'un sommeil plus réparateur. Mais qu'en est-il de vos songes nocturnes et de vos rêves éveillés ? Oui, l'écriture inspirée joue un rôle tant dans les rêves éveillés que dans les songes nocturnes. Les deux sont, du reste, étroitement liés. Puisque l'énergie va là où se focalise l'attention, si vous parvenez à vous concentrer sur vos rêves pendant le sommeil, vous pouvez littéralement les concrétiser. L'écriture inspirée peut être pour vous un instrument de création onirique.

Je vous enjoins de tenir un journal de rêves. De quoi s'agit-il ? Certaines personnes notent leurs rêves – je reviendrai sur cette pratique. Mais ce qui nous intéresse ici, c'est d'aider le subconscient à programmer votre vie. Avant de vous endormir, le fait de noter vos désirs dans un journal vous aidera à les manifester.

Quand vous pratiquez l'écriture inspirée avant d'aller dormir, vous vous conditionnez à faire de beaux rêves et vous préparez le subconscient à prendre en charge la tâche qui lui a été confiée. À vrai dire, avec ou sans écriture inspirée, le subconscient prend toujours en charge les dernières pensées que vous lui confiez.

Si vous regardez les actualités avec pessimisme, le subconscient se concentrera sur ce pessimisme pendant que vous dormez. Si vous avez regardé un film d'horreur et de zombies, le subconscient se concentrera sur ces derniers pendant la nuit. Si vous avez vérifié l'état de vos finances, vous rêverez d'argent ou de manque d'argent. Et si vous avez formulé par écrit vos espoirs, vos rêves et vos objectifs, le subconscient cherchera toute la nuit à les réaliser pour vous.

Voilà pourquoi la tenue d'un journal de rêves par l'écriture inspirée est si fantastique.

Il ne s'agit pas, cependant, d'enclencher le processus de l'écriture inspirée en disant : «Je veux un million de dollars» ou «Je veux une Lamborghini (électrique?).» Il s'agit plutôt de formuler vos rêves par écrit avec plus d'émotion, d'enthousiasme et de foi en l'avenir que vous n'en avez jamais eus. Je ne dis pas que vous devez lever les bras au ciel et sauter de joie en vous écriant : «Oui! C'est gagné!», même si cela ne peut pas nuire. Ce qu'il faut, c'est entrer dans l'état émotionnel qui serait le vôtre si vous aviez déjà réalisé ce rêve, et même tous vos rêves les plus grands et les plus fous.

Donnez-vous à fond quand vous pratiquez l'écriture inspirée pour programmer le subconscient. Rêvez grand, rêvez à ce qu'il y a de mieux. Quand vous êtes dans cet état, le subconscient travaille toute la nuit et trouve des solutions pour que vos rêves deviennent réalité.

Dans l'Évangile selon saint Matthieu, chapitre 6, versets 5 à 13, écrit il y a 2 000 ans, on peut lire ce principe de base de l'hermétisme : «[…] sur la terre comme au ciel.» Cela signifie que le monde est un miroir, un reflet de ce qui se passe dans l'au-delà, ou, comme j'aime à le dire, de l'autre côté du voile. Par conséquent, quand vous vous endormez en pensant à un nouvel emploi formidable et que vous vous réveillez en pensant à un nouvel emploi formidable, quelque part au ciel ou de l'autre côté du voile vous manifestez ce nouvel emploi formidable dans votre vie.

Note : Ne pensez pas petit dans cet exercice, n'ayez pas une vision étriquée des choses. L'Univers n'aime pas la petitesse. Vous ne vous êtes pas incarné pour vous restreindre ou ne pas prendre de risques. Puisque personne ne sort vivant de cette vie, autant en profiter au maximum.

Qu'est-ce que cela signifie ? Si vous aspirez à un meilleur emploi, quel est le poste le plus terrifiant, le plus audacieux, le plus invraisemblable et le plus au-delà de vos compétences qui vous vient à l'esprit ? Si vous voulez créer un balado, quel serait le balado le plus chimérique, le plus mondialement réputé que vous pourriez créer ? Si vous voulez être connu, jusqu'où irait cette célébrité ? Si vous désirez fonder une famille, pouvez-vous vous imaginer en famille von Trapp, parcourant le monde et chantant en chœur au sommet d'une montagne ?

Si vous êtes capable de le voir, de le ressentir et de le rêver, vous êtes capable de le concrétiser.

Décrivez les rêves les plus fous, les plus audacieux que vous puissiez imaginer. Il n'est pas indispensable qu'ils soient réalistes. Si vous rêvez de voler comme un oiseau, allez-y. Vos rêves peuvent très bien ne pas vous pousser à dire : « Je sais exactement quoi faire pour y arriver. »

Il peut s'agir de rêves impossibles, de rêves homériques comme celui-ci : « Je voudrais dans cette vie faire de l'écotourisme sur la Lune. » Écrivez-le. Quel que soit votre rêve, formulez-le par écrit et posez-vous la question suivante : « Quelle est l'essence même de mon rêve ? »

Par exemple, vous voulez un million de dollars, mais puisque tout le monde veut un million de dollars, demandez-vous : « Qu'est-ce qui me fait vouloir un million de dollars ? » Ce pourrait être la liberté que procure l'indépendance financière ou le sentiment de réussite qui l'accompagne, la possibilité d'aider les autres ou de venir en aide à vos enfants, ou encore, d'engager une aide domestique afin d'avoir plus de temps libre. Voilà l'essence de votre rêve.

Décrivez votre rêve dans son essence, l'émotion qu'il charrie et tout ce qui sous-tend cette émotion. Ressentez tout cela avant de vous endormir. Imaginez que ce rêve s'est réalisé, ressentez-le, vivez-le, mettez-le en action. Qu'est-ce que ce serait amusant de rouler sur le sol cahoteux de la Lune au volant d'une astromobile !

Faites cet exercice d'écriture inspirée avant de vous endormir. Définissez votre intention. Le subconscient prendra celle-ci en charge pendant toute la durée de votre sommeil et même au-delà.

L'écriture inspirée pour reprogrammer le subconscient

Les espoirs, les rêves, la définition des intentions, tout cela fait partie de la beauté de l'écriture inspirée. Jetez un coup d'œil à votre moi futur. Je répète que l'écriture inspirée peut vous montrer la voie à suivre.

Le défi le plus important auquel je suis confronté lorsque j'encadre un client n'est pas l'incapacité de celui-ci à voir grand, à agir ou même à se motiver. C'est sa blessure cachée, profondément enfouie sous le cerveau rationnel. Le subconscient de chacun est plein de toiles d'araignées et de pièges qui veulent faire dérailler ses rêves et l'empêcher de grandir. Il n'est pas responsable de cela. Le rôle du subconscient est de se souvenir des blessures et des risques, et de nous garder à l'abri du danger. Malheureusement, ce faisant, il entrave notre évolution.

On dit que le cerveau rationnel intervient dans tout au plus 10 pour cent de nos activités, et le subconscient, dans les 90 pour cent qui restent. Là encore, je me demande bien comment on peut mesurer ce résultat. Quoi qu'il en soit, cela signifie que si vous cherchez à agir par la seule force de la volonté, si vous vous forcez à faire quelque chose ou si vous pensez pouvoir vous motiver à surmonter tous les obstacles, vous en serez bientôt mortifié. Et humilié.

Pourquoi ? Parce que le subconscient a une zone de confort, un seuil qu'il n'aime pas franchir. Quand vous le mettez au défi de le dépasser, il vous rappelle à l'ordre. Si vous pensez ne mériter que 50 000 $ ou même 100 000 $ par année, chaque fois que vous gagnez davantage, vous vous sabotez. Vous ne vous sentez pas digne d'amour ? Vous vivez chacune de vos relations amoureuses avec une fille ou un gars qui n'a pour vous aucun respect. En ce qui me concerne, chaque fois que les choses allaient enfin pour le mieux, tout basculait dans le chaos – avant que je renégocie mon contrat avec l'écriture inspirée. Pourquoi ? Parce que je n'étais pas à l'aise de franchir un certain seuil de réussite.

La solution ne consiste pas forcément à fournir un plus grand effort de volonté ou à bénéficier d'encore plus de psychothérapie. Il faut plutôt reprogrammer le subconscient. Ce n'est pas non plus une mauvaise chose de guérir certaines blessures. L'écriture inspirée peut vous y aider aussi. Au bout du compte, elle peut être votre Freud, votre Maslow ou votre Jung personnels (Jung est mon préféré, car il savait que le monde éveillé est le monde des rêves, et que le monde des rêves est l'éveil). Car lorsqu'on apprend à collaborer avec le subconscient, rien ne peut plus nous arrêter.

Une des solutions pour surmonter les blocages du subconscient consiste à demander à l'écriture inspirée de les identifier. En effet, on peut difficilement se défaire de ce dont on n'a pas conscience. Demandez à l'écriture inspirée : « Quels sont mes pires blocages ? » ou « Qu'est-ce qui m'empêche d'avancer ? » ou « Quelle est la cause de mes autosabotages récurrents ? » ou encore « Pourquoi ai-je l'impression de danser le cha-cha-cha, de toujours faire un pas en avant et deux pas en arrière ? ». L'écriture inspirée vous apportera des réponses, mais la partie ne sera qu'à moitié gagnée.

Vous devrez ensuite apprendre à libérer le subconscient de ces blocages. En plus de trouver un coach ou un conseiller compétent, spécialiste de la reprogrammation du subconscient, vous pouvez interroger directement l'écriture inspirée. « Que faire pour me débarrasser de ces blocages ? » ou « Que dois-je faire ? ». L'écriture inspirée vous donnera souvent littéralement des devoirs à faire, des exercices beaucoup plus efficaces que tous ceux qu'un expert pourrait vous proposer.

Comme il s'agit de voir grand, j'aimerais mentionner deux anciens membres de la direction de Google X (Tom Chi, cofondateur, et Mo Gawdat, ancien directeur commercial) que j'ai reçus à mon balado *Inspire Nation*. Google X (X est sa nouvelle désignation) est la filiale où ils concentrent leurs travaux sur des innovations visionnaires, notamment les voitures autonomes, qui ne sont cependant plus considérées comme rocambolesques, et visent les plus hauts sommets. Ils qualifient leurs rêves d'utopies. On peut les entendre parler de leurs utopies à www.InspireNationShow.com.

Mantras, affirmations et état hypnagogique

Les affirmations sont un des outils les plus puissants à notre disposition, mais pas quand on s'en sert de la façon habituelle. Les affirmations que l'on fait pendant la journée peuvent mettre des décennies à se concrétiser. Imaginez Andy Dufresne, le personnage principal du film *À l'ombre de Shawshank*. Combien de temps lui a-t-il fallu pour creuser un tunnel dans les murs de béton du pénitencier avec un petit marteau taille-pierre ? Voilà. Vous vous évaderez sans doute de la prison si les gardiens de votre esprit ne vous surprennent pas et ne sabotent pas vos efforts, mais ce sera dans très, très longtemps.

Par contre, si vous vous servez de votre subconscient pendant l'écriture inspirée, vous êtes déjà en partie de l'autre côté du voile, là où l'esprit est beaucoup plus souple et malléable. Jumelez-le maintenant avec l'état hypnagogique, l'état de somnolence, qui est le vôtre deux fois par jour, soit au point du jour et en fin de soirée, et tout se transformera. Vous entrez dans le subconscient comme un couteau tiède dans une motte de beurre. C'est là le but.

Permettez que j'explique ce qui distingue les mantras des affirmations. L'affirmation est une phrase, un énoncé qui sert à influencer ou modifier le subconscient. Sa signification, plus que sa fréquence, est le secret de son efficacité. Au contraire, la fréquence spécifique du mantra est souvent plus importante que la signification du mot. Le mantra provient du bouddhisme, du sanskrit, des temps immémoriaux ; il peut aussi avoir été imprégné d'énergie par un gourou, un maître spirituel ou par l'écriture inspirée avant de vous être offert. On peut répéter un mantra ou une affirmation toute la journée comme on récite le chapelet (quant à moi, je me sers de mon bracelet de perles).

Ces répétitions sont particulièrement efficaces dans l'état hypnagogique de l'écriture inspirée qui précède l'endormissement ou suit immédiatement le réveil.

Quand on fait appel au pouvoir des mantras ou des affirmations avant de s'endormir, cela fait toute la différence dans le cerveau. Mon moment de prédilection est celui qui précède l'endormissement, puisque je veux que mon subconscient prenne mon mantra en charge pendant toute la durée de mon sommeil.

Quel serait un mantra approprié ? Celui que l'écriture inspirée vous donne. J'aime que mes clients demandent un mantra personnel, privé, à l'écriture inspirée. Vous pouvez aussi vous servir d'une affirmation. Quelle est la différence ?

Les mantras sont souvent des expressions immémoriales qui possèdent leur énergie ou leur fréquence propre. Par exemple, le mantra sanskrit de six syllabes « Om mani padme hum ». Mais il peut aussi s'agir d'un mot ou d'un énoncé personnel que vous aura transmis un maître, un gourou ou, plus particulièrement, l'écriture inspirée.

Vous pouvez aussi recourir à une affirmation. Certaines sont très efficaces. Une de mes préférées est aussi une des plus connues. Vous la connaissez sans doute déjà, mais je vous la suggère ici, dans les mots de son auteur, le psychologue français Émile Coué : « Tous les jours, à tous points de vue, je vais de mieux en mieux. Tous les jours, à tous points de vue, je vais de mieux en mieux. » Adoptez celle-ci ou demandez à l'écriture inspirée de vous en transmettre une.

Le subconscient prend cela en charge pendant que vous dormez. Soit il comble le sillon du disque vinyle, soit il crée de nouveaux sillons plus positifs. Vous pouvez littéralement demander à l'écriture inspirée de vous transmettre un mantra que vous répéterez avant de vous endormir, un mantra qui vous aidera à cautériser vos blessures émotionnelles.

Vous pouvez même lui demander de vous aider à vous lever revigoré et ragaillardi. Elle pourrait alors vous transmettre un mantra comme celui que j'ai reçu : « Je me réveille heureux, revigoré et ragaillardi, heureux, revigoré et ragaillardi, heureux, revigoré et ragaillardi. » Si vous vous servez de ce mantra, vous vous surprendrez sans doute au réveil à dire : « Heureux, revigoré et ragaillardi. Heureux, revigoré et ragaillardi. »

Une affirmation pourrait vous aider à surmonter votre mépris de vous-même ou guérir un manque de confiance en vous. Par exemple : « Chaque jour, je m'aime davantage. Chaque jour, je m'aime davantage. Chaque jour, je m'aime davantage. » En vous couchant, répétez trois fois cette phrase. Vous vous surprendrez à la dire au réveil. Et à vous aimer davantage.

Demandez à l'écriture inspirée de vous donner un mantra personnel. Sollicitez son aide et ses conseils avant de dormir. Reprogrammez votre subconscient par l'écriture inspirée, surtout avant de vous endormir. Vous pourrez alors vous détendre, reprogrammer votre cerveau et votre subconscient sans avoir à lever le petit doigt. Que pourriez-vous demander de plus ?

Quel est votre énoncé de mission ?

Je suis toujours en train de transmuter ou de transformer l'énergie, de la faire passer du négatif au positif, de changer les défis en occasions favorables et de remettre chaque jour le compteur à zéro pour relancer une forte énergie créatrice. Autrement dit, j'aime entretenir chaque jour mon intention, car l'intention est ce qui convertit l'énergie en matière.

Qu'est-ce que cela signifie ? Cela signifie savoir ce qui compte le plus à vos yeux et demander chaque jour où vous allez. Cela signifie avoir un énoncé de mission et le reformuler quotidiennement par l'écriture inspirée. Qu'est-ce qu'un énoncé de mission ? C'est ce qui vous caractérise, ce qui définit vos valeurs, le souvenir que vous voulez laisser à votre départ, ce que vous souhaiterez vous rappeler de votre vie dans vos derniers instants.

Il n'est pas nécessaire que cet énoncé de mission soit d'une extrême précision, mais ce n'est pas non plus à dédaigner. Plus vous cernerez vos singularités et vos valeurs, plus vous saurez où aller, et un plus grand nombre de portes s'ouvriront devant vous, car l'Univers récompense l'énergie qui se focalise. J'aime à dire que la concentration est synonyme de pouvoir. Ou, comme l'écrivait brillamment mon ami Mitch Horowitz dans son livre *The Miracle Habits*, la concentration engendre le pouvoir.

Comment vous vient votre énoncé de mission? Mon conseil : demandez-le à l'écriture inspirée. Un beau matin, passez de vingt à trente minutes ou plus à écrire au moins une page sur cet énoncé de mission. Donnez-vous ensuite une semaine ou deux pour le ramener d'abord à deux paragraphes, puis à un seul, et au bout de deux semaines, à quelques phrases courtes. Plus vous ferez ce travail par l'écriture inspirée, plus votre énoncé sera intuitif et concis.

Voici mon énoncé de mission. J'avoue que Jessica me met au défi d'être encore plus clair et précis :

> Je veux hausser les vibrations des gens, élever l'humanité, susciter une évolution de la conscience par mes livres, mes conférences, mes enseignements et mon mentorat des dirigeants du monde et des grands artisans du changement. Je veux voyager et explorer la planète, m'entretenir avec des aînés autochtones et passer plus de temps avec mes amis et ma famille, me consacrer davantage au processus créateur, courir et jouir de la nature – être toujours plus fort et en santé, poursuivre mon développement spirituel et renforcer le plus possible ma relation avec l'Univers. L'Univers est mon oxygène.

Vous remarquerez que je n'ai rien dit du balado et du coaching. Pourquoi? Parce qu'ils ne sont que les véhicules de ma mission. Le balado est «seulement» un merveilleux instrument qui m'aide à accomplir mes tâches. Je veux être précis, mais laisser aussi à l'Univers la latitude dont il a besoin pour m'orienter et m'aider à accomplir ma mission.

Quand vous aurez votre énoncé de mission, rédigez-le à chaque séance d'écriture inspirée jusqu'à ce qu'il se soit gravé dans la psyché au point où vous pourrez le réciter sur demande, à tout moment, au pied levé.

L'étape suivante consiste à demander à l'écriture inspirée quel est votre seul et unique objectif de ce jour, un objectif qui doit s'inscrire dans votre énoncé de mission. Vous vous souviendrez que je vous ai fait intégrer d'emblée le SUO à l'écriture inspirée, car, ce faisant, vous êtes assuré de faire chaque jour un petit pas, parfois un grand pas de plus, vers la réalisation de votre mission. Ainsi, sur votre lit de mort, vous n'aurez pas à vous demander ce que vous avez fait de votre vie.

Pour terminer, j'aime beaucoup Napoleon Hill, l'auteur de *Pensez et devenez riche*, mais il vous encourage dans son livre à écrire l'équivalent d'un énoncé de mission sur une fiche et de le relire chaque jour, plusieurs fois par jour. Je ne suis pas d'accord avec cette façon de procéder. Je préférerais que vous rédigiez un nouvel énoncé de mission à chaque séance quotidienne d'écriture inspirée, et même deux ou trois fois par jour.

Le fait de le récrire et de le repenser est chargé d'énergie. Mon énoncé de mission, tout comme le vôtre, change et évolue. C'est très bien ainsi. Il n'est pas nécessaire de le figer. Vous devez au contraire suivre son énergie. Quand vous vous contentez de relire votre énoncé, l'énergie qui se dégage est celle de la mémorisation, une énergie sans relief, en pilotage automatique et presque dépourvue de sens. Mais quand vous devez le récrire, y réfléchir et, surtout, le ressentir, l'énergie et l'enthousiasme qu'il génère vous poussent vers cet avenir.

Ce qu'il y a de beau dans « ou mieux encore ! » et comment attirer des surprises

Puisqu'il s'agit de manifester et d'attirer à soi le beau et le bon, voici une autre pratique d'écriture inspirée qui pourrait vous séduire. C'est un moyen simple qui vous aidera à appeler quelque chose d'encore plus merveilleux que ce que vous aviez cru possible.

Quand je prie et manifeste, je clôture toujours mes séances d'écriture inspirée par ces mots : *« Pour mon plus grand bien, pour le plus grand bien de tous, ou mieux encore. »* Ces trois derniers mots, *ou mieux encore*, autorisent l'Univers à vous apporter quelque chose de supérieur à tout ce que vous auriez pu imaginer.

Par exemple, on peut être une simple graine et souhaiter devenir la graine la plus importante, la plus forte, la plus puissante qui soit sans même se douter que cette infime graine peut devenir un immense séquoia, un arbre gigantesque et incroyable dont les rameaux touchent presque le firmament.

Si nous répétons «Je veux devenir une graine puissante» et que nous tenons fermement à cette demande faite à l'Univers, nous ne laissons jamais ce dernier nous semer en terre et nous arroser. Nous nous agrippons, nous ne lâchons pas prise. Mais si nous ajoutons «ou mieux encore», nous disons à l'Univers : «Je m'abandonne, je rends les armes, je m'en remets à toi, Univers, Dieu ou que sais-je, et j'accueille la magie.» Et voilà. Nous nous élevons dès lors jusqu'à la voûte de la forêt de séquoias et même au-delà.

Jessica et moi vivions dans une extraordinaire maison en montagne, un chalet rustique en bois rond offrant un panorama à couper le souffle sur la vallée et la ville. Chaque matin, au réveil, nous ouvrions les rideaux sur un paysage de montagne digne de la Suisse. Derrière nous trônait, à plus de 4 000 mètres, un pic des Rocheuses du Colorado et, devant nous, un volcan de 3 000 mètres. C'était spectaculaire et cela dépassait certainement nos rêves les plus fous.

Jessica était venue dans cette vallée à la recherche d'un endroit où nous pourrions vivre, loin du New Jersey et de la Caroline du Nord (où nous avions déménagé après avoir quitté le New Jersey fortifiés et revigorés). Nous souhaitions revenir dans le Colorado, que nous aimions depuis toujours. Elle cherchait au centre-ville d'Aspen sans rien trouver. Elle y était même venue deux fois, en vain.

Un jour, elle m'a dit : «Je pense que nous devons renoncer à ce à quoi nous sommes attachés. Nous devons renoncer à ce que nous pensons être l'endroit où nous sommes censés vivre.» Autrement dit, le moment était venu de trouver «mieux encore».

Nous nous en sommes remis à l'écriture inspirée, mais en lui demandant cette fois si quelque chose nous échappait, quelque chose que nous ne voyions pas. Nous étions réceptifs à ce qui nous convenait le plus, quoi que cela puisse être. En gros, nous avons cessé d'«exiger Aspen» et avons demandé «mieux encore».

Quand on lâche prise, qu'on s'en remet à l'Univers et à l'éventualité de quelque chose de plus grand que ce qu'on peut imaginer, on court la chance d'obtenir précisément cela. Ou mieux encore.

Lâcher prise – le secret des miracles

Comme vous, je suis souvent très sollicité, tout arrive en même temps, et je suis absolument incapable de tout faire. Le remède? Un emploi du temps créatif ne peut pas nuire, mais nous sommes tous confrontés de temps à autre à une telle surcharge de travail.

Le remède est simple : lâchez prise. Recherchez le fil de l'eau, car il y a toujours un courant magique quelque part, une rivière d'énergie qui facilite les choses. Le fait est que nous nous agrippons souvent trop fortement à ce que nous croyons être la solution. Cette obstination peut nous coûter cher, très cher.

L'écriture inspirée représente à mes yeux un suprême lâcher-prise, car on y entre sans s'attacher à ce qui viendra, en se contentant d'écouter nos guides. Si vous arrivez à saisir l'importance de cela – vivre sans ordre du jour en laissant l'Univers ouvrir la marche –, tout est beaucoup plus simple.

Nous avons obtenu notre maison magique et miraculeuse grâce au lâcher-prise. Nous avons lancé notre balado grâce au lâcher-prise. Nous ne souffrons plus, littéralement, grâce au lâcher-prise.

Que signifie lâcher prise? Ce n'est pas capituler ni s'enfoncer dans un canapé en disant : «Je renonce à tout», bien que cela puisse constituer, à vrai dire, un bon point de départ.

Lâcher prise, c'est décider qu'on ne poussera plus une pierre jusqu'au sommet d'une montagne, qu'on sera attentif aux signes et aux symboles de l'Univers et qu'on agira en conséquence.

Voici comment. Souvenez-vous du jour où j'étais à l'article de la mort dans un ruisseau glacial. Je n'avais pas prêté attention à l'Univers plusieurs semaines auparavant à l'occasion de quelques accidents de voiture, d'un pied fracturé et d'un cambriolage. Je n'avais pas fait attention aux signes. J'ai pu constater que l'Univers commence par murmurer, puis qu'il prend les grands moyens. Si j'avais lâché prise, cette expérience ou le fémur et la hanche en titane qui ont suivi ne m'auraient sans doute pas été nécessaires.

Lâcher prise, ce n'est pas capituler, mais bien rester attentif aux signes, aux symboles et aux vagues d'énergie de l'Univers. Il faut surfer sur ces vagues, non pas lutter pour rester sous le tsunami et attendre qu'il vous écrase.

Quand vous recevez des signes et des symboles et que vous continuez à frapper un mur, l'Univers vous dit de faire volte-face. Si vous obtempérez, quelque chose de plus grand, de beaucoup mieux pourrait vous attendre. Vous pourriez littéralement écrire, pendant une séance d'écriture inspirée : «Je lâche prise. Je lâche prise.» Non pas «Je capitule», mais «Je me rends à l'orientation supérieure de l'écriture inspirée, à l'orientation supérieure de l'Univers, à une orientation supérieure à tout ce que je pourrais imaginer.»

Cette disponibilité vous ouvre le royaume des cieux, alors que le fait de vous accrocher ne provoque que de la souffrance. Être réellement disponible et en état de grâce – le lâcher-prise est un état de grâce –, s'ouvrir pour de vrai, c'est écouter, regarder, porter attention avec la moindre de vos cellules. Surtout, c'est transposer ce lâcher-prise dans l'écriture inspirée.

Quand les choses se gâtent, quand les portes se referment devant vous, abandonnez-vous à ce qui est et sollicitez des messages de sagesse et des conseils. Quand vous souffrez, quand rien ne va plus, une merveilleuse et magnifique guidance vous attend. Si vous pouvez vous arrêter, entrez dans l'écriture inspirée et écrivez : «Je lâche prise. Je lâche prise. Je lâche prise.» Ces trois mots sont sans doute les plus puissants de tout l'Univers.

Au début de ce chapitre, je vous ai invité à voir votre futur moi à l'aide de l'écriture inspirée, puis je vous ai donné quelques exercices pour reprogrammer votre subconscient et découvrir vos WOO HOO. Rien n'oblige les rêves à demeurer des rêves, surtout si vous faites appel à l'écriture inspirée pour les manifester et attirer même vos rêves les plus fous. Vous pourriez recevoir quelque chose de mieux encore, un cadeau de l'Univers. Laissez-vous surprendre, abandonnez-vous aux miracles. Laissez vos rêves se réaliser.

13 | Enrichissez votre patrimoine par l'écriture inspirée

Les traumatismes et les blocages se rapportant aux finances peuvent affecter même les plus solides d'entre nous.

Voici en quoi ils consistent. Des courants d'énergie conscients ou inconscients nous maintiennent dans un sentiment de manque ou dans la peur. Par exemple, si vous êtes aux prises avec un schéma récurrent de gain et de perte d'argent, ou si vous n'arrivez jamais à boucler vos fins de mois, il se pourrait qu'un traumatisme ou un blocage réclame votre attention.

Ce traumatisme ou ce blocage remonte sans doute à l'enfance, à une perte précoce ou même à vos parents. En d'autres termes, vous pourriez avoir hérité d'eux un traumatisme qui vous pousse à répéter ce schéma familial de difficulté financière. Briser les anciens schémas est complexe, qu'ils se rapportent à l'argent ou à une autre forme de traumatisme.

Nota bene : Certaines autres blessures familiales ou ancestrales constituent des thèmes très importants que vous pourriez confier à l'écriture inspirée (exemple : les enfants de survivants de l'Holocauste), surtout si vous avez des antécédents familiaux de traumatismes, de violence ou d'autres chocs. Elles dépassent le cadre de ce chapitre, mais l'écriture inspirée peut grandement les alléger.

Vous pouvez faire de l'écriture inspirée un exercice amusant et éclairant, et même un soutien à la gestion de vos finances. Premièrement, vos guides vous diront quels sont vos inquiétudes, vos peurs, vos soucis et vos points aveugles par rapport à l'argent, ce qui est déjà en soi tout un programme.

Qui donc a un rapport à l'argent difficile? Nous tous. J'ai même rencontré des milliardaires chez qui la conservation de leur patrimoine occasionnait des peurs, des inquiétudes et de l'anxiété. Je ne vous dis pas de congédier votre comptable, mais je vous encourage à confier vos soucis d'argent et même votre budget à l'écriture inspirée.

Mais il y a plus. Vous pourriez aussi établir un budget annuel, faire des prévisions pour les prochaines années, décider quoi faire d'une rentrée d'argent inattendue ou d'un revenu supplémentaire que l'écriture inspirée vous aiderait à manifester. En matière de chiffres, je suis très pointilleux et conservateur. L'écriture inspirée peut vous aider à prévenir les écueils et les problèmes éventuels. Avec l'écriture inspirée, vous pouvez aborder les questions d'argent de façon réaliste – je le dis, même si je n'emploie pas souvent ce qualificatif.

Comment? Cette fois encore, après avoir demandé «Que dois-je savoir?», ouvrez-vous à l'écriture inspirée et demandez-lui tout ce que vous voulez. Vous feriez bien de préparer un budget ou même un tableau schématique de votre budget mensuel ou annuel. La méthode du cercle est excellente : tracez un cercle au centre duquel vous inscrirez votre revenu mensuel ou annuel, puis recensez autour la totalité de vos dépenses (par exemple : hypothèque, loyer, mensualités de la voiture, services publics, assurances, nourriture, vacances, habillement, prêts étudiants, autres prêts, impôts, épargne, CELI, REER, loisirs, et ainsi de suite). Puis, demandez à l'écriture inspirée : «Ai-je oublié quelque chose?» ou «Y a-t-il quelque chose qui m'échappe?» ou même «Ces chiffres sont-ils corrects?»

Si votre propre entreprise vous rapporte 7 500 $ par mois, vous pourriez dire : «Qu'en serait-il si je gagnais 12 000 $ ou 15 000 $ de plus?»

Bien sûr, je ne me livrerais pas à un tel exercice dans ma première semaine d'écriture inspirée, car l'ego adore intervenir dès qu'il est question d'argent et de chiffres. Mais si, après avoir établi une bonne relation avec l'écriture inspirée, vous percevez les moments où l'ego pointe son nez, les réponses que vous recevrez concernant vos finances vous seront utiles. Un point important à considérer : ni l'écriture inspirée ni moi ne sommes comptables agréés, avocats ou planificateurs financiers, aussi vous feriez bien de confier la vérification de ces chiffres à un professionnel. Cela dit, l'écriture inspirée vous préviendra si vous embellissez le tout, si vous êtes à côté de la plaque, si vous êtes trop optimiste ou si une catégorie tout entière vous échappe.

Mon écriture inspirée a parfois souhaité que je sois plus prudent ou, au contraire, que je fasse un saut dans l'inconnu – notamment, il y a quelques années, quand je songeais à acheter une Tesla et qu'elle m'a dit : « Vas-y ! Vas-y ! Vas-y ! »

En gros, l'écriture inspirée vous permet d'avoir une discussion d'affaires avec votre intuition ou votre moi supérieur afin de déterminer les meilleures actions à entreprendre pour répartir vos ressources et établir vos priorités en fonction de vos revenus. L'écriture inspirée est un conseiller d'affaires de haut niveau qui vous aidera à planifier et établir vos priorités.

L'écriture inspirée vous offre une fascinante vue d'ensemble de vos finances. Elle prend du recul et voit plus loin que les inquiétudes, les peurs et les soucis du « petit » cerveau égoïque pour vous offrir une « vaste » perspective, une perspective globale sur où et comment investir votre argent.

À ce propos, en plus du cours en ligne d'écriture inspirée (www.AutomaticWriting.com), nous offrons plusieurs cours que l'écriture inspirée nous a proposés sur l'alchimie de l'argent et la manière de transformer notre relation à l'argent. Vous les trouverez sur notre site Internet (www.InspireNationUniversity.com).

Cet exercice d'écriture inspirée peut littéralement vous amener droit à l'essentiel de la préparation d'un budget. Si vous essayez de vous en tirer avec des revenus modestes, confiez vos soucis à l'écriture inspirée et demandez-lui spécifiquement « Comment répartir cette somme ? » et « Quelle est la meilleure façon de surmonter cette période de vaches maigres ? ». Évidemment, j'ai toujours demandé : « Pouvez-vous m'indiquer des moyens bienveillants, doux et aisés de gagner plus d'argent ? Comment puis-je accroître les ressources dont j'ai besoin pour atteindre mes buts, pour jouir du style de vie dont j'ai envie, pour surmonter cette période difficile et connaître un avenir prospère ? »

Tous les jours, sans faillir, il est question de finances, de richesse ou d'abondance dans ma pratique de l'écriture inspirée. L'abondance est un droit. Il ne faut pas en avoir honte, se sentir gêné ou se dire : «Je ne devrais pas demander de l'argent dans le cadre d'un exercice spirituel.» Les personnes qui ont une vie spirituelle sont souvent confrontées à ce dilemme. Permettez que je remette les pendules à l'heure.

L'argent est spirituel. L'argent est une monnaie d'échange énergétique. C'est de l'énergie. Il est là pour vous aider et pour que vous aidiez ceux qui en ont besoin. Plus votre fréquence vibratoire est élevée, plus vous pouvez attirer d'argent. Avoir plus d'argent vous permet d'aider plus de gens.

L'Univers se sert de la loi de la réciprocité. Ainsi, quand vous travaillez sans exiger une juste compensation monétaire (il n'est pas question ici du bénévolat, qui apporte en retour une énergie particulière), l'Univers ne vous rémunérera pas. Vous devez reconnaître votre valeur et demander à être payé au mérite, ou l'univers ne vous donnera pas ce que vous valez.

Demander de l'argent à l'écriture inspirée est une danse à deux temps. D'abord, vous présentez une demande, ensuite, vous faites un pas en avant et agissez de manière à attirer l'argent à vous. Voilà en quoi consiste la réciprocité. C'est important.

Mais demandez, demandez, demandez, demandez, demandez.

La richesse et l'abondance ne se limitent pas à l'argent. Elles touchent de nombreux aspects de la vie. Regardons de plus près huit formes de richesse.

Écrivez vos WOO HOO 8

Si vous apercevez la plaque minéralogique de ma Tesla jaune vif (aux roues dorées, bien entendu, parce que les roues sont la signature de la voiture et qu'elles font sourire les gens) – WOO HOO 8 –, vous saurez ce qu'elle signifie (contrairement à tous ceux qui m'arrêtent pour me le demander), car je vais vous expliquer maintenant comment vous servir de cette technique de manifestation, le WOO HOO 8. Pourquoi cette plaque qui dit WOO HOO 8 est-elle fixée à mon véhicule ? Parce que c'est en me servant de cette technique que j'ai attiré Tessie dans ma vie.

Combinée à l'écriture inspirée, cette technique peut attirer à vous tout ce que vous désirez, que ce soit une voiture, une relation, un bébé, un nouvel emploi, bref, absolument tout, du moment que c'est pour votre plus grand bien et le plus grand bien de tous.

L'exercice WOO HOO 8 est la première technique que j'enseigne à tous mes clients pour attirer l'abondance, pour manifester ou simplement inviter une bienveillance si nécessaire dans tous les domaines de la vie. Sa désignation, WOO HOO 8, correspond aux huit domaines de la vie où exercer cette technique, et à l'énergie que vous leur apporterez.

Je vous incite à introduire cette technique dans votre séance d'écriture inspirée tout de suite après avoir demandé « Qui suis-je ? », ou juste avant de demander votre SUO. (Le prochain chapitre sur le Défi-30 jours vous dira quand ajouter des questions ou modifier le contenu de l'écriture inspirée.)

Il faut aborder ces huit domaines. Je parle en matière de « prospérité », car être riche, c'est beaucoup plus que posséder un gros compte en banque.

1.
La prospérité temporelle : Quand on a la plus grande fortune du monde, mais pas le temps de vivre, de respirer ou d'être, tout cet argent ne vaut rien.

2.
La prospérité de la santé : Quand on n'a pas la santé, peu importe l'importance de notre fortune, celle-ci ne vaut rien. Comme le dit le dalaï-lama : « Ce qui me surprend le plus dans l'humanité ? Les hommes. Parce qu'ils perdent la santé pour accumuler de l'argent et qu'ils perdent ensuite leur argent pour recouvrer la santé. Et ils se perdent dans d'anxieuses pensées sur le futur au point de ne plus vivre ni le présent ni le futur. Ils vivent

comme s'ils n'allaient jamais mourir et meurent comme s'ils n'avaient jamais vécu. »

3.
La prospérité financière. On dit que l'argent ne fait pas le bonheur, mais il a quand même son importance dans le monde matériel. Des études réalisées aux États-Unis montrent que l'argent rend plus heureux jusqu'à ce qu'on atteigne 75 000 $ de revenus annuels. Surtout, l'argent amplifie ce qui est. Vous serez davantage ce que vous étiez avant de devenir riche. Si vous étiez heureux, vous le serez sans doute encore plus. Si vous étiez malheureux, vous le serez aussi davantage. Voilà une autre bonne raison de pratiquer l'écriture inspirée.

4.
La prospérité familiale et amicale. C'est dans les périodes difficiles comme celle de la pandémie que l'on prend conscience de l'importance d'un réseau de soutien. Nous avons compris à quel point il importe d'avoir de vrais amis et une famille sur qui on peut compter et qui savent qu'on est là pour eux. Nous ne parlerons sans doute pas de nos voitures ou de quelque autre bien de cette nature sur notre lit de mort, mais de nos relations, du temps passé avec nos proches et nos chers animaux de compagnie.

5.
La prospérité spirituelle ou intérieure. C'est la plus importante à mes yeux. Je tiens à me rappeler que je suis un être spirituel et que je vis à chaque instant une expérience humaine. C'est si facile de l'oublier. Mais quand je me souviens de toujours être en phase, cela change tout. La prospérité intérieure diminue le stress et l'anxiété, guérit la dépression et nous ramène à notre état naturel et heureux. Imaginez ce que c'est, être presque toujours optimiste et en phase.

6.
La prospérité d'entreprise ou professionnelle. L'humain est productif par nature, il a besoin d'accomplir quelque chose qui en vaut la peine et qui a du sens, et de sentir qu'il fait une différence.

Quand nous nous occupons de notre prospérité d'entreprise ou professionnelle, nous sommes engagés dans le processus créateur de notre existence et de celle de notre entourage. Au bout du compte, que nous travaillions pour une entreprise, que nous construisions notre propre empire ou que nous élevions des enfants (ce qui est déjà tout un programme), nous trouvons le moyen de servir et d'aider les autres. Nous répondons à un besoin de grandir, de relever des défis, de voir la marque que nous pouvons laisser sur ce monde. Quand nous accroissons notre prospérité d'entreprise ou professionnelle, nous nous sentons beaucoup mieux.

7.

La prospérité créatrice. Être dans l'inspiration ou dans l'état second de la création, c'est perdre complètement la notion du temps, des minutes, des heures, voire des jours durant. Peu importe qu'il s'agisse de chant, de danse, de peinture, de sculpture, d'humour, d'écriture romanesque, de création d'entreprise ou de la fabrication d'un poulailler sur roulettes (je viens d'inventer ça, mais après tout, pourquoi pas ?), presque tout peut être un acte créateur si c'est ce que vous souhaitez en faire. C'est le moment de jouer à être Dieu, celui où vous êtes si intimement en phase que vous cessez d'être conscient de presque tout et presque tous. Vous êtes directement branché sur l'Univers, vous voyez, vous ressentez et vous comprenez souvent les choses d'une tout autre façon. Plus on est plongé dans la créativité, plus on se sent bien en toute circonstance. Il suffit de s'en donner la permission et d'en faire une habitude. Oui, quand vous êtes en phase avec votre nature créatrice, les réponses viennent tout naturellement.

8.

La prospérité de la nature et des voyages. Il est si important, peut-être plus important que jamais en ces temps de grands bouleversements planétaires, d'avoir un nid spécial, un lieu sacré où l'on se sent chez soi. Il est aussi particulièrement important en ce moment de se connecter à la Terre. Que vous exploriez ou découvriez de nouveaux territoires, que vous soyez confiné à la maison ou enraciné dans la nature, la prospérité du foyer, de la nature et des voyages est le fondement d'un plus grand bien-être et peut être l'ancrage dont vous avez besoin pour partir à l'aventure. Car lorsqu'on a de bons repères et qu'on a trouvé son coin de pays, l'instinct de la découverte enfoui en chacun de nous peut repousser ses limites et pimenter toute notre existence. À compter de ce moment, on se sent capable de tout faire.

Maintenant que vous connaissez les huit domaines, voici comment vous en servir.

Le WOO HOO 8 est un processus très efficace qui dure toute une vie, en ce sens que, dès que vous l'entamerez, vous ne voudrez plus y mettre fin. Quand Jessica et moi vivions en Caroline du Nord en rêvant des montagnes, j'ai appliqué la technique du WOO HOO 8 d'une à deux heures par jour. Mon seul but était de visualiser l'avenir qui m'attendait déjà et de contribuer à le manifester. C'était amusant. J'aimais me détendre, rêver et coucher le tout par écrit.

Voilà la clé du WOO HOO 8. Avant toute chose, ce doit être amusant. Si cela vous angoisse d'écrire sur votre avenir, arrêtez. Revenez-y plus tard ou demandez pourquoi vous avez cette réaction. Car « l'é-motion », c'est-à-dire l'énergie en mouvement, est indispensable à toute création. Rien n'est plus puissant que l'é-motion positive.

Pour commencer, intéressons-nous à une forme de WOO HOO 8 par jour. Je vous conseille de procéder dans l'ordre, soit de 1 à 8.

Lors de votre séance d'écriture inspirée, plongez dans une forme de prospérité avant même de demander « Quel est mon SUO ? ». Puis, écrivez avec toute la sincérité et toute l'émotion dont vous êtes capable. Enthousiasmez-vous. Par exemple, si le sujet est la prospérité domiciliaire, visualisez votre nouveau foyer dans les montagnes, votre petit appartement, un pavillon de banlieue de trois chambres à coucher ou un grand penthouse en ville. WOO HOO !

Rêvez grand, imaginez grand, soyez follement enthousiaste – peu importe ce que cela représente pour vous. L'important, c'est d'activer les émotions. Faites le portrait du plus incroyable avenir, de la maison, de la prospérité spirituelle ou temporelle les plus invraisemblables. Tracez sur papier et dans votre esprit l'image la plus phénoménale de tout cela. Plus vous y mettrez de l'émotion, mieux ce sera.

Choisissez un domaine de prospérité par jour pendant huit jours et écrivez au moins une page. (Ou encore, relevez le Défi-30 jours du chapitre suivant.) Écrivez une page sur votre nouvelle maison, évoquez-la, dites ce qu'elle vous amène à ressentir, la raison pour laquelle elle est si extraordinaire. Il n'est pas nécessaire de la décrire dans ses moindres détails, l'important étant de consigner les émotions qu'elle suscite en vous et de vous laisser aller à rêver.

Je sais, par exemple, que nous mettons sur pied une entreprise qui vise à changer le monde, mais je ne prétends pas savoir exactement comment nous y parviendrons. Je peux cependant le ressentir, éprouver un sentiment de confiance, de réussite, et savoir que je peux faire une différence. Je sais qu'il y aura d'autres livres, d'autres conférences, d'autres déplacements et même des entretiens avec des chefs d'État – le tout a commencé par une invitation au sommet mondial des prix Nobel de la paix en 2019.

Donc, écrivez tout cela, imaginez-le, ressentez-le même sans en connaître les particularités, car vous contribuerez ainsi à sa réalisation. Cela signifie, selon moi, que l'on manifeste un avenir qui existe déjà. Quand l'émotion est claire à l'esprit, une porte s'ouvre sur un futur déjà présent.

Voici quelques exemples de chacun des huit domaines :

La prospérité temporelle

Merci du temps dont je dispose pour écrire, du temps que je passe avec ma famille. Merci pour tout mon temps libre. Je suis de plus en plus prospère tout en ayant beaucoup plus de temps à ma disposition. J'ai le temps de découvrir, de m'amuser, de ressentir. Le temps de m'entretenir avec des aînés mayas, d'explorer mes visions de cénotes, de voyager de par le monde sans être enchaîné à un emploi du temps. Merci pour le temps qui m'est alloué de m'asseoir, d'être avec Jessica, avec les animaux et la nature sans me sentir pressé d'être ailleurs ou de faire autre chose, mais simplement d'être présent aussi longtemps que je le souhaite.

La prospérité de la santé

Je suis de plus en plus fort, capable de courir en montagne, mes genoux sont incroyablement solides dans les descentes. Mes dents sont saines et je digère de mieux en mieux. J'ai énormément d'énergie pour mon travail, pour les chatons, pour notre coq, pour toutes les belles réalisations auxquelles j'aspire. Je peux facilement courir des marathons. Je suis de plus en plus fort. Je me sens si puissant, si capable, si jeune ! Ça ne pourrait pas aller mieux ! WOO HOO !

La prospérité financière

Merci pour cette incroyable abondance. Merci pour tout cet argent qui nous a donné une somptueuse maison en montagne, une maison au bord de la mer et la liberté de voyager partout quand bon nous semble. Merci de nous permettre d'aider les autres, de faire en sorte que notre argent puisse servir à quelque chose, à des mécénats, à mettre sur pied des organisations ou à donner à des organismes qui font une très grande différence. Je me sens prospère, je me sens riche, je me sens libre ! WOO HOO !

La prospérité familiale et amicale

Merci pour ma tribu, pour ma famille, pour ce village où nous nous sentons chez nous. Merci pour le temps passé avec ma famille, le temps passé à cultiver de formidables amitiés et à nous rapprocher de ceux que nous aimons. Merci pour nos bébés heureux et en santé ! Merci pour la tribu qui contribue à élever nos enfants ! Merci pour l'affection et le soutien des autres et pour l'affection et le soutien que nous pouvons leur apporter à notre tour. Nous nous sentons aimés, soutenus, nous ressentons un fort esprit communautaire et l'ohana. Merci mon Dieu ! WOO HOO !

La prospérité spirituelle ou intérieure

Je suis reconnaissant du lien spirituel grâce auquel je ressens l'amour autour de moi du matin au soir. Je suis reconnaissant de me rappeler que je suis un être spirituel. Je suis reconnaissant de resserrer mes liens avec la spiritualité, avec le royaume de l'esprit, de voir, d'entendre et de ressentir la présence de l'Univers de plus en plus chaque seconde. Je suis reconnaissant d'habiter un espace de paix, d'amour, d'harmonie et de compréhension, de toujours être dans l'équanimité, en phase, sincère.

La prospérité d'entreprise ou professionnelle

Merci pour notre incroyable réussite commerciale, pour les millions et les millions de vues que nous vaut notre balado dans le monde. Merci pour nos livres à succès, pour tous ces livres qui trouvent chaque année des millions de lecteurs. Merci pour nos services accrus qui nous permettent d'aider encore plus de gens dans le monde, pour l'influence que nous exerçons et qui contribue à transformer la planète. Merci pour la facilité avec laquelle tout se fait, pour l'argent qui s'accumule de plus en plus facilement, pour tout ce qui fonctionne en pilotage automatique, et merci pour la formidable équipe de rêve qui nous aide à obtenir des résultats concrets.

La prospérité créatrice

J'apprends à dessiner, à chanter, je suis des cours de chant, j'explore tout ce que le balado rend possible et j'en fais une véritable expérience, je suis sur Netflix ou sur Amazon Prime. C'est difficile de faire mieux! Je fais de la musique et j'écris des tas de livres. Je suis reconnaissant parce que le balado devient une « expérience », un voyage hors des sentiers battus que les gens font avec nous une fois par semaine. Merci pour toutes mes entreprises créatrices, merci de me permettre de toucher les autres.

La prospérité de la nature et des voyages

Merci pour ce foyer permanent et ce refuge pour animaux, pour ses endroits où les gens viennent se retirer et méditer, ses sentiers de randonnée, son incroyable sérénité et sa proximité avec la grande ville, sa situation si incroyablement commode, cet endroit si parfait pour élever nos enfants. Merci pour la nature tout autour de nous, pour les animaux, la faune, les arbres, les sentiers pédestres et le contact avec la terre. Merci à l'esprit des lieux, merci de nous permettre de vivre en un lieu qui nous émerveille chaque matin et chaque soir, un lieu qui me fait dire : « Je ne peux pas croire que je vis ici! » Merci de me donner la possibilité de m'entretenir avec des chefs d'État, de voyager partout dans le monde, d'aider les autres et la planète. Il n'y a vraiment rien de mieux! WOO HOO!

Le pouvoir de la gratitude

Le lexique de mes WOO HOO 8 change très souvent, fluidement, indépendamment de ma volonté. Je dis parfois « je ressens... » et plus loin, « merci pour... ». Aucune formulation n'est supérieure à une autre. Je ne pense pas que demander ou ressentir, ou employer d'autres mots que « merci » puisse empêcher le fait que le résultat est déjà là. Rien ne pourrait être plus loin de la vérité. Employez les formulations qui vous conviennent.

Cela dit, la gratitude est puissante et elle facilite réellement les manifestations. Plus vous dites merci pour ce que vous désirez, plus vous vous en approchez. Mais pour que l'effet de la gratitude s'exerce au maximum, il faut l'associer à une haute fréquence vibratoire et émotionnelle. Un merci dépourvu d'émotion, à la Debbie Downer, tombe à plat.

Mais qu'en est-il si vous ne ressentez aucune émotion pendant cet exercice ? Commencez par interroger l'écriture inspirée : « Comment se fait-il que je ne ressente rien ? Pourquoi ce qui devrait m'enthousiasmer me laisse-t-il de glace ? Est-ce dû à une blessure émotionnelle ou à un blocage du même ordre ? Ou bien ce souhait appartient-il à quelqu'un d'autre et pas à moi ? »

Par exemple, j'ai un jour encadré de mes conseils une magnifique danseuse exotique dont la famille voulait qu'elle travaille dans le secteur de la finance. Elle avait effectivement travaillé dans la finance pendant plusieurs années, mais elle était plus heureuse, se sentait plus libre et gagnait plus d'argent quand elle dansait le soir. Nous ne sommes pas là pour juger, mais pour suivre notre cœur. L'écriture inspirée ne lui disait pas que le secteur de la finance était la solution. Mais si je me souviens bien, avec le temps, elle a senti le besoin d'investir l'argent qu'elle gagnait.

La réponse : soyez réceptif, honnête envers vous-même, suivez votre propre chemin et demandez-vous ce que vous ressentez. Si l'émotion est absente de votre pratique, soumettez ce problème à l'écriture inspirée pour trouver la solution.

La voie envisagée ne vous convient peut-être pas. La peur est sans doute trop présente. Cela réveille possiblement une ancienne blessure. Une expérience passée vous a peut-être poussé à vous retrancher derrière un mur. Interrogez l'écriture inspirée, trouvez la réponse, ensuite, de toutes vos forces, libérez-vous de cette blessure ou de ce blocage.

Quand vous aurez épuisé les huit domaines de la prospérité, il serait bon de ramener la page d'écriture quotidienne à quelques phrases et de condenser les huit domaines sur une seule page. Ce peut être très fluide, pas forcément limité à deux ou trois phrases par catégorie. Allez là où vous porte le courant d'énergie.

En gros, vous passerez d'environ une page par jour par domaine à une page ou une demi-page au total, en allant fluidement d'une catégorie à l'autre tout en vous rapprochant de votre avenir rêvé. N'oubliez pas d'y mettre toute l'émotion dont vous êtes capable.

Il faut que les objectifs des WOO HOO 8 soient importants, mais vous devez penser pouvoir les atteindre, ne serait-ce que de justesse. N'en faites pas des chimères que le subconscient rejettera. Cela est un exercice conscient. Vos objectifs peuvent être immenses, mais assurez-vous de croire qu'ils peuvent être atteints.

Visualisez votre avenir

En plus des WOO HOO 8, vous pouvez vous servir de l'écriture inspirée pour sculpter, visualiser et nourrir l'avenir le plus brillant que vous puissiez imaginer, et même plus encore !

Vous n'êtes pas obligé de faire cet exercice tous les jours, mais il est particulièrement indiqué à votre anniversaire de naissance, en début d'année, à la nouvelle lune, à un solstice ou à un équinoxe, car ce sont des moments bien choisis pour planter des graines et définir vos intentions pour les saisons et les années à venir.

Vous ne devinerez jamais ce que j'ai fait pour visualiser mon avenir à l'occasion de mes cinquante ans. J'ai fait un WOO HOO 8 étendu pour visualiser ou clarifier mes cinquante prochaines années – à vrai dire, ce que je considère comme ma deuxième vie, car, à mes yeux, la cinquantaine marque le début d'une nouvelle vie et une nouvelle grandeur, en d'autres termes, d'un nouveau départ.

J'ai mis beaucoup d'émotion dans cet exercice comme dans celui des WOO HOO 8, mais j'ai aussi été très spécifique, car je sais ce que je veux et je sais où je vais, du moins à court terme. J'ignore à quoi ressemblera mon entreprise dans dix ou vingt ans, mais je sais clairement où je veux être à la fin de cette année et même l'année prochaine. J'ai donc formulé cela par écrit, avec force détails, en incluant mes espoirs, mes rêves et mes désirs. Puis j'ai recommencé en pensant à plus long terme, et recommencé en pensant à plus long terme encore.

C'est là une manière très puissante de définir vos intentions. Quand vous le faites par l'écriture inspirée, vous jetez le plus gros pavé d'intention qui soit dans une mare d'intentions. Autrement dit, vous créez d'immenses ondulations qui atteindront votre rive future, comme vous l'aviez souhaité – ou *mieux encore.*

Pour clore ce chapitre de la plus belle façon, je laisse Elaine, une de mes étudiantes en écriture inspirée, vous raconter comment elle a attiré à elle la prospérité (pas seulement financière) :

> Peu après m'être familiarisée avec l'écriture inspirée, j'ai eu envie de savoir ce qui se passerait si je sollicitais les conseils de personnalités décédées que j'admirais dans la vie. Maya Angelou est une femme pour laquelle j'avais une profonde admiration. Étant écrivaine, je me suis toujours sentie très liée à elle, mais j'ai aussi bénéficié de sa sagesse… Quand j'ai sollicité ses conseils, voici ce qu'elle m'a d'abord répondu :
>
> *Une toile d'araignée est un parfait ensemble d'angles et de cercles, un ordre naturel de chaos et de beauté. On peut beaucoup apprendre d'une araignée. Il y a quelque chose de fascinant et de miraculeux à en voir une tisser sa toile. Son ventre plein d'un fil luisant, ce fil qu'elle tend entre deux brins d'herbe ou deux poteaux de clôture, que le vent fera onduler ou qu'il déchirera, et l'araignée recommencera tout simplement à tisser une autre toile. Cette détermination résolue est ce qui garde l'araignée en vie. Elle tisse sa toile pour capturer des insectes, et sans cette toile elle mourrait de faim. Les araignées sont des créatures volontaires, leur industrie fusionne*

l'art et la survie. Rien ne sépare chez elles l'art et la raison de vivre. L'industrie de l'art est la raison de vivre. Donne-toi à l'art, il te donnera une raison de vivre, et son industrie te nourrira.

C'était là une grande matière à réflexion. J'ai occupé le lendemain à créer des œuvres d'art pour les personnes qui travaillent avec moi dans une ferme biologique locale. J'ai eu beaucoup de plaisir à créer ces pièces et à les offrir, mais ma situation financière était très précaire depuis plus d'un an. Ces soucis financiers me rendaient très anxieuse et l'écriture à laquelle je me consacrais si passionnément ne me consentait pas de quoi vivre.

Je repensais sans cesse à l'araignée de Maya Angelou, me poussant à vouloir rassembler mes idées disparates et mon désir égoïque de toujours AGIR, AGIR, AGIR. Ces changements n'ont pas lieu du jour au lendemain. Aussi, moins d'un mois plus tard, j'ai demandé à Maya Angelou de me conseiller par l'écriture inspirée. Voici sa réponse : *Tu te souviens de l'araignée ? Elle est résolument déterminée à attraper sa nourriture. Elle vit dans l'abondance en attendant que la nourriture arrive. L'araignée est certaine qu'après avoir terminé le travail qu'elle est censée faire, une abondance de provisions se prendra dans sa toile. Tu fais le travail, mais tu oublies d'en attendre l'abondance. Fais-lui de la place. Sois réceptive à la nourriture de l'Univers. Tu contribues au bien-être des autres, l'Univers t'en récompensera. Imagine que ton travail est cette toile et tu verras comment elle pourra capturer l'abondance de l'Univers par ton industrie.*

Un mois plus tard, presque jour pour jour, une idée dont mon fils et moi avions discuté a pris de l'ampleur : la création d'une ferme d'agriculture régénératrice pouvant assurer un mode de vie durable à une collectivité de minimaisons. En un éclair, j'ai eu l'idée de produire une vidéo de ce projet que j'ai publiée dans Instagram. Une femme que je n'avais jamais rencontrée a fait un don de 250 $ pour que je puisse lancer l'affaire ! Ce matin-là, j'avais demandé à l'Univers de m'envoyer un signe indiquant que j'étais sur la bonne voie, un signe avec des plumes. Juste avant de recevoir le don de cette femme, j'ai vu une de ses publications : elle avait photographié des oiseaux sur la plage.

Puis-je dire que j'ai atteint mon but ? Pas encore, mais j'en reçois des confirmations comme des bouées qui m'allègent le cœur. Je suis plus léger et plus concentré. Je ne m'éparpille plus, mon chemin est linéaire et lumineux. Je développe un réseau collectif de ressources et de contacts afin de mettre sur pied des cultures, de capturer le carbone dans le sol et d'éviter que la couche arable ne soit emportée dans les cours d'eau, et afin d'étendre ce projet à d'autres collectivités. Ce projet pourrait éventuellement guérir les écosystèmes partout sur la planète. Ces derniers jours seulement, j'ai eu plusieurs formidables entretiens pour trouver des moyens de concrétiser cette vision.

Ce que je suis le seul à savoir est que, pour moi, cette vision existe déjà dans la réalité. Maintenant, le fait de mettre nos compétences en commun allègera le travail de chacun. Nous serons plusieurs industrieux constructeurs d'un art créé en collaboration avec la Terre.

14 | Relevez le Défi-30 jours d'écriture inspirée

Maintenant que vous maîtrisez les bases de l'écriture inspirée, le moment est venu pour moi de vous aider à aller plus en profondeur, à toujours garder cette habitude acquise et à assurer la réussite de votre pratique.

Ce programme de trente jours a été conçu pour vous aider à entrer rapidement dans l'état second de l'écriture inspirée et dans ses principes de base sans être dépassé par les événements. Relevez ce défi du mieux possible et il fera de vous une superstar de l'écriture inspirée.

Je vous encourage à suivre vos progrès pour rester à l'affût de vos épiphanies et de vos motivations. La feuille de travail du Défi-30 jours est offerte pour impression (en anglais) sur le site de l'écriture inspirée (www.AutomaticWriting.com/bonuses).

Avant de commencer :

1.

Soyez disposé à vous lever pour écrire le matin ou écrivez le soir avant de vous coucher, et choisissez une heure précise et un lieu sacré pour la pratique de l'écriture inspirée pendant les trente prochains jours.

2.

Choisissez un instrument d'écriture (stylo ou autre) et un journal intime, ou encore l'ordinateur ou l'appareil que vous utiliserez pour taper votre texte.

3. Téléchargez du site www.AutomaticWriting.comn/bonuses la musique binaurale de programmation des ondes thêta qui accompagnera votre pratique.

Voici à quoi correspond chaque colonne du tableau :

JOUR : Numérotez de 1 à 30 chaque jour du défi.

TÂCHE : Commencez par la base et les répétitions pour développer une routine et acquérir plus d'assurance. À la fin des trente jours, le déroulement de votre pratique d'écriture inspirée devrait se rapprocher de ce qui suit :

1. Prière d'intention
2. Prière d'invocation
3. « Que dois-je savoir aujourd'hui ? »
4. « Qui suis-je ? » (Les deux premières semaines ; par la suite, cette question sera facultative.)
5. Questions facultatives (à commencer le 7e jour)
6. « Quel est mon SUO ? »
7. WOO HOO 8 (à commencer le 20e jour)

L'ensemble du processus dure de vingt à trente minutes (plus quelques minutes de relecture le midi ou le soir), mais il en vaut vraiment la peine, car il constitue le fondement d'une journée, d'une semaine, d'une année et d'une vie réussies, et parce que vous vous sentirez vraiment mieux. Et n'oublions pas toutes les victoires que vous attirerez à vous.

ACTIVITÉ : Notez l'heure à laquelle vous commencez à écrire. Cela vous indiquera le moment le plus propice à l'écriture inspirée. Ne vous en faites pas si vous écrivez tant le matin que le soir. Les deux moments sont bons pour l'instant. J'ai inclus une plage dans l'après-midi pour les travailleurs de nuit et ceux à qui la pratique matinale de l'écriture inspirée ne convient pas.

FAIT : Cochez cette case quand vous avez complété une activité. Cocher les éléments d'une liste est très agréable.

MINUTES : Dans la dernière colonne, notez le nombre de minutes passées à écrire. Cela peut contribuer à vous motiver et vous indiquer votre meilleur moment pour écrire.

Le défi-30 jours d'écriture inspirée

JOUR	TÂCHE	ACTIVITÉ	FAIT	MIN.
1	Commencez l'écriture inspirée par 3 questions fondamentales en allouant 5 minutes à chacune : Que dois-je savoir aujourd'hui ? Qui suis-je ? Quel est mon SUO (Seul et unique objectif) de ce jour ?	Matin Écriture __h__	√	
		Midi Lecture		
		Soir Écriture __h__		
2	Quel est mon SUO (Seul et unique objectif) de ce jour ?Répétez les 3 questions fondamentales en allouant au moins 5 minutes à chacune : Que dois-je savoir aujourd'hui ? Qui suis-je ? Quel est mon SUO (Seul et unique objectif) de ce jour ?	Matin Écriture __h__	√	
		Midi Lecture		
		Soir Écriture __h__		
3	Répétez les 3 questions fondamentales en allouant de 5 à 10 minutes à chacune : Que dois-je savoir aujourd'hui ? Qui suis-je ? Quel est mon SUO (Seul et unique objectif) de ce jour ?	Matin Écriture __h__	√	
		Midi Lecture		
		Soir Écriture __h__		

3

<table>
<tr><th>JOUR</th><th>TÂCHE</th><th>ACTIVITÉ</th><th>FAIT</th><th>MIN.</th></tr>
<tr><td rowspan="3">4</td><td rowspan="3">Répétez les 3 questions fondamentales en allouant de 5 à 10 minutes à chacune (ou plus si les mots coulent de source) :
Que dois-je savoir aujourd'hui ?
Qui suis-je ?
Quel est mon SUO (Seul et unique objectif) de ce jour ?</td><td>Matin
Écriture
__h__</td><td>√</td><td></td></tr>
<tr><td>Midi
Lecture</td><td></td><td></td></tr>
<tr><td>Soir
Écriture
__h__</td><td></td><td></td></tr>
<tr><td rowspan="3">5</td><td rowspan="3">Répétez les 3 questions fondamentales :
Que dois-je savoir aujourd'hui ?
Qui suis-je ?
Quel est mon SUO (Seul et unique objectif) de ce jour ?</td><td>Matin
Écriture
__h__</td><td>√</td><td></td></tr>
<tr><td>Midi
Lecture</td><td></td><td></td></tr>
<tr><td>Soir
Écriture
__h__</td><td></td><td></td></tr>
<tr><td rowspan="3">6</td><td rowspan="3">Répétez :
Que dois-je savoir aujourd'hui ?
Qui suis-je ?
Quel est mon SUO (Seul et unique objectif) de ce jour ?</td><td>Matin
Écriture
__h__</td><td>√</td><td></td></tr>
<tr><td>Midi
Lecture</td><td></td><td></td></tr>
<tr><td>Soir
Écriture
__h__</td><td></td><td></td></tr>
<tr><td>NB</td><td colspan="4">À compter du 7e jour, vous pouvez ajouter des questions facultatives vous concernant. Il est conseillé de formuler au moins une nouvelle question par jour. Vous trouverez des suggestions ci-dessous. Cependant, sentez-vous libre de les changer ou d'en modifier l'ordre. Vous pouvez aussi reprendre la même question plusieurs jours de suite</td></tr>
<tr><td rowspan="3">7</td><td rowspan="3">Entre « Qui suis-je ? » et « Quel est mon SUO ? », posez la question facultative suivante :

Que dois-je savoir pour mieux prendre soin de moi-même ?</td><td>Matin
Écriture
__h__</td><td>√</td><td></td></tr>
<tr><td>Midi
Lecture</td><td></td><td></td></tr>
<tr><td>Soir
Écriture
__h__</td><td></td><td></td></tr>
</table>

JOUR	TÂCHE	ACTIVITÉ	FAIT	MIN.
8	Entre « Qui suis-je ? » et « Quel est mon SUO ? », posez la question facultative suivante : Que dois-je savoir pour mieux prendre soin de ma santé ?	Matin Écriture __h__	√	
		Midi Lecture		
		Soir Écriture __h__		
9	Entre « Qui suis-je ? » et « Quel est mon SUO ? », posez la question facultative suivante : Que dois-je savoir pour mieux prendre soin de ma famille et de mes amis ?	Matin Écriture __h__	√	
		Midi Lecture		
		Soir Écriture __h__		
10	Entre « Qui suis-je ? » et « Quel est mon SUO ? », posez la question facultative suivante : Quelle est ma plus grande raison de vivre ?	Matin Écriture __h__	√	
		Midi Lecture		
		Soir Écriture __h__		
11	Entre « Qui suis-je ? » et « Quel est mon SUO ? », posez la question facultative suivante : Que suis-je censé accomplir à cette étape de ma vie ?	Matin Écriture __h__	√	
		Midi Lecture		
		Soir Écriture __h__		
12	Entre « Qui suis-je ? » et « Quel est mon SUO ? », posez la question facultative suivante : Y a-t-il quelque chose que j'ignore concernant ma vie actuelle ?	Matin Écriture __h__	√	
		Midi Lecture		
		Soir Écriture __h__		

JOUR	TÂCHE	ACTIVITÉ	FAIT	MIN.
13	Entre « Qui suis-je ? » et « Quel est mon SUO ? », posez les questions facultatives suivantes : Si je suis coincé, quelle en est la raison, que dois-je apprendre et qu'est-ce que je devrais faire autrement ? Si je reproduis un schéma récurrent, quelle en est la raison et que dois-je faire pour remédier à cette situation ?	Matin Écriture __h__	√	
		Midi Lecture		
		Soir Écriture __h__		
14	Entre « Qui suis-je ? » et « Quel est mon SUO ? », posez les questions facultatives suivantes – même si cela ne semble pas correspondre à votre situation : Y a-t-il des blocages qui m'empêchent d'aller de l'avant ? Dans l'affirmative, que dois-je faire pour m'en libérer ?	Matin Écriture __h__	√	
		Midi Lecture		
		Soir Écriture __h__		
15	Posez les questions facultatives suivantes au lieu de demander « Qui suis-je ? » et « Quel est mon SUO ? » (Il n'est plus nécessaire de vous demander « Qui suis-je ? », à moins que vous teniez à le faire.) : Y a-t-il des blessures profondes qui doivent être guéries ? Que dois-je faire pour les guérir ?	Matin Écriture __h__	√	
		Midi Lecture		
		Soir Écriture __h__		
16	Posez la question facultative suivante avant de demander « Quel est mon SUO ? » : Dois-je savoir autre chose en ce qui a trait à ma carrière/mon emploi ou mon parcours ?	Matin Écriture __h__	√	
		Midi Lecture		
		Soir Écriture __h__		
17	Posez la question facultative suivante avant de demander « Quel est mon SUO ? » : Que faire pour attirer plus d'abondance/de prospérité dans ma vie ?	Matin Écriture __h__	√	
		Midi Lecture		
		Soir Écriture __h__		

JOUR	TÂCHE	ACTIVITÉ	FAIT	MIN.
18	Posez les questions facultatives suivantes avant de demander « Quel est mon SUO ? » : Y a-t-il des blocages à l'abondance dont je dois me débarrasser ? Dans l'affirmative, comment puis-je les faire disparaître ?	Matin Écriture __h__	√	
		Midi Lecture		
		Soir Écriture __h__		
19	En plus de demander « Quel est mon SUO d'aujourd'hui ? », demandez : Quel est mon SUO des 3 prochains mois ? Quel est mon SUO de l'année ?	Matin Écriture __h__	√	
		Midi Lecture		
		Soir Écriture __h__		
NB	Vous pouvez continuer à poser une question par jour en vous sentant libre de formuler vos propres questions. Mais maintenant, il faut commencer à rédiger vos WOO HOO 8 avant de demander « Quel est mon SUO ? ». Voici quelques suggestions de domaines. Ajoutez-en un par jour jusqu'à les inclure tous quotidiennement.			
20	WOO HOO 1 – LA PROSPÉRITÉ DE LA SANTÉ Pendant 5 à 10 minutes, détaillez vos objectifs en matière de santé, décrivez-les, dites ce qu'ils vous font ressentir, visualisez les résultats avec beaucoup d'enthousiasme jusqu'à ne plus contenir votre joie	Matin Écriture __h__	√	
		Midi Lecture		
		Soir Écriture __h__		
21	WOO HOO 2 – LA PROSPÉRITÉ TEMPORELLE Pendant 5 à 10 minutes, dites en détail combien de temps libre vous aimeriez avoir, ce que vous en feriez et ce que cela vous ferait ressentir. Là encore, enthousiasmez-vous jusqu'à ne plus contenir votre joie !	Matin Écriture __h__	√	
		Midi Lecture		
		Soir Écriture __h__		

JOUR	TÂCHE	ACTIVITÉ	FAIT	MIN.
22	WOO HOO 3 – L'ABONDANCE ou LA PROSPÉRITÉ FINANCIÈRE Pendant 5 à 10 minutes, détaillez vos objectifs financiers, décrivez-les, dites ce qu'ils vous feront ressentir et à quoi vous allouerez ces ressources supplémentaires. Visualisez les résultats avec beaucoup d'enthousiasme jusqu'à ne plus contenir votre joie.	Matin Écriture __h__	√	
		Midi Lecture		
		Soir Écriture __h__		
23	WOO HOO 4 – LA PROSPÉRITÉ FAMILIALE ET AMICALE Pendant 5 à 10 minutes, décrivez en détail comment vous aimeriez améliorer ou transformer vos relations avec divers amis ou membres de la famille, quel en serait le résultat, pourquoi ce serait important, et l'incroyable sentiment de bien-être que vous en retireriez.libérer ?	Matin Écriture __h__	√	
		Midi Lecture		
		Soir Écriture __h__		
24	WOO HOO 5 – LA PROSPÉRITÉ SPIRITUELLE OU INTÉRIEURE Pendant 5 à 10 minutes, dites comment vous aimeriez approfondir votre pratique ou votre sagesse intérieure, à quoi cela ressemblerait, et ce que vous ressentiriez.	Matin Écriture __h__	√	
		Midi Lecture		
		Soir Écriture __h__		
25	WOO HOO 6 – LA PROSPÉRITÉ D'ENTREPRISE OU PROFESSIONNELLE Pendant 5 à 10 minutes, décrivez en détail l'avenir que vous souhaitez pour votre entreprise ou votre carrière, dépeignez une ou deux des prochaines étapes qu'elle franchira, un ou deux objectifs de votre parcours. Et n'oubliez pas l'incroyable sentiment de bien-être que vous en éprouverez.	Matin Écriture __h__	√	
		Midi Lecture		
		Soir Écriture __h__		
26	WOO HOO 7 – LA PROSPÉRITÉ CRÉATRICE Pendant 5 à 10 minutes, décrivez l'exutoire créatif auquel vous aspirez, ce à quoi il ressemblerait, et l'incroyable sentiment de bien-être qu'il vous ferait éprouver.	Matin Écriture __h__	√	
		Midi Lecture		
		Soir Écriture __h__		

JOUR	TÂCHE	ACTIVITÉ	FAIT	MIN.
27	WOO HOO 8 – LA PROSPÉRITÉ DU FOYER, DE LA NATURE ET DES VOYAGES Pendant 5 à 10 minutes, décrivez en détail le foyer dont vous rêvez, son emplacement, son aspect, ses modifications, et si vous déménagez, l'endroit où vous emménagerez et son aspect. N'oubliez pas que vous correspondez à votre territoire. Aussi, décrivez l'endroit où vous êtes le plus en contact avec la Terre, les lieux que vous souhaitez explorer, votre envie de profiter de l'extérieur. S'il vous plairait de voyager, dites où vous aimeriez aller, ce qui vous y attire et soulève votre enthousiasme.	Matin Écriture __h__	√	
		Midi Lecture		
		Soir Écriture __h__		
28	À compter d'aujourd'hui, combinez ces 8 domaines en vous limitant à une ou deux phrases pour chacun et en les reliant avec fluidité. Faites cela chaque matin, sans faillir.	Matin Écriture __h__	√	
		Midi Lecture		
		Soir Écriture __h__		
29	En plus du WOO HOO 8, posez la question suivante : Est-ce que quelque chose m'échappe, quelque chose que j'aurais oublié ?	Matin Écriture __h__	√	
		Midi Lecture		
		Soir Écriture __h__		
30	Le dernier point, mais pas le moindre, consiste à poser la question la plus difficile qui soit, mais extrêmement propre à vous libérer : Y a-t-il quelque chose que je dois me pardonner ou quelqu'un que je dois absoudre ?	Matin Écriture __h__	√	
		Midi Lecture		
		Soir Écriture __h__		

L'expérience de l'écriture inspirée est un parcours vers la découverte de soi. Plus vous en apprendrez sur votre moi authentique, c'est-à-dire votre moi supérieur, plus vous connaîtrez Dieu, la Source, l'Univers, l'Amour divin ou votre propre interprétation d'une puissance supérieure.

On ne saurait faire mieux.

Nous aimerions beaucoup connaître votre expérience personnelle si vous avez envie d'en faire le récit. N'hésitez pas à communiquer avec nous pour nous la faire partager : www.AutomaticWriting.com.

15 | *L'écriture inspirée pour aller au-delà de ce monde*

Je communique avec les morts.

Quand j'ai entrepris l'écriture de ce livre, j'ai hésité à y inclure ce chapitre. Serait-il trop bizarre, trop farfelu, ou simplement la goutte qui ferait déborder le vase chez ceux qui, déjà, me croient complètement cinglé ? Mais en ces temps où l'humanité vit une grande évolution et où je crois que l'authenticité est nécessaire pour soi et pour le reste du monde, j'ai jugé nécessaire de l'écrire. Car, comme je l'ai mentionné dans l'introduction, je crois aux anges, et je communique réellement avec les morts.

Mais pas n'importe quels morts. Les personnes chères de ma famille qui sont décédées, trois mentors très spéciaux, et un animal de compagnie incroyablement cher à mon cœur.

Cet animal de compagnie s'appelle Molé ; au moment où je rédige ces lignes, il est décédé depuis environ un an. Cela peut paraître incroyable, mais Molé était un campagnol que nous avons rescapé un jour de randonnée. Il avait quatre jours à peine, il ne pouvait pas ouvrir les yeux, il se déplaçait péniblement, accablé de chaleur. Je l'ai porté dans mes mains jusqu'à la voiture sur une distance de neuf kilomètres, le long d'un sentier de montagne en pente raide encombré d'arbres tombés et de débris accumulés par les avalanches de l'hiver précédent. Par miracle, il y avait dans la voiture une seringue dont nous nous étions servis pour nourrir ou sauver une autre bête, si bien que Jessica a pu lui donner à boire. Nous l'avons soigné et regardé devenir un campagnol adulte et costaud. Mais il est mort peu après, beaucoup trop jeune.

Après son décès, je l'ai contacté par l'entremise de l'écriture inspirée et il a répondu, cinq sur cinq. Ses premiers mots disaient grosso modo qu'il était au ciel, qu'il courait, jouait et sautait comme il n'avait jamais pu le faire dans sa vie. Il a aussi dit quelque chose de très profond qui m'a bien fait comprendre que cette communication n'était pas le fruit de mon imagination. Il a dit qu'au ciel, pour sauter, il ne faut aucun effort, il suffit de se détacher du sol et de prendre son envol. C'était une façon de voir les choses à laquelle je n'avais jamais songé.

J'écris à Molé presque chaque jour. Il est toujours pour moi un rayon lumineux, la source d'énergie dont j'ai besoin, et si mauvaise que soit ma journée ou décourageante que soit la perspective du lendemain, il sait toujours quoi dire pour me remonter le moral et me promettre que tout ira bien.

En plus de Molé, j'écris à trois personnes décédées qui me sont particulièrement chères. D'abord, Jack, qui a été notre témoin à notre mariage à l'âge de quatre-vingt-neuf ans. Il a été mon plus grand admirateur, mais aussi mon plus grand critique quand il considérait que je m'écartais du droit chemin. Selon lui, je devais écrire et prononcer des conférences comme Wayne Dyer. Il n'acceptait rien de moins.

Quand Jessica et moi avons écrit *Barefoot Running* et, plus tard, *Barefoot Walking*, il a cru que nous avions perdu l'esprit. Il a même tenté de nous convaincre de tout vendre pour aller vivre à l'abbaye saint-Benoît (St. Benedict's Monastery) de Snowmass au Colorado. Nous sommes allés y faire un tour la dernière fois que nous avons pu lui rendre visite à Boulder. Nous ne nous sommes pas intégrés à la communauté (seuls des hommes en font partie, mais leurs biscuits aux brisures de chocolat sont absolument délicieux). Toutefois, nous avons emménagé non loin de là.

J'écris à Jack chaque jour, il m'oriente dans mon travail et dans mon parcours. Surtout, il m'enjoint de « prendre mieux soin de cette poupée ». Car si je ne traite pas Jessica extrêmement bien, il n'hésite pas à me remettre à ma place, à me réprimander depuis l'au-delà.

Ensuite, il y a tatie Pua, une *kupuna* hawaïenne, une aînée et un chef spirituel décédé beaucoup trop tôt. Elle est toujours là pour moi, sa voix d'amour et de tendresse me parvient de l'autre côté pour me faire partager l'esprit d'*aloha* et me demander de le transmettre. Sa voix si douce et si affectueuse me réconforte, surtout quand j'en ai le plus besoin.

Il y a encore notre très chère amie et ancienne cliente Carla, décédée quelques semaines après avoir participé avec Jessica à un événement dirigé par Joe Dispenza. J'entends encore son rire et son humour cosmique, même si elle est dans l'au-delà. À vrai dire, je pense qu'elle « comprend » l'humour cosmique maintenant et qu'elle aimerait me voir prendre les choses un peu moins au sérieux.

Il y en a d'autres, en plus de tous ceux qui veulent se manifester, notamment les esprits d'anciens présidents, d'aînés, et même celui d'une grand-mère auprès de laquelle j'ai connu une enfance difficile. Elle s'appelle Mildred Kramer et elle veut me parler. J'en suis encore à panser les blessures qu'elle m'a infligées, mais je sais qu'au moment opportun elle aura beaucoup à me dire et que je l'écouterai vraiment.

Communiquez avec vos êtres chers et avec les personnes dans l'au-delà

Il est beaucoup plus facile qu'on ne le croit de communiquer avec nos êtres chers dans l'au-delà – c'est justement là que réside le défi : il faut croire –, car ils ont l'habitude de se manifester distinctement. Qu'il s'agisse d'un animal de compagnie, d'un mentor, d'un membre de la famille, ils ont des choses à nous dire. Il suffit de se mettre à leur écoute, de leur poser des questions et de mettre son scepticisme entre parenthèses.

Que faut-il faire ? Personnellement, je les inclus dans ma prière d'invocation. Invoquer, c'est appeler. Quand vous écrivez aux anges, à vos guides, à votre équipe, écrivez aussi à vos proches dans l'au-delà. J'écris, par exemple : « Bonjour, archange Michel, archange Raphaël, archange Gabriel. Bonjour, Molé (*Salut papa !*), bonjour, Jack (*Bonjour,*

Michael!), bonjour, tatie Pua (*aloha, mon chéri*), et bonjour, Carla (j'entends son rire). » Ensuite, vous choisissez une de ces entités, vous lui écrivez, vous lui demandez de ses nouvelles, ce qu'il y a de neuf et ce qu'elle souhaite vous dire.

Cette pratique est devenue un moment très profond pour beaucoup de gens. Dans certains cas, ils sont plus proches maintenant de leurs êtres chers décédés qu'ils ne l'étaient de leur vivant.

Comment savoir que vous n'inventez pas ? Connectez-vous à vos émotions. Que ressentez-vous ? Avez-vous l'impression que c'est vrai ? Bien entendu, vous pouvez aussi demander carrément à l'écriture inspirée si c'est votre imagination qui vous parle, ou encore de vous dire de qui il s'agit. Sachez que cette voix jamais ne vous jugera, ne vous punira ou ne vous humiliera. Cela n'arrivera jamais. Elle sera peut-être sévère avec vous – Jack ne manque pas de l'être à l'occasion ! –, mais ce sera toujours avec affection. Oui, Jack, je te promets que je vais mieux prendre soin de Jessica. Mais j'écris, et tu as de quoi être fier (*Je le suis!*).

Janet, une des participantes à mes ateliers d'écriture inspirée, m'a confié ceci : « L'écriture inspirée m'aide à ressentir de la gratitude, à être en contact avec mes ancêtres, avec la planète, avec Dieu, l'Univers et moi-même. » Elle m'a transmis l'image que voici d'une des pages de son journal (page ci-contre).

Elle poursuit : « Le premier paragraphe de remerciements à Dieu/l'Univers me dilate le cœur, et parfois j'énumère tout ce pour quoi je suis reconnaissante ce jour-là. On dirait qu'un flot de gratitude se déverse envers la chance que j'ai, même dans les moments difficiles.

« Le paragraphe suivant souhaite la bienvenue à la Terre, aux archanges, à saint François, à mes anges, à mes guides et à tous les ancêtres qui m'aident à me sentir en phase avec cette force incroyable. Je me souviens de moi, enfant, quand mon père me faisait réciter une prière qui commençait par "Mon Dieu, bénissez Jeff, Ricky, maman et papa", pour ensuite bénir tous mes parents et amis. Toutes ces personnes sont décédées. Quand je les invoque chaque matin, je ressens vraiment leur présence, leurs conseils, leur protection. Quelle belle façon de commencer la journée ! »

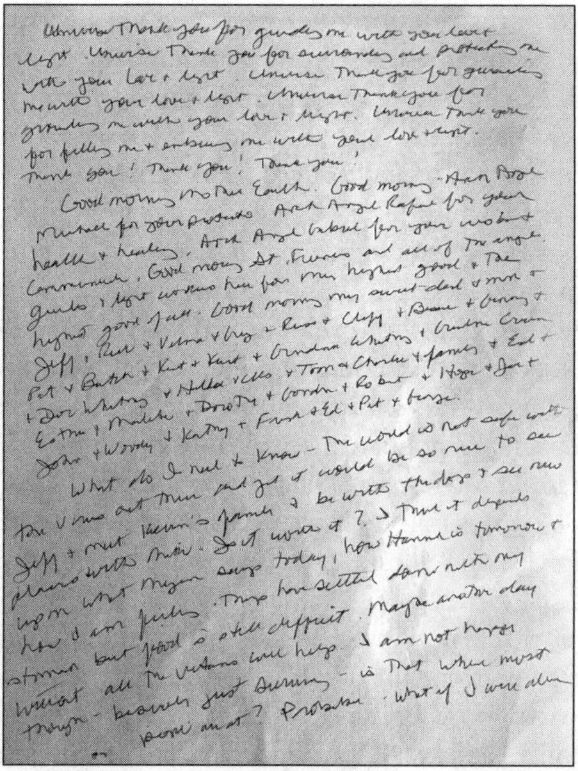
Universe Thank you for guiding me with your love + light. Universe Thank you for surrounding and protecting me with your love + light. Universe Thank you for [illegible] me with your love + light. Universe Thank you for guiding me with your love + light. Universe Thank you for filling me + [illegible] me with your love + light. Thank you! Thank you! Thank you!
Good morning Mother Earth. Good morning Arch Angel Michael for your protection. Arch Angel Rafael for your health + healing. Arch Angel Gabriel for your [illegible] + Communication. Good morning St. Francis and all of the angels, guides + light workers here for my highest good + the highest good of all. Good morning my sweet dad + mom + Jeff + [illegible] + Velma + [illegible] + Ross + Cliff + [illegible] + [illegible] + Pat + Butch + Kurt + Kurt + Grandma Whiting + Grandma [illegible] + Don Whiting + Hilda + [illegible] + Tom + Charlie + James + Earl + Esther + Malcolm + Dorothy + Gordon + Robert + Hugo + Joe + John + Woody + Kathy + Frank + Ed + Pat + George.
What do I need to know – The world is not safe with the virus out there and yet it would be so nice to see Jeff + meet Kevin's family + be with the dogs + see new places with them. Is it worth it? I think it depends upon what Megan says today, how Hanna is tomorrow + how I am feeling. Things have settled down with my stomach but food is still difficult. Maybe another day without all the vitamins will help. I am not hungry though – because just surviving – is that what most people are at? Probably. What if I were also [illegible]

Page du journal de Janet

Comment faire de l'écriture inspirée sans écrire – autrement dit, sans canalisation

Comment faire de l'écriture inspirée sans écrire ? Je vous explique.

Je suis connu pour mes entretiens intuitifs. Un grand nombre de mes invités, même ceux qui ont participé à l'émission *Oprah*, me félicitent après le balado et m'assurent que notre entretien a été le meilleur de tous ceux qu'ils ont accordés.

Comment est-ce possible ? Parce que ce n'est pas mon petit moi, mon cerveau pensant, qui agit pendant ces entretiens. Je fais plutôt intervenir l'écriture inspirée sans pourtant me servir d'un stylo et de papier. Je me branche directement sur le cœur de mes invités – cela m'est possible après une longue expérience de l'écriture inspirée. Ainsi, j'entends leurs pensées, ce qu'ils veulent dire et nous faire partager, ce qu'ils ressentent, et quelle est la question la plus importante que je dois leur poser.

Quand j'agis ainsi, quand j'ouvre mon cœur, que je les écoute et que j'écoute de tout mon être ce que me dit l'écriture inspirée, il se passe quelque chose de magique. À vrai dire, je suis branché sur deux chaînes. La première est celle de mon invité, car je tiens à entendre avec mon cœur ce qu'il veut dire et ce qu'il souhaite me transmettre. La seconde est celle de l'écriture inspirée. J'ai tant l'habitude de cette écriture que les mots me viennent sans même que j'aie à les écrire.

Il en va de même pour mes séances de coaching, et c'est ce qui explique leur immense succès. Mais la vérité est que ce n'est pas moi qui agis. Je me connecte à mon client en même temps qu'à l'écriture inspirée. L'Univers me donne les réponses dont j'ai besoin et me dit où aller.

Les premiers temps, j'interrompais littéralement l'entretien pour faire une pause en attendant que les mots me parviennent. Dans mes séances de coaching, je baissais la tête, j'attendais, et puis voilà, les mots arrivaient. C'était au début, quand il fallait que je compose un numéro pour accéder au réseau de l'écriture inspirée, si l'on peut dire. Les choses ont bien changé depuis. Je dispose maintenant d'un réseau à large bande de très haut débit, d'un câble de fibre optique, si bien que les mots me viennent presque instantanément si je suis à l'écoute et que je fais taire mon cerveau rationnel. Car il ne faut pas que je m'écoute pour pouvoir écouter une autre personne. Cela signifierait que je ne suis pas présent.

Bien sûr, pendant un entretien ou un coaching, il faut que je sois bien ancré, bien centré et que je n'écoute pas mon cerveau pensant. Ne pas penser, voilà la clé du succès. Car, dans ces moments-là, le cerveau rationnel ne peut que m'attirer des ennuis (pendant un entretien ou un coaching, il ne peut que me distraire). Cela vaut aussi pour l'écriture inspirée.

Plus vous ferez l'expérience de l'écriture inspirée, plus les messages seront limpides et plus vous saurez qu'ils ne proviennent pas de vous. Vous commencerez alors à entendre ces perles de sagesse toute la journée, pas seulement pendant le processus d'écriture inspirée. Pour cela, il vous faudra ralentir un peu et porter attention à ce que vous entendrez mentalement, à ce que vous verrez dans votre esprit ou à ce que vous dira votre instinct, car, dans l'ensemble, l'écriture inspirée ne hurle pas ses messages. Vous en viendrez avec le temps à les reconnaître, ils seront de plus en plus faciles à déchiffrer, et vous vous surprendrez à pratiquer l'écriture inspirée du matin au soir.

Certains des clients et des étudiants que j'ai formés à l'écriture inspirée sont devenus des médiums et des professionnels de la canalisation. Pourquoi ? Parce qu'ils se sont consacrés entièrement à l'écriture inspirée, renforçant ainsi de plus en plus la communication.

Voyez cela comme une plante qui s'enracine ou comme le haricot magique de Jack. Si vous l'arrosez, si vous la traitez aux petits soins, si vous ne manquez pas de l'aider à grandir, votre communication avec les cieux sera remarquable.

Pourriez-vous devenir un médium ou un professionnel de la canalisation ? Absolument, si tel est votre désir. À tout le moins, plus vous consacrerez de temps à l'écriture inspirée, plus claire sera la voix qui se fera entendre en vous. Vous pourrez ensuite l'entendre dans vos conversations, durant vos promenades et dans les moments difficiles, quand vous en aurez le plus besoin.

16 | Le parcours qui transformera votre vie

Merci, chers rayons de lumière, merci de m'avoir accompagné tout au long de cette découverte de l'écriture inspirée. Je vous ai initiés pas à pas à cette expérience au fil des pages, nous avons exploré les épiphanies que cette écriture guidée peut vous apporter, et je vous ai expliqué les nombreux processus auxquels vous pouvez vous adonner dans cette pratique.

Mais j'ai gardé le meilleur pour la fin.

Vous pouvez demander à recevoir des messages de sagesse pour la journée en cours. Chaque fois que je demande des messages de sagesse, ces pépites qui me guident jusqu'au soir, je suis littéralement emballé.

Les messages que l'on reçoit n'ont souvent rien à voir avec nos préoccupations conscientes. Ce sont les plus formidables de tous. Demandez des pépites de sagesse. Sachez aussi qu'au début, l'écriture inspirée est difficile. Le moteur aura des ratés, car vous êtes encore un novice aux commandes.

Avec le temps, la voix – celle qui coule du stylo, mais aussi celle que vous pourriez entendre – s'affermira et augmentera de volume. Le plus merveilleux, c'est que, plus vous pratiquerez l'écriture inspirée, plus votre relation avec elle s'approfondira. J'écris environ trente à soixante minutes par jour, parce que les messages que je reçois sont très profonds. Et les effets de cette pratique se propagent à tous les autres domaines de ma vie.

Vous pourriez avoir l'esprit plus clair durant une réunion d'affaires. La réponse à la question « Devrais-je faire A ou B ? » vous viendra spontanément. Je me sers de l'écriture inspirée durant les entretiens de mon balado pour savoir quelles questions poser à mes invités, et quand. Je m'en sers également durant mes séances de coaching. Je n'écris pas, alors, mais il y a si longtemps que je pratique l'écriture inspirée que j'en reçois des messages intuitifs.

Certaines personnes se servent de l'écriture inspirée pour canaliser, pour littéralement entendre des voix et obtenir des conseils du Divin qu'elles transmettent ensuite aux autres.

La pratique régulière de l'écriture inspirée induit des changements profonds. Votre aptitude à écouter votre intuition à tout moment est aussi considérablement renforcée, bien plus que vous ne sauriez l'imaginer.

Je vous encourage à pratiquer l'écriture inspirée chaque jour, sans faillir. Intégrez-la à votre routine quotidienne. Quoi qu'il arrive, faites-en votre oxygène, car il n'y a absolument rien de plus important.

Méditer sur le flanc d'une montagne est inspirant. Mais la méditation ne vous dira pas comment bûcher du bois et transporter de l'eau (autrement dit, comment vivre au jour le jour). L'écriture inspirée vous indiquera, quant à elle, comment bûcher du bois et transporter de l'eau, et dans quel ordre, les raisons de votre présence ici-bas, votre but, comment guérir vos blessures, comment mieux prendre soin de votre famille, comment trouver un partenaire de vie ou une épouse, comment, du reste, rendre cette personne heureuse, et comment trouver l'emploi qui vous va comme un gant. Tout cela peut provenir de votre expérience quotidienne de l'écriture inspirée.

Vous vous êtes offert le plus beau des cadeaux de la vie : une intuition, des conseils et une orientation du plus haut niveau. WOO HOO !

De moi à nous – Et maintenant, où va-t-on ?

Comme se plaît à le dire mon ami Ervin Laszlo, deux fois mis en nomination pour le prix Nobel de la paix, l'humanité est à un important carrefour, à une magistrale croisée des chemins. Elle peut choisir une voie ou l'autre. Elle peut se jeter au fond du gouffre ou s'élever à un niveau supérieur de conscience. Cette observation est très profonde, surtout maintenant, quand la planète se remet avec peine et misère d'une pandémie.

Je pense que le tourbillon actuel d'énergie peut nous aider dans notre évolution. Pour citer les guides de Paul Selig qui s'expriment longuement au sujet de cette époque et des choix auxquels l'humanité est confrontée, c'est maintenant que nous devons choisir la pièce au dernier étage, le lieu d'une vibration supérieure.

L'écriture inspirée est un élément clé de notre évolution. Pourquoi ? Parce que pour que cette transformation se produise, elle nous amène à croire en une chose plus grande que nous et à communiquer avec elle. Plus vous faites l'expérience de l'écriture inspirée, plus vous aidez l'humanité tout entière. Pourquoi ? Parce que tout est énergie. Quand vous entrez dans l'écriture inspirée, vous haussez votre fréquence vibratoire qui, à son tour, contribue à rehausser la fréquence vibratoire de tous ceux qui vous entourent. Vous êtes en quelque sorte des musiciens d'orchestre qui jouent une octave au-dessus.

Durant le processus de l'écriture inspirée, on se sent mieux, on baisse sa vigilance, on ouvre son cœur, on fait preuve de plus de bonté et d'une plus grande compassion. Oui, vous devenez un guerrier au grand cœur dont le regard sur le monde est plus profond, plus riche et plus en phase avec les autres.

C'est de ce point de départ que nous nous élevons les uns les autres.

Nous passons de la concurrence à la coopération. La Terre Mère a pressé le bouton rouge pour mettre fin à une ancienne manière d'être devenue insoutenable, à la loi du plus fort de ce monde cruel et froid. Elle nous demande plutôt de créer des liens, de nous souvenir de qui nous sommes, d'écouter notre sagesse intérieure et de vivre autrement. En gros, elle nous demande de communiquer, de vivre dans la magie de l'écriture inspirée.

Voilà donc le dernier défi que je vous pose. Voyez au-delà de ce que l'écriture inspirée peut faire pour vous et oui, comme le dirait le président Kennedy (mon interprétation), demandez ce que vous pouvez faire avec l'écriture inspirée pour venir en aide à votre prochain. Car le moment est venu de passer du je au nous, du petit soi égoïque avec ses besoins et son emploi du temps à ce que l'on peut faire pour les autres, au rôle que l'on peut jouer, à la façon de se rendre utile. Le moment est venu d'admettre que nous sommes tous les cellules individuelles d'un état d'être humain, que nous ne formons qu'un seul être, une seule humanité et, à vrai dire, une seule planète. Car ce que nous faisons individuellement, notamment entrer dans l'écriture inspirée, affecte l'humanité et la planète tout entières.

Le moment est venu pour nous de grandir, d'élargir notre conscience, de cesser d'être un petit soi axé sur la pénurie et le manque pour puiser à même l'incroyable abondance de l'Univers, de délaisser la solitude et la peur pour entrer dans la solidarité, l'unité et la cocréation, car c'est ainsi que nous traverserons le temps présent et que nous nous hisserons jusqu'à la pièce au dernier étage.

Si nous comprenons que le moment est venu de nous mettre en phase, de guérir nos blessures, de briller, d'élever les autres, de rendre ce que nous avons reçu, de servir, de n'être qu'un, nos enfants et les enfants de nos enfants nous en remercieront, peut-être même plus que les sept générations à venir, ainsi que l'ont décrété les Iroquois dans leur Grande Loi de la paix, car nous aurons créé un monde durable pour toute l'humanité.

Nous élèverons l'humanité tout entière et un peu de sa conscience à un niveau supérieur. C'est l'espoir que je formule, mon rêve, et si possible celui de toute l'humanité, du moins dans ses moments plus lumineux. Quand nous ferons cela, tout en sera transformé.

Je vous mets au défi de plonger de tout cœur dans l'expérience de l'écriture inspirée. Car lorsque vous entrez dans une relation à long terme avec elle, inévitablement vous cultivez la gentillesse, la sagesse, la compassion envers vous-même et envers les autres. Transformez votre vie, transformez celle des personnes de votre entourage et vous pourriez littéralement transformer la planète. Pour votre plus grand bien, pour le plus grand bien de tous – ou mieux encore.

Avec mon affection.

Ressources

Sites Internet (en anglais) : Venez retrouver Michael Sandler en ligne sur le site Internet du livre www.AutomaticWriting.com. Vous y trouverez une mine de renseignements supplémentaires et l'accès à ses formations.

À www.AutomaticWriting.com/bonuses vous pourrez télécharger de la musique binaurale de programmation des ondes thêta, la technique de méditation en dix temps et la feuille de travail du Défi-30 jours (en anglais).

Participez, entre autres, aux entraînements intensifs et aux classes de maître de Michael Sandler à www.InspireNationUniversity.com.

Découvrez une formidable routine matinale pour commencer la journée du bon pied à www.MagicalRoutine.com.

Apprenez à instaurer la veille une routine qui vous aidera à dormir sur vos deux oreilles et à préparer une journée fructueuse à www.MagicalEveningRoutine.com.

Tirez parti du programme de course de pleine conscience de Michael à www.MindfulRunning.org.

Balado : Écoutez *Inspire Nation*, le très populaire balado de croissance personnelle et de spiritualité de Michael Sandler, à www.InspireNationShow.com.

Chaîne YouTube : Regardez le balado inspirant de Michael Sandler sur YouTube et à www.YouTube.com/InspireNationShow

Livres : Les spécialistes dont les livres ont été mentionnés dans ces pages :

Rhonda Byrne, *Le Secret*

Dawson Church, *Le Cerveau du bien-être : profitez des neurosciences et de la méditation pour plus de calme, d'efficacité et de compassion*

Wayne Dyer, *Inspiration : l'appel de votre vie*

Linda Geddes, *À la poursuite du soleil*

Kyle Gray (auteur de nombreux ouvrages sur les anges)

Rick Hanson, *Le Cerveau du bonheur*

Mitch Horowitz, *The Miracle Habits*

Daniel Kahneman, *Système 1, système 2 : les deux vitesses de la pensée*

Howard Martin (avec Lew Childrre), *L'Intelligence intuitive du cœur : la solution HeartMath*

Bradley Nelson, *Le Code des émotions*

Andrew Newberg (avec Mark Robert Waldman), *How Enlightenment Changes Your Brain*

Dean Radin, *Real Magic*

Paul Selig, *I Am the Word, Beyond the Known: Realization*, et *Alchemy: A Channeled Text*

Robin Sharma, *Le moine qui vendit sa Ferrari*

Articles : Lien vers l'étude d'Andrew Newberg sur les praticiens de l'écriture inspirée :
www.ncbi.nlm.nih.gov/pmc/articles/PMC3500298/.

Logiciel : L'application gratuite f.lux (www.justgetflux.com) peut réduire la luminosité de votre écran d'ordinateur le soir pour éviter une surstimulation par la lumière bleue.

Remerciements

D'abord et avant tout, merci à ma Pookie, maintenant hissée au rang de Pook-Star, Jessica Lee. Tu es ma Terre, tu es mon soleil, tu es mon pilier, tu es mon tout, et comme l'a dit notre cher ami Hendrick Maako : « Mec, sans elle, tu ne serais rien. »

Merci à Jack Burden, mon plus grand mentor des deux côtés du voile, et le témoin de mon mariage à l'âge tendre de quatre-vingt-neuf ans. Tu avais raison, tu avais raison, tu avais raison. Tu as vu mon génie et mon avenir bien avant que j'en prenne conscience moi-même. Ma gratitude va au-delà de la gratitude. Et oui, je continuerai de prendre mieux soin de cette poupée, comme tu dis.

Je dédie ce livre à Jessica et à Jack – car, que serais-je sans vous deux ?

J'adresse un merci gigantesque à tous les enseignants, les gardiens de la sagesse, les chercheurs de sagesse, les clients et les invités de notre balado *Inspire Nation* qui sont entrés dans ma vie. Un merci tout spécial aux étudiants et aux praticiens de l'écriture inspirée qui ont suivi notre formation et ont accepté de partager avec nous leur histoire et de me permettre de reproduire dans ce livre des extraits de leur écriture inspirée.

À tous ceux qui ont fait partie de mon cheminement en tant que partisans, maîtres ou guides, même si vous étiez dans l'au-delà, quel que soit le sens de cet au-delà. Vous êtes mes maîtres, mes équipes d'âmes, vous êtes tout pour moi. Merci.

À ma famille, à celle de Jessica, et peut-être surtout à toutes les créatures de deux ou quatre pattes qui sont entrées dans notre vie, à commencer par Nacho Molé qui ne m'a jamais quitté dans ce cheminement. Merci.

À notre chat Sir Meowser, qui a vécu dans toutes nos maisons, à Lumi (appelé aussi Switch Blade) pour son amour incroyable, au Love Bug (appelé aussi Play Bug) pour sa formidable bonne humeur et son amour de la vie, même quand elle tombe d'une rampe dans un escalier d'une hauteur de plus de 3,6 mètres. À Pumpkin, notre coyote croisé qui nous a accompagnés dans la tournée de promotion de notre premier livre. À mon chien aidant, Sawa, qui m'accompagne toujours énergiquement.

Au dernier venu dans la famille, le merveilleux coq Ruby Roo Roo, merci de m'avoir poussé hors de ma zone de confort, de ma boîte et de mon studio, et de m'avoir aidé à poser sur le monde un regard neuf. Tu es le clairon de notre vie.

À Bam Bam, notre bobtail japonais à la queue en tire-bouchon, pour ta présence constante à mes côtés à Maui. Tu étais et tu es encore du pur amour – nous espérons te revoir bientôt. À Koa Coon, qui a franchi l'océan avec nous et qui est parti beaucoup trop vite – mais ton sens du jeu était sans égal !

À tante Puanani Mahoe (appelée aussi tatie Pua), pour avoir été notre guide à Maui et pour son enseignement de l'esprit *aloha*. Merci de continuer à nous prodiguer ton amour, tes conseils et ton soutien depuis l'au-delà. Nous t'envoyons de l'amour !

À Shen, un de nos plus grands maîtres à Maui. Tu nous as montré à faire circuler l'énergie par le taï-chi et à tirer profit de l'amour quantique pour nous assurer et assurer à nos êtres chers un plus brillant avenir.

À Ceci Benavides, chaman véritable et guerrier au grand cœur. Ce que tu nous as enseigné va bien au-delà des mots : la manière aimable, douce, simple et bonne, la manière bon papa et bonne maman. Merci pour ton affection. Merci pour tes conseils. Par-dessus tout, merci de nous avoir montré qu'il n'était pas nécessaire d'avoir été en miettes pour redevenir fort.

À Marianne et Vinny Schoenfelder – pouvons-nous vous qualifier de couple angélique de la décennie ? Vous nous avez aidés à voler en toute liberté, à nous rendre du New Jersey à la Caroline du Nord et aux îles des Outer Banks, jusqu'à votre magnifique résidence, ce tremplin vers l'Ouest. Vous nous avez aidés tous les deux à déployer nos ailes.

À Carla Solberg. Le temps que tu as passé avec nous, beaucoup trop court, est plus important que nous ne saurions jamais le dire. Tu es, tu as été et tu seras toujours un ange. Nous aimons ton rire, j'aime l'entendre chaque fois que je communique avec toi par l'écriture inspirée.

À Zach Bergen, un autre véritable frère spirituel né d'une autre mère. Merci pour ton affection, ton soutien et ta musique. Merci aussi de nous avoir mariés, Jessica et moi.

À Aya Murillo, notre merveilleuse sœur spirituelle des Philippines. Tu nous accompagnes depuis le début. Merci de nous avoir aidés à lancer notre balado et merci pour tout !

À David Meredith, un autre frère spirituel, un autre ange tombé du ciel quand nous étions dans le besoin. Non seulement nous as-tu donné ton cœur et ton *aloha*, mais tu nous as aidés à quitter Mère Maui. Nous t'aimons, David !

À Shaun Simmons, mon frère d'âme, un grand merci de nous avoir appris la méthode hawaïenne Ho'oponopono, de nous avoir guidés dans d'extraordinaires voyages, merci pour la merveilleuse musique (*Learning to Fly* m'arrache encore des larmes) et pour nous avoir appris que l'amour EST la mission.

À Claudio, un de nos plus grands maîtres de méditation à Maui. Merci de nous avoir si incroyablement guidés vers les profondeurs et d'avoir toujours été un merveilleux exemple à suivre.

À Denise Fisher, notre ange. Je ne comprendrai jamais pourquoi tu es venue au lac Tahoe après mon accident, pourquoi tu es restée plusieurs jours et tu nous as aidés à guérir alors que nous ne nous connaissions pas, pourquoi tu m'as offert de dormir sur le canapé de ton séjour et chambardé ta vie et ta maison pour que je puisse guérir et m'envoler vers Maui. Merci infiniment pour ta bonté, ta compassion et pour tout ce que tu as fait pour nous.

À Jason Hobson, un autre frère spirituel. Merci de ton soutien, de ton affection, et de nous avoir aidés à nous remettre sur les rails quand nous en avions le plus besoin. Tu as fait beaucoup plus que le nécessaire comme ami et comme frère.

À Sian Chua, qui a contribué à nous initier à un processus d'écriture inspirée par l'entremise des maîtres akashiques, merci de m'avoir aidé à me voir tel que je suis et à savoir quel est mon rôle grâce à un fabuleux travail de régression dans les vies antérieures selon la méthode de Dolores Cannon.

À Richard Yiap, merci infiniment d'avoir partagé LA lumière avec nous.

À Adam Brix, pour nous avoir encouragés, guidés et enregistrés au début de notre cheminement. J'ignore absolument comment tu as pu passer un mois entier avec deux chiens à l'arrière de notre minivéhicule métis SX4 à hayon et quatre portes, sans banquette arrière, pendant la tournée de promotion de notre livre. Mais je te dis merci pour tous les virages à gauche et les encouragements.

Au Dr Ray McClanahan, un autre véritable frère spirituel, coureur pieds nus et guérisseur. Merci pour tout ce que vous faites ici-bas. Merci pour vos encouragements, vos conseils, l'immense amour et l'immense lumière que vous déversez sur le monde, et pour contribuer à guérir les pieds de l'humanité.

À Laurie Huseby, pour ta générosité et ton soutien. Tu es un fabuleux ange de plus dans nos vies.

À Richard Taubinger, pour avoir cru en nous et nous avoir aidés à publier *Mindful Running*. C'est grâce à votre présence inspirante et visionnaire, ainsi qu'au *Mindful Running Summit*, que je me suis lancé dans les entretiens et le balado *Inspire Nation*.

À Brenda Michaels, qui nous a aidés à lancer le balado *Inspire Nation*.

À CJ Liu, ma sœur d'armes hebdomadaire, mais sans armes. Tu es là depuis les tout débuts d'*Inspire Nation* et même AVANT. Tu nous as aidés à lancer ce projet, tu nous as guidés, tu es pour nous un merveilleux rayon de soleil. Reçois toute mon affection !!!

À Misha Crosby. Merci pour ton soutien précieux durant le montage des premiers balados, pour les vidéos YouTube et pour tout ce que tu as fait pour nous. Tu n'es pas seulement un monteur, mais un véritable ami.

À Sergiu Argesanu, un autre frère d'armes, le plus incroyable monteur que nous ayons pu trouver au moment où nous en avions le plus besoin. Merci pour ta bonne humeur, ton affection et ton enthousiasme contagieux et jubilatoire. Nous sommes impatients de travailler à nouveau avec toi !

À Yannan Li. Nous t'aimons. Nous ne te remercierons jamais assez de ton aide. Tu as contribué à hisser notre balado et toutes nos entreprises à un tout autre niveau.

À Carol Campos, véritable licorne et extraordinaire membre de notre équipe de rêve. Il est heureux que tu aies suivi l'intuition qui t'a conduite jusqu'à nous, et même au-delà !

À Marie-Rose Phan-Le pour tes conseils, ta patience, tes incitations gentilles (et moins gentilles). Jamais nous n'aurions pu imaginer le soutien dont tu nous as fait bénéficier. Merci beaucoup.

À Scott Slack, qui a tout laissé tomber et mis sa vie en suspens pour produire notre pilote Netflix et aider des millions de gens. Que peut-on désirer de plus ? Hollywood, nous voici ! Merci d'avoir tiré de si magnifiques œuvres d'art de nos prises de vue. Je ne sais pas comment tu y es parvenu et tu y parviens encore !

À Lala, pour ton graphisme accrocheur, et à Dennis Deauna, pour avoir contribué au logo de *Inspire Nation* et avoir élevé notre marque de commerce à un niveau supérieur.

À Bhavik Patel, merci pour le référencement, les ajustements au balado et à la chaîne YouTube, et pour me permettre de mieux respirer la nuit.

Au Dr David Berglund, auteur de *Turning the Diet World Upside Down*, et à Hua pour leur collaboration dans le domaine de la kinésiologie proprioceptive et pour nous avoir aidés à scruter et nettoyer nos « ordinateurs humains ».

À Anne Kimmer, l'ange de la vallée de Roaring Fork qui nous a permis d'échapper à la gravité et qui a sauvé nos plantes !

À Dean Arvidson et Marion Berner, notre nouvelle famille du désert grâce à laquelle nous avons pu nous ancrer, finir ce livre et regarder les étoiles !

À ma sœur, Elisa Sandler Share, appelée aussi Elisa Lynee (www.ElisaLynee.com) : ta créativité m'inspire plus que tu ne le sauras jamais. Dans nos jeunes années, quand tu montais sur scène, je t'enviais. Tes actions, plus que tes mots, m'ont encouragé à suivre ta trace sur les planches, à monter sur scène à mon tour, à me tenir devant un micro, à sortir de mon placard créateur, et me voici. Je t'en suis infiniment reconnaissant. Tu as eu le courage de te risquer à Broadway, à New York et même à Los Angeles, et à faire carrière dans la musique à tes conditions. Tu es une grande voyageuse sur cet océan créateur et tu partages ton amour, ta lumière, ta musique et ta voix apaisante avec le monde entier.

À mes parents. Maman, papa, je vous aime profondément. Maman, il faut que je sois franc avec toi. Je sais que tu te culpabilises sans doute encore au sujet de mon enfance et de la façon dont tu m'as élevé. Je veux que tu saches que rien n'arrive pour rien. Tout est parfait ainsi. Tu as vraiment fait de ton mieux. Tu es et tu as été une mère extraordinaire. Toi et papa m'avez aidé à devenir l'homme incroyable que je suis devenu. Vous avez été parfaits. Vous avez été merveilleux. Vous avez été grandioses. Je vous aime beaucoup.

À papa. Il y a un ange en toi. Tu es mon idole, mon mentor, mon guide, un véritable guerrier au grand cœur, et tu m'as tant appris. Tu m'as enseigné qu'en dépit des peurs, des inquiétudes et des soucis, il est possible de tout hisser sur un plan supérieur pour en rapporter du rire, des énergies et des vibrations très positives. Et vous avez tous les deux trouvé Mojo (ou le mojo); est-il possible de faire mieux?

À Sasha, notre chien quand nous étions enfants, et au plus merveilleux compagnon que mes parents pouvaient trouver, Gidget. Vous êtes passés de l'autre côté, mais votre amour vit encore. Je n'oublie pas non plus mon hamster Micaroo. Je regrette de ne pas avoir fait mieux, mais tu m'as beaucoup appris sur la compassion. Merci infiniment.

À mon ange gardien Maximilian. Merci de veiller sur moi, de nous protéger et de protéger notre belle maison, d'être à mes côtés depuis les tout premiers jours et, qui sait, depuis beaucoup, beaucoup plus longtemps encore. Je manque de mots pour te dire combien je te suis reconnaissant de l'appui que tu nous consens et de ta présence.

À G&D Publishing qui a cru en nous et nous reste fidèle. Nous avons vécu des montagnes russes cette année, mais vous nous avez aidés à mettre au monde ce très beau livre. Nous vous en remercions sincèrement, et je pense que le monde entier vous remerciera aussi !

À Wayne Dyer, dont les propos et les livres importent plus pour moi qu'il ne saura jamais l'imaginer. Votre livre intitulé *Inspiration : l'appel de votre vie* est le déclencheur qui m'a mis sur ma voie présente. Comme vous le dites dans un de vos premiers ouvrages, celui qui m'a fait entreprendre un parcours de 40 jours et 8 000 km à vélo en solitaire : « De quoi seriez-vous capable si vous SAVIEZ que vous ne pouvez pas échouer ? »

Enfin (presque) et surtout, aux archanges Michel, Raphaël et Gabriel, merci de votre présence dans l'écriture inspirée, dans mes séances de coaching, dans mes formations, mes entretiens et ma tête, à chaque moment de chaque jour et dans chacune de mes actions. Merci de m'avoir sauvé la vie. Merci d'être ces phares qui m'aident à aider les autres.

À tous mes anges, mes guides, mes travailleurs de lumière, à mon équipe de l'autre côté du voile, à notre Terre nourricière, à Mère Nature, à toutes ces microscopiques créatures qui composent mon microbiome, ce vaisseau spatial humain qui m'enveloppe. Par-dessus tout, merci à Dieu, à la Source, à l'Univers, et même à celui que j'aime surnommer le cheeseburger géant dans le ciel. Si je pouvais dédier ce livre à une troisième entité, je te le dédierais, toi l'amour qui es tout. Tu m'as guidé, protégé, gardé en vie, tu es tout pour moi, et bien au-delà de mon corps physique.

Tu m'as trempé comme de l'acier en même temps que tu m'as adouci et aidé à devenir un guerrier au grand cœur, tu m'as aidé à toujours apprendre, m'améliorer et grandir tout en restant humble et en gardant les pieds sur Terre. Merci pour ta sagesse. Merci pour tes conseils. Merci de m'aider à aider les autres. Merci pour tout ce que tu fais pour apporter la lumière, pour nous aider à être cette lumière, pour nous immerger dans l'amour et pour nous aider à voir la grandeur de notre nature profonde. Merci est un mot inadéquat, aussi je le remplace par l'AMOUR.

Je ne t'avais pas encore mentionné, TOI, cher lecteur, mais je le fais ici et te remercie tout particulièrement pour le courage dont tu as fait preuve en entreprenant ce parcours, de même que pour l'amour et la lumière que tu partages avec le monde ! Et puis, tu m'as lu jusqu'à la dernière page !

WOO HOO !

À propos de l'auteur

Avec sa femme, partenaire de coaching et formatrice Jessica Lee, Michael Sandler coanime *Inspire Nation*, un très populaire balado et une chaîne YouTube axés sur la transformation de soi, la croissance personnelle et la spiritualité. Auteur de livres à succès, conférencier, entrepreneur, visionnaire et coach, il est également le cofondateur de l'Inspire Nation University et du cours en ligne *Automatic Writing Experience*.

Michael a formé à l'écriture inspirée des milliers de personnes dans le monde. Depuis vingt-cinq ans, son programme Open-Hearted Warrior (Le guerrier au grand cœur) a également aidé des milliers d'autres individus à transformer leur existence. Il s'est donné pour mission d'élever les consciences et de faire rayonner l'humanité. Michael est connu pour sa passion du jaune vif et son « WOO HOO ! » débordant d'énergie.

Ancien athlète, coach et coureur cycliste de niveau international, ainsi que patineur de vitesse, triathlète de l'Ironman et coureur, Michael a transposé cette discipline d'entraînement dans son coaching auprès d'enseignants, de dirigeants et de visionnaires. Il enseigne aussi la méditation, qu'il pratique depuis toujours.

Coureur cycliste professionnel ayant participé à des compétitions en Europe et effectué un parcours à vélo de 8 000 km en solitaire d'un bout à l'autre du pays, Michael sait que pour atteindre des objectifs ambitieux et réaliser de grands rêves il faut de la détermination, de l'entraînement et du soutien.

En tant que coauteur du livre à succès *Barefoot Running*, Michael a été l'invité de la BBC, du *CBS Early Morning Show*, de l'émission

Healthy Living d'ABC, de la *National Public Radio*, du *US Armed Forces Network*, de *Martha Stewart Radio* et de la *Unity Church Radio*. Les magazines *Health*, *Men's Health*, *Shape*, et *Women's Health*, entre autres, ont parlé de lui.

Deux accidents qui ont failli lui coûter la vie ont incité Michael à lancer le balado *Inspire Nation*, à créer le programme L'expérience de l'écriture inspirée et à écrire ce livre. Ces accidents dévastateurs ont développé chez lui une plus grande compréhension du monde, de l'Univers et de notre lien à quelque chose de plus grand que nous. C'est ce qu'il qualifie de «vision globale», et c'est ce qui est à l'origine de ce livre.

Il s'est entretenu jusqu'à présent avec plus de 1 200 auteurs, experts et maîtres spirituels de réputation internationale dans le cadre de son balado *Inspire Nation*. Les enseignements qu'il a glanés de ces entretiens avec certains des plus grands cerveaux de la planète ont grandement influencé sa vie, ses méthodes de coaching et même son mariage.

Michael et Jessica ont produit plus de 2 000 vidéos sur leur très populaire chaîne YouTube, où leur balado, diffusé dans le monde entier, a fait l'objet de 50 millions de téléchargements.

Alors que Michael était motivé uniquement par la performance et les résultats en tant qu'athlète d'endurance, des accidents ayant failli lui coûter la vie ont ouvert son cœur et l'ont aidé à découvrir une façon plus douce et délicate d'avancer dans la vie et d'avoir sur les autres et sur la planète une influence plus positive.

C'est cela, être un guerrier au grand cœur, et c'est en cela que consiste la mission de Michael, qui est d'élever les consciences, de transformer l'humanité, d'aider les gens à découvrir leur moi supérieur.

Malgré les deux fémurs et les deux hanches en titane que lui ont valus ses accidents, Michael continue de courir, de patiner, de jouer en montagne et d'explorer le monde en VR en compagnie de Jessica, de ses trois chats et du merveilleux coq Roo Roo, toujours en prière, toujours en phase avec l'Univers.

Comme Michael aime à le dire : «L'Univers est mon oxygène.»

On contacte l'auteur, Michel Sandler, à hello@inspirenation-show.com.

On trouve du matériel et des renseignements supplémentaires sur l'écriture inspirée à www.AutomaticWriting.com (en anglais).

On rejoint Michael Sandler à son balado très écouté sur www.InspireNationShow.com et www.YouTube.com/InspireNationShow.